宁波市江北区慈城镇半浦村志

沈友华　祁从舵　主编

上海交通大學出版社
SHANGHAI JIAO TONG UNIVERSITY PRESS

内容简介

宁波市慈城镇半浦村位于姚江之滨，地处慈城的最南端，原是一个渡口古村，现在是一个行政村，由若干姓氏家族集居此地不断繁衍、扩大而成。这个古村已有八百年悠久的历史，古迹众多，文化底蕴深厚，民风淳朴。现有居民大多数从事农业生产，但近代以来，有了自己的手工业和商业，也有自己的教育事业，居民外出谋生的也占了一定的比例。本志作为半浦村优秀文化的载体，在广泛收集资料的基础上，简明而客观地记录了半浦村自然环境、组织建设、传统产业、村落文化、乡风民俗、人物著述等方面的历史和现状。

图书在版编目(CIP)数据

宁波市江北区慈城镇半浦村志/沈友华，祁从舵主编.
编--上海：上海交通大学出版社，2022.7
ISBN 978-7-313-26514-2

Ⅰ.①宁… Ⅱ.①沈…②祁… Ⅲ.①村史-宁波
Ⅳ.①K295.55

中国版本图书馆 CIP 数据核字(2022)第 038039 号

宁波市江北区慈城镇半浦村志
NINGBO SHI JIANGBEI QU CICHENG ZHEN BANPU CUN ZHI

主　　编：沈友华　祁从舵
出版发行：上海交通大学出版社
地　　址：上海市番禺路 951 号
邮政编码：200030
电　　话：021-64071208
印　　刷：广东虎彩云印刷有限公司
经　　销：全国新华书店
开　　本：710mm×1000mm　1/16
印　　张：14.25
字　　数：270 千字
版　　次：2022 年 7 月第 1 版
印　　次：2022 年 7 月第 1 次印刷
书　　号：ISBN 978-7-313-26514-2
定　　价：78.00 元

《宁波市江北区慈城镇半浦村志》编纂机构

编纂委员会

主　任:尤武卫　吴震波

副主任:徐　柯　吴红波

成　员:陈卡男　郑　丰　庄秀菊　李鹏飞　黄利军　王亚青

编辑部

主　编:沈友华　祁从舵

副主编:沈蕾娜

成　员:王爱华　陈淑娇　陈　邦　吴启凤　刘晏祯

摄　影:曾飞兵　严　龙

半浦村路标

半浦村景

◀区委书记在半浦村夜谈

▶市政协领导来半浦村开展文物保护工作调研

半浦标志物

鹳（灌）浦古渡（省级文物）

二老阁

半浦茶栈

中书第

半浦村巷道一隅

半浦小学

文化礼堂

半朴园

惇德祠门廊精湛的木雕

慈孝家风馆

九间头门头

九间头外墙

马头墙

渡头街古柏

村边生态厕所

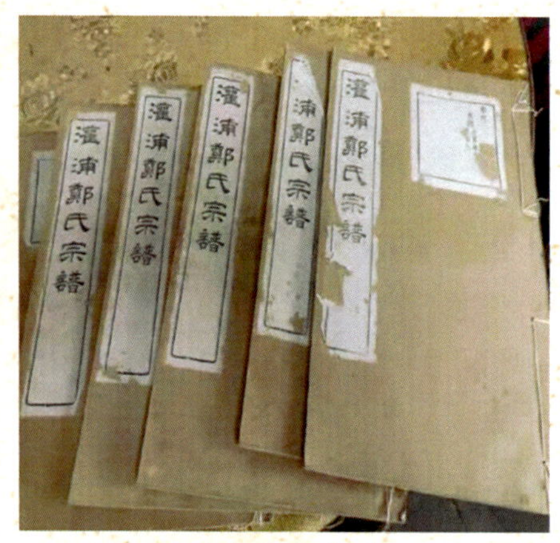

灌浦郑氏宗谱

郑氏始祖文定公像

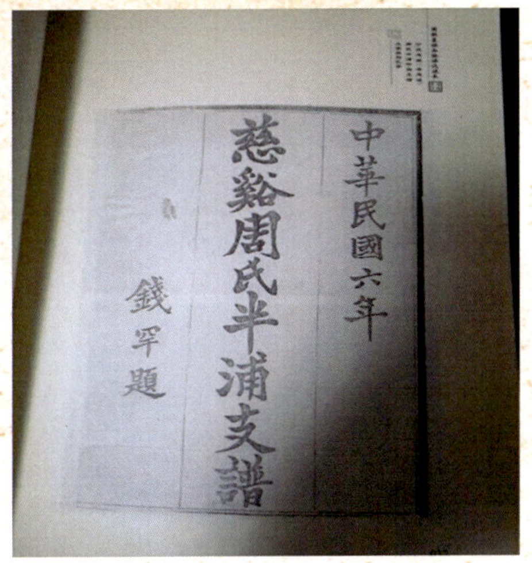
中華民國六年
慈谿周氏半浦支譜
錢罕題

半浦周氏宗谱

半浦周氏始祖端三公像

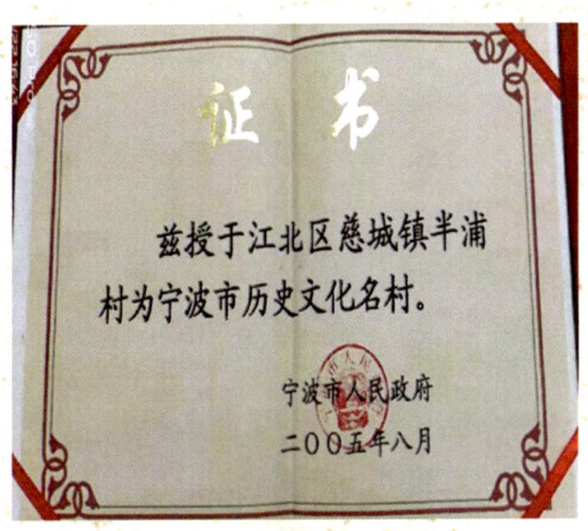
证书

兹授于江北区慈城镇半浦村为宁波市历史文化名村。

宁波市人民政府
二00五年八月

宁波市历史文化名村

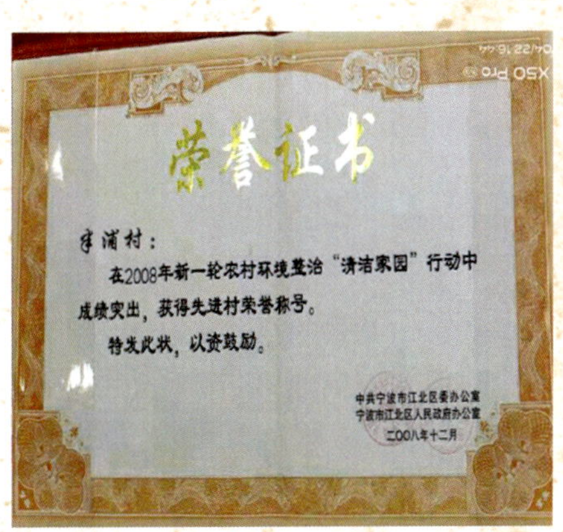
荣誉证书

半浦村：

在2008年新一轮农村环境整治“清洁家园”行动中成绩突出，获得先进村荣誉称号。

特发此状，以资鼓励。

中共宁波市江北区委办公室
宁波市江北区人民政府办公室
二00八年十二月

江北区农村环境整治先进村

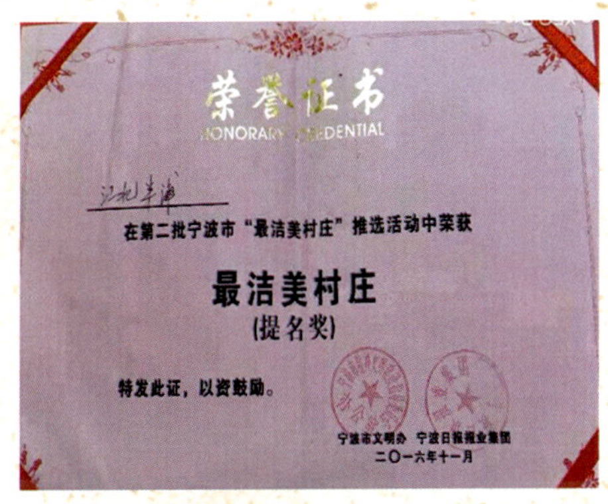
荣誉证书
HONORARY CREDENTIAL

江北半浦

在第二批宁波市“最洁美村庄”推选活动中荣获

最洁美村庄
（提名奖）

特发此证，以资鼓励。

宁波市文明办　宁波日报报业集团
二〇一六年十一月

宁波市“最洁美村庄”

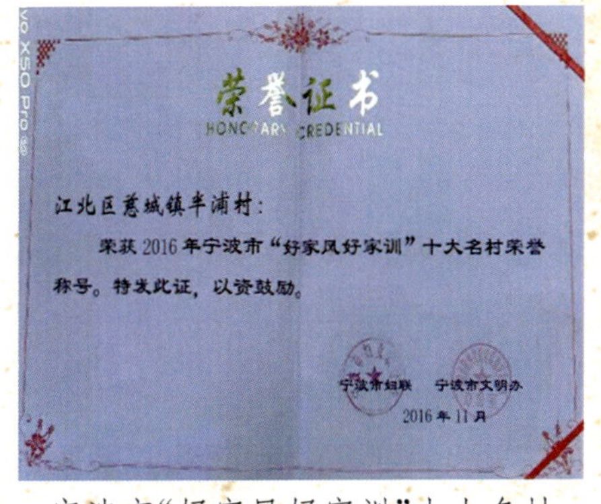
荣誉证书
HONORARY CREDENTIAL

江北区慈城镇半浦村：

荣获2016年宁波市“好家风好家训”十大名村荣誉称号。特发此证，以资鼓励。

宁波市妇联　宁波市文明办
2016年11月

宁波市“好家风好家训”十大名村

江北区最美村庄

宁波市最美古村落

浙江省非物质文化遗产

半浦由来

村干部形象
村党支部
书记：陈卡男
电话：15988665557
副书记：唐志华
电话：13003738088
委员：郭晓君
电话：19957855543
村委会
村主任：陈卡男
电话：15988665557
副主任：郑丰
电话：13819891782
委员：郭晓君
电话：19957855543
股份经济合作社董事会
社长：陈卡男
电话：15988665557
成员：郑丰
电话：13819891782
成员：林燕娜
电话：19957855542
村务监督委员会
主任：唐志华
电话：13003738088
组员：裘子佩
联系电话：13065890151
组员：朱荣耀
联系电话： 87596824
组员：任志龙
联系电话：13246525660
组员：史国贞
电话：13396633193

现任村干部情况

著名作家、书画家冯骥才考察半浦古村建筑　（周建平摄）

半浦村记

冯骥才

半浦在宁波江北，依江傍海，土沃草肥，人又勤快，是个古老的鱼米之乡，至今依然恬静地躺在这块土地上。由于历时久远，模样苍老了一些，但浙江的村子都很洁净。看上来像一个南方的老婆婆，满脸细细弯曲的皱纹，慈眉善目，一身干干净净的衣衫，鬓发梳得整齐，仪态安然地坐在那里。

村子不算大，一千多人。但外出打工营生的人很少，十之八九还住在村子里，人气儿依然旺足，这在当今的村落不多见了。只是时下天已入冬，田里没农活了，在周边企业里干活的人又都去上班，村里很静，鲜见人影，只有鸡呀狗呀在街上溜达，雀儿们时不时落到街心找东西吃。

一入村口就看见一溜儿几个牌子，上边写着这个村子的历史、遗存、族姓、物产、风习，明显带着几分挺自豪的神气。半浦虽然没列入国家级村落保护名录，只是个市级的古村落，但半浦人却把自己看得很重。由于它东达上海，北接慈城，通江接海，舟车往来，历史上的半浦比现在要大，也更重要，够得上一个乡镇。能想到这个小村子里曾经有一个藏书楼，还有过一个规模不小的半浦小学吗？现在半浦小学的建筑还在，一幢灰砖黛瓦、素雅又宽敞、带木廊子的两层楼房，带着民国时期的风情，叫人想起柔石《二月》电影里那座教学楼。但如今历史过去了，人去楼空，还没派上用场。中国的村庄很少有文字史，百年以上事物只要没有人再去念叨，往往就会失忆。失忆了就没用了——干脆扔了吗？

半浦人没这么做，他们紧紧抓住自己仅剩无多的历史遗存。他们知道只有这些残缺不整却实实在在的历史遗存可以见证他们的身份与来历。所以，他们将村中仅存的二十四座有价值的老建筑视作珍宝，比如祠堂、庙宇、府第和几座经典性的江南民居。我跑到这些建筑里看看，有的已经修好，修得很精意，保持着原先的气质；有的还没有修，依然断壁残垣，却不去乱动，连昔时门廊上挂食篮的木钩子，还原原本本吊在那里，历史留下的每个特殊的细节里不都包含着一个美妙的故事吗？

半浦人对自己村落的保护是小心翼翼的。历时久远的古村大多陈旧落寞，支离破败，半浦人的做法是分期分批地整理，先把精华修缮出来，再着手其他；即使精华也一座座地精修细做，不急不躁。因为他们把自己的村落遗存当作引以为荣的宝贝，不是当作向游人吆喝的景点，所以在这里看不到大拆大建的工地。走在村中，有一种家园般的亲和感，可以看到浙东村落独有的气质与生活。比方南方多雨，村中所有门窗的上方，都伸出一块薄薄的石板做檐，以遮雨水；由于空气的湿度大，被褥潮湿，白天拿到院外，沿墙搭在绳子上晾晒，晒干了，晚上盖在身上就会舒服。走在街上，从这些沿墙的、晒暖的、花花绿绿的被子前走过，会感到一种生活的柔软与温馨。在村口新建的文化礼堂里，我遇到几位中老年人正在自拉自唱，细一听是这里的家乡戏——越剧《情探·盟誓》；两位中年女子一青衣一小生，唱得投入；操琴的老弦拉得更是起劲。于是，一种古村的情味油然而生。当然，时代新事物也正在渐渐走进村中，比如现代的家庭设施、电子设备、交通工具等；在刚刚修好的半浦小学的楼前我见到一位女士，她来自一个民间的公益文化机构，正和村里商议，要利用这座空置的教学楼开办慈孝文化教育。因为宁波慈城是江南驰名的慈孝文化之乡，历史资源很深厚。我问她：会有多少孩子到这个村子里来参加活动？她说五万，这数字相当惊人，怎么会有这么多人？她说，他们面对的将是整个宁波地区的小学生，而且是纯义务的文化教育。他们想让新一代人能够继承中华民族优秀的传统，她希望我能在教育理念上和方式上给他们一些建议。

我听了很感动。心想，在半浦村这里所看到的不正是我们希望的古村落吗——敬畏自身的历史与传统，不急不躁，量力而行，先把精华做好抓在手里，再步步为营地做下去。首先是环境洁净，有山有水。不仅有珍贵的遗存，还有鲜活的文化传承，更要有渐渐好起来的生活，有自己的特色与追求。这一切是从哪里来的，不是来自当地老百姓自己的"文化自觉"吗？如果老百姓明白了，自觉了，何愁保护与传承。那么我们的工作应当从哪里开始，做什么和怎么做，不是已经一目了然了吗？

一句话，到村子里去，唤起那里民众的文化自觉。

2015-12-11

（原载 2016 年 1 月 15 日上海《文汇报》）

【文后说明】

2015 年 12 月，回到故乡慈城的中国文联副主席、全国政协常委冯骥才，专程来到半浦村，探访古村建筑，追寻文化印记，体验浓浓乡情。他沿着村道探访，时而驻足凝视，时而伸手触碰，细细感受每一处古老的景致。在一处古宅，冯骥才看到陈旧斑驳的房柱（披麻灰工艺），如遇至宝，脸上立刻露出了灿烂的笑容。冯骥才表示，半浦村要把主要的建筑修复好，建筑保护好了，村落记忆才完整，精神家园才更加丰富，精神情感才能延续。

序

我国地方政府有修地方志的传统，编写了不少的村志、县志、府志、省志，但由于历史变迁，留存下来的甚少。改革开放以来，随着人们生活水平的提高，特别是现代乡村变化迅速，乡村志的作用日益显现，当下正在开展全国第二轮修志工作，各地村志、乡志的编修也在逐步开展中。江北区史志中心于2019年9月发布了《关于全面推进名镇名村志编纂工作的实施意见》，要求坚持以习近平新时代中国特色社会主义思想为指导，充分利用地方志的独特优势，充分反映乡村文化的深厚内涵和农民生活的丰富多彩，传承优秀文化传统，弘扬社会主义核心价值观，为探索新型城镇化和乡村振兴提供历史智慧和现实借鉴，为传播方志文化、让人民群众享受地方志成果搭建平台。要以历史文化名村、经济强村、新农村建设示范(试点)村和其他特色村为重点推荐申报名村志文化工程。

中国乡村建设派的代表人物梁漱溟先生曾说："中国文化是以乡村为本，以乡村为重；所以中国文化的根就是乡村。村志是记载地域文化的重要载体。"村庄是组成祖国大家庭的细胞，是由村民、住所及周围的土地构成的，随着农耕的兴起、发展而变化。每个村庄都是一部历史，都有着自己的独特文化和品格，每一个村庄的变迁，都印证着一个时代的社会、历史发展的轨迹。在这个乡村快速变化的时代，编修村志，全方位记录乡村状况以及乡村变化，已成为挽救村落文明的一大方式。乡村志使我们"前有所稽，后有所鉴"，踵而继之，服务当代，惠泽后世。

半浦村位于慈城南段的姚江之滨，是一个由渡口发展而来的行政村，是宁波十大古村之一。这个古村由若干姓氏家族集居此地不断繁衍、扩大而成，已有八百年悠久历史，古迹众多，文化底蕴深厚，民风淳朴。现有居民大多数从事农业生产，有的从事工业和城市服务业，也有些村民外出谋生。本志作为半浦村优秀历史文化的载体。在广泛收集资料的基础上，简明而客观地记录了半浦村在自然环境、组织建设、传统产业、村落文化、乡风民俗、人物著述等方面的历史和现状。

村志让人们留住乡情。一个人出生在一个村庄，在这里生活，在这里成长，久而久之，对故乡产生了深深的热爱和依恋。故乡的山山水水、道路街巷、庭院古宅、一草一木，都深深地印在村民的脑海里。特别是离开故乡、外出工作的时候，那种对故乡的思念之情魂牵梦绕，且愈久愈烈。冯骥才写的《半浦村记》就是乡情表达的典型代表。村志将村庄的过往记录下来，游子手捧村志，看到村志记载的那些熟悉的事物，就像回到故乡一样，对思乡情绪是莫大的慰藉。在城镇化高速发展的今天，一些村落消失了，那些村落的人们永远不可能再回去，永远不可能再看到村内熟悉的一切。乡村的飞速巨变，迫切地要求我们把各乡村的人文历史书写成文、保留下来，以便激励子孙承上启下，继往开来，争取更大的业绩。因此，编写村志，全方位记下村庄面貌，是留住乡情的最佳方式。

村志帮助抢救乡村历史文化。随着城镇化迅速推进，许多村庄即将消亡。居住环境、生活方式、谋生手段等不断改变，农耕时代长期延续下来的民风民俗、村规民约、生活习惯、乡土文化也在逐渐消亡。经过数百年甚至几千年漫长岁月的发展而积淀起来的丰厚的历史文化受到严重冲击，很有可能随着村落的消失而消亡。半浦村积极采取措施保存、保护那些古老、具有地方特色或者是曾产生过世代流传的故事和传说的街巷，那些具有朝代风格或当地特点的院落建筑，那些承载着宗族历史或寄托着村民信仰的宗祠，那些陪伴了一代代村民成长的体现了农耕文明的古碾和老井。在这大变革的时代，许多村落及其承载的历史文化的消失是不可逆转的，留住乡村历史文化的重要方法是用文字和图片等将其记载下来，而编写村志就是最好的形式。

《宁波市江北区慈城镇半浦村志》在半浦村委会和热心人士的全力支持下，历经两年有余，终于面世。通过本志，诚望有更多的人了解半浦，关心半浦，传承半浦村优秀的文化传统，为半浦村的发展献智献策。我们坚信，随着共同富裕示范区和现代化建设进程的加快，半浦村一定会变得更加美好。

江北区委常委、慈城镇党委书记

尤武卫

2021 年 8 月

凡 例

（一）本志整体遵循“横排门类，竖写史实”的基本原则写作，在编目体裁上具备志、记、述、传、录、表、图。其中，志是主体，它用文字叙述各方面情况。

（二）本志对事物之记述，明古详今。上限尽量溯源，下限至2020年底。大事记、编后记、图片部分内容延至搁笔。

（三）本志记述的区域范围，以2020年半浦行政村辖区为主，涉及历史变迁则按当时实际记载。

（四）本志采用章、节、目三级目录，类目既反映全面，也注重体现特点，层次不过于烦琐。全书字数达20余万字，主体部分分为建置沿革、生态环境、乡村建设、农工商业、名胜古迹、家族文化、商贾文化、民俗文化、乡贤、艺文共10章29节。涉及交叉部分时，分清主次，交错互见，尽量做到既不重复，也不遗漏。

（五）本志所记人物，以“生不立传”为原则，长期定居半浦村或有重要业绩之客籍人物，酌情收录。在世人物以表列名，或采取以事系人的方法，在有关章节中记述。

（六）本志纪年，辛亥革命前用朝代年号加注公元年份。中华民国时期用民国纪年加注公元年份。中华人民共和国成立后，一律采用公元纪年。

（七）本志计量单位，除田亩和特定事物需用旧制外，均按国务院1984年2月27日颁布的《关于在我国统一实行法定计量单位的命令》执行。有换算值者，用括号注明其换算值。

（八）本志主要采用现代书面语体行文。

（九）本志资料选录的公开出版的著述、报刊及地方文献史料、档案，为节省篇幅不再注明出处，部分资料由相关部门或知情人提供，均经核实，不确定处标“□”。

目　录

CONTENTS

1 第一章　建置沿革

第一节　村　落

半浦村位于宁波市西北部，是集官、商、农于一体的渡口古村，现在为宁波市江北区慈城镇下辖的行政村。该村具有鲜明的港村特色，东接中国大运河的终点西坝，西临河姆渡，南依姚江之滨，有半浦渡口为浙东运河上的交通枢纽，北靠沈海高速。半浦村处于慈城的最南端，距离宁波市区 18 千米，目前是江北区唯一一个省级历史文化名村。

一、渡口古村

7000 年的河姆渡文化，在余姚江悠悠向东的河道两侧孕育、蓬勃生长。姚江北岸的半浦村旧属慈溪县西屿乡安仁里(《元丰九域志》)，是一个写满了历史的古村落。作为代表性渡口古村，半浦村集官、商、农为一体，是世界文化遗产——中国大运河浙东运河段的一个重要节点。

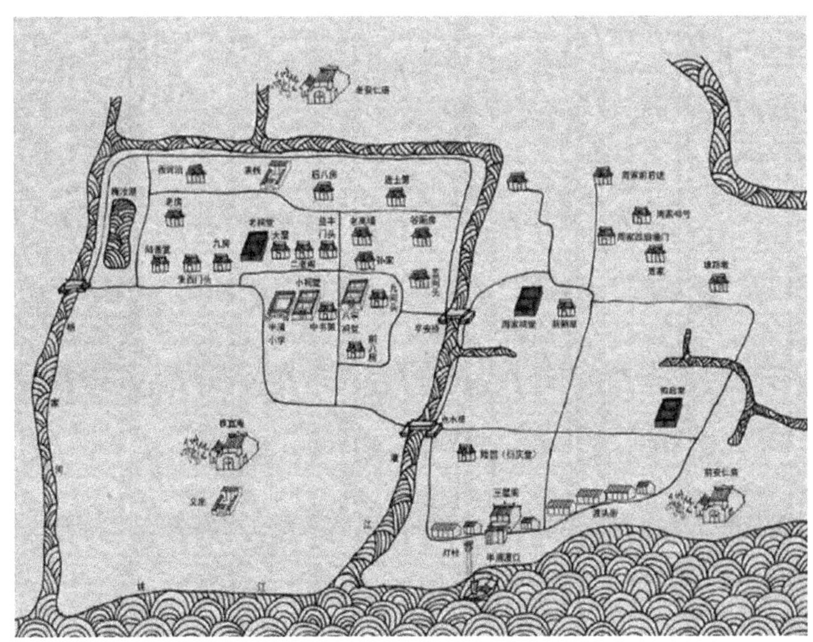

半浦村历史环境地图

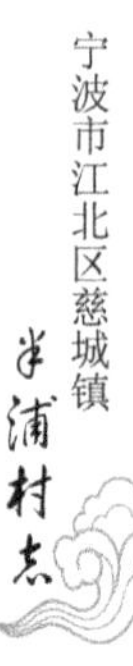

“半浦”之始，早于宋代。因其良好的地理位置、自然环境以及航运需求，在古渡周边(今村南部)逐渐聚集人家，自然形成了人烟稀少的较小聚落。到了南宋后期，社会动乱不安，郑氏家族先祖后裔从福建迁居至此，集中于南部姚江边渡头村附近，形成早期郑氏聚居单元，后来在渡头村北、灌江东侧建起名为衍庆堂、佑启堂的家族祠堂。据清光绪十八年(1892 年)《慈溪郑氏宗谱》记载，其先祖郑性之曾为宋理宗时期的状元，官至宰相，这一支郑氏族人修建佑启堂为宗族标识。元初由慈溪迁来的郑毓一支占据了离渡头街、佑启堂中郑家空间领域范围更北部的区域，在村北的灌江西侧建复训堂，开始由南向北跨越式发展，逐渐占据了姚江北岸与灌江以西的空间。后来衍庆堂被毁，两支郑氏族人逐渐融合发展，空间上混居。清康熙年间(1662—1722 年)，周氏先祖娶郑氏女，迁入半浦，最早于村东建塘路墩，其子孙修建了周家大祠堂，后周家逐渐聚居于灌江之东。

半浦古村是主要由郑氏、周氏两大主姓构成的村落，位于江北区慈城镇西南6 千米处，南临姚江，三面环水，南有“灌浦古渡”(今半浦古渡)，居浙东运河交通要冲。明万历年间(1573—1620 年)建安仁庙，清嘉庆十六年(1811 年)建三星阁，同治六年(1867 年)建前安仁庙，还有中书第、翰林第、进士第、解元第等官家府第，更有二老阁、一隅阁、石叟居、丈七间、大椿堂、半生亭、书带草堂、隐川书屋、西江书屋、野云居、望云楼、藏笏楼、有怀轩等文人墨客的旧迹。有雅宜庵，还有郑、周、孙三姓宗祠。后世多流传“三庙六祠堂和一阁一巷一义庄”是半浦古村的象征。

清至民国时期，半浦古村的解元第、半浦渡头、周家等分属于西屿乡旧十二都四图、五图和六图。

自 20 世纪 50 年代后，随着陆路交通快速发展，水路交通日趋衰落，古渡再无集市，迅速败落。

半浦文化底蕴深厚，旧时大族历世聚居，兴文重教，留下了多处书香遗迹，如浙东学派著名人物郑氏家族的“二老阁”藏书楼、民国时期银行巨子孙衡甫的西洋建筑“半浦小学”等。我们仿佛仍能看见四方学者的身影，听到旧时童子们的琅琅书声。半浦虽是一个小村落，但也曾荣耀一时。村落中遗留的中书第、陆善堂(原称“乐善堂”)、益丰门头、茶栈等深宅大院，老墙门上的这些题字或许说明了历史舞台上这里曾经演出过怎样的剧目。

半浦村至今已有 800 多年的历史。村域内古迹众多，人才辈出，历代曾出解元、进士、中书等名人，明清以来不少文人墨客也曾沿姚江顺流而下，在半浦古渡登岸，到东村访学、读书。

二、文化名村

作为大运河宁波段历史文化遗产的重要组成部分，现村中主姓郑氏家族的建筑集中在村中部，周家等余姓建筑在村东部。老街沿河带状分布，沿河岸进深 50 米至 200 米不等，大部分建筑商铺风貌犹存，地段内尚存部分建于清末、民国时期的历史建筑，如中书第、太和堂、益丰门头等传统民居楼群，周家大祠堂、郑家祠堂遗址、老安仁庙等建筑，半浦小学、二老阁遗址等文化建筑及茶栈、古渡码头、小洋房等商业、交通、医疗建筑遗存。村北面习称“希贤房”，有因古宅闻名的白屋、三间头、九间头等，还有完整保存的老安仁庙以及村中的学堂（半浦小学）等古迹。

半浦村貌

半浦村现有半浦、希贤房、周家、塘路墩、上新屋、下新屋、渡头街、老染店 8 个村民小组。村委会驻半浦，故名。村域面积约 2.5 平方千米（约 3 700 亩），村中道路错落有致。村落分布自然，总体上看依水而建，分为东西两片区域，中间有一条河流隔开，从村东到村西，步行起码需要 20 分钟。

半浦　为村委会驻地，距古镇慈城南面约 6 千米，处余姚江北岸，聚落呈块状。1980 年 12 月前也是半浦乡（公社）驻地。

渡头街　处半浦村南，濒临余姚江北岸，呈长方块状聚落。旧时，村设义渡于姚江，为通鄞县之要津，有街市，故名。民国时期，郑、孙两家居民为购买方便而开办集市。当时渡口左右 0.5 千米极为兴盛，石料厂、中药店、新货店、木材店、米厂、榨油厂、水产店、服装鞋店、打铁铺、豆腐店、大饼油条店、弹棉花店、小饭店等构成渡头一条街，什么都有。逢双的日子就是市日，就连鄞西附近和四明山区的村民都来此赶集。当时十分火热，成为远近有名的集市，一直到 1989 年。村民多数姓郑、周。郑姓与半浦郑氏同宗。周姓村民于清光绪年间（1875—1908 年）自余姚三七市迁来。村南凭江曾有半浦供销社分社，为三星阁旧址。现在渡头街已无集市，只剩下一家理发店，是已传了三代的百年老店。

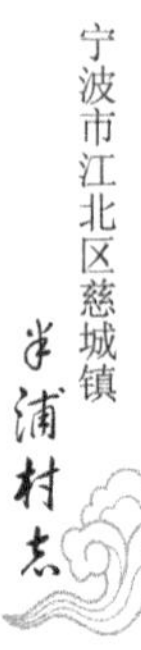

希贤房 处半浦村北，聚落呈块状。住所有闻名的古宅白屋、三间头、九间头等。始居郑姓，与半浦郑姓同宗，创建人郑希贤，也是七房中规模偏小的一支，19世纪后该房衰落。据民国《灌浦郑氏宗谱》载："庙后宅，在职思堂之东数百步，君昂公之子孙析居焉，今名希贤房。"现村民有郑、张、王、朱诸姓。张姓于清咸丰四年(1854 年)从裘市迁于此。希贤房设有公交站，可以乘坐 334 路到慈城公交站。

周家 为半浦村东片区最为显赫的处所，聚落呈块状。世居周姓，周氏先世于清乾隆三年(1738 年)自慈城迁来，距今已有 200 多年的历史。现已改为半浦村文化宫，民居和祠堂为区文保点。周家祠堂门庭开阔，门前种有西红柿、芋艿、茄子、玉米等良田作物，其右侧是一条长长的河道。河岸两旁垂柳依依，一派田园风光。

塘路墩 位于灌江以东，聚落呈块状。据推测可能是最早的周家人居住地，也是最早的村口所在地，大约有 170 年的历史，面积为 2 400 平方米，有一条长廊约 50 米，有古代的防盗窗，此后周氏族人开始在此处繁衍生息。1958 年大搞农田基本建设，筑泥塘以防涝灾。嗣后，居户陆续于塘墩建房，故名塘路墩。有 15 户居民居住，村民主姓郑，与半浦郑姓同宗。曾设有半浦粮站。民居为区文保点。

塘路墩

老染店 位于佑启堂(曾称矮笆祠堂)西邻，聚落呈块状。村民多为郑姓。村内有牧场、仓库、粮站。因古时村内有一染店，是较早开染坊的地方，故名。

上新屋、下新屋 位于村南，临近余姚江，称上新屋(前新屋)，北首称下新屋，聚落呈两个块状。上新屋约有 280 年的历史，面积为 1 120 平方米；下新屋于光绪年间(1875—1908 年)建造，面积为 5 000 平方米，部分房屋被火灾烧毁。村民多数姓郑，清时自半浦分迁至此。又有他姓，民国初自上虞迁于此。

半浦村是宁波市首批命名的十大历史文化名村之一，2011 年被评为浙江省卫生村，2016 年被评为浙江省第五批历史文化名村。现存 24 个文物古迹，可以说星罗棋布，这些古迹像一枚枚历史印章，烙刻了历代聚居的村落大族。村间道路环绕，绿树成荫，高墙大院的古宅与现代化的别墅式居民楼错落交叉，村里新修了供村民锻炼的小广场，村口有仿古的公交站和校车停靠站。在宁波美丽乡村的建设热潮中，半浦古村新老建筑和谐交融，白墙黛瓦，飞檐雕窗，民居古朴而不失生机，文化深厚而富有活力。

三、村名来历

半浦历史悠久，人文荟萃，环境优美。随着时代的发展、历史的变革和地理环境的变化，半浦的地名亦随之不断改变。据半浦村《郑氏宗谱》记载，自南宋至民国初，曾有鹳浦、灌浦、官浦等名称。中华人民共和国成立后确定称半浦村。

鹳浦　半浦古时称鹳浦。因江畔、田中时有鹳觅食嬉戏，鹳是大型涉禽，似鹤似鹭，为吉祥之鸟，近而是浦，于是先贤雅称鹳浦。张时彻的《宁波郡志》云："鹳浦然，田有鹳邱而是浦不知所在，亦属无据。"

鹳浦一名，似与大自然的地质成因演变也有关。《慈城古韶》第九册中"地理环境"一节提及："慈城地处宁波市江北区西北部，属宁波断陷盆地西北边缘。"盆地和姚江谷地，在第四纪沉积时期，曾多次海侵，并有海迹、湖迹层沉积，下覆地层系侏罗纪晶屑凝灰岩。城区比相邻郊区高出 10 余米，并向东南倾伏。那时古城之地，只是一片洋中的避风小港。直至距今约 2 500 年最后一次海退，宁波盆地和姚江谷地才稳定地露出海面，成为潟湖、湖沼平原。据说鹳浦山区域的地史演变当在距今约 2 000 年，与今江北区西面三勤村的网滩和毗邻红星村的赭山相比，半浦已向"潟湖—湖沼—沼泽"过渡。因半浦地处前两村的东南部，地势较低，早年时正显露一片沼泽之地，成了鹳鸟捕食鱼虾之美地，并提供了栖息和生存的环境。它们繁殖多代，任凭展翅自由。但后来慑于沧海桑田，另觅他处。这片经前人辛勤改造成的肥沃的平原，后人借鹳鸟之迹，美其名曰鹳浦。它既有历史性，又有形象性。

灌浦　半浦亦称灌浦。清代郑梁的《半浦考》载："半浦，俗称灌浦，谓取灌溉之义。"半浦渡南岸有《义渡碑示》文载："伊等世居灌浦南乡地方，濒临大江（姚江）南首，有渡为鄞、慈往来要冲。灌浦者，灌浦之水则南自罂湖至，从石塘山下抵江，纡回九里，有若神龙蜿蜒而下姚江，灌浦当取灌溉之义。"明代陈敬宗（字光世，慈溪人，参与修《永乐大典》）在《江郊渔牧记》中亦称半浦为灌浦，其散记见于诸诗家。

半浦村在清中期到民国前，正处郑、周、孙三族氏的鼎盛期。村民为官经商，购置土地为宗祠、家庙立基础。因此，投资农业基础设施和水利建设正是兴村之命脉。遂依姚江水系优势建两浦一坎。村内开挖内河，惠及民生。水利普及大部分房屋，内有水井，宅边有水池。目前，在大宅院旁尚有水池痕迹，屋内尚保存几口近 200 年历史的古井，如东井头前新屋内等地。

官浦　据史料记载，半浦旧名灌浦、鹳浦、官浦、宦江。明代曾彦的《送郑本弘序》曰:“维郑之先蜀人也。徙之慈溪之官浦,一时流俗有官浦、宦江之称。”清代道光《慈溪县志》曰:“明清二朝郑姓名人传记有五十六人,其中半浦郑氏就有四十五人。”(近有人考证:56 人中有 3 人的地籍待考,已考证半浦郑氏就有 50 人。)足见此地人才辈出,因此有人戏称为官浦。又巧遇“灌”“官”两字谐音近乎,加之灌浦村世代为官者甚多,因此,在通信书简上常有误写“官浦村”,直至民国初还有出现。

半浦亦称半江、幻江、安仁里、冰篆江和寒村。清代光绪《慈溪县志》引《句章摭逸》云:“鹳浦渡在村之南,江名鹳江,一名半江,秦川公谓之冰篆江。江流似带,环绕吾村。村西曰幻江,有蝇头浦,又名西江。东则有张家浦,安仁庙在浦之东,沿江四五里曰西渡。凡自杭至宁波城者必由此,为鄞慈界。”

寒村之西北有赭山或曰丹山,其前与左右一江环之,或曰幻江、观江、冰篆江、安仁里、寒村。幻江者,源自境内发生的一次洪水。明代天启《慈溪县志》卷一一“幻江”条云:“唐会昌四年六月夜,花屿白龙来与赭山龙战于山下,挟风携雨,雷驰电掣,江渍千顷,倏为洪波,遂名幻江。历千年始复涨满为田。”光绪《慈溪县志》卷五五云:“幻江在灌浦渡西,赭山渡东。唐会昌四年六月十八夜,县东花屿湖白龙来与赭山赤龙战于山下,沿江田地千顷,倏为洪波。历五代、宋、元渐涨为涂,至明始复为田。”人们站在江边,观赏江景,聆听涛声;鱼虾嬉戏,螃蟹横爬,姚江潮起潮落,海蜇漂来浮去,孤帆远影,轮船冲浪。此情此景,使人流连忘返。另有元代诗人曹汉炎登赭山作诗,有“江流曲似阳冰篆,山色丹如葛令砂”之句脍炙人口,文人则称冰篆名江曲折如书。

安仁邑名的来源,或则出于宋时。如清代郑大节的《雅宜庵记》曰:“余二始祖兴礼公之别墅也。始祖安仁公,当宋、元改革之时,义不仕元,训诫子孙读书,积德以待。”民国《灌浦郑氏宗谱》载:“郑氏,本荥阳旧族。”始祖讳毓,字秀甫,未详其所自出。当宋元改革之时,义不出仕,隐居灌浦,自号安仁居士。“至今灌浦犹名安仁。”光绪《慈溪县志》卷二记载:西屿乡县东南,管里三村二(即上牛里、石刺里、安仁里、飞凫村、德星村),所谓安仁里。永乐元年(1403 年)三月二日大火,灌浦郑氏旧谱毁,遂以明二安仁府君郑毓为供奉,公隐居西屿乡安仁里,而自号安仁居士。故后人修老安仁庙、前安仁庙各一座。黄宗羲弟子郑梁自号“寒村”,人称“寒村先生”。郑梁因文人之谦虚,常称自家为寒第、寒门、寒族。郑梁在《寒村记》歌曰:“村兮寒兮,可以考吾之安兮。寒兮村兮,可以求吾之仁兮。彼炎火象之处所兮,吾知其不可以终朝。视茫茫之宇宙兮,亦何者可以久要。居吾村兮宝吾寒,读吾书兮耕吾田,终吾身兮吾乐也闲闲。”

半浦 清末至民国已定名为半浦。由灌浦村改为半浦村,是否有行政发文,情况不详。据传言有两种说法。一说,在日常书写中,认为“灌”字太繁,半字简明易写，自然形成习惯。淡忘“灌”字，便书“半”字。又说，余姚到宁波，姚江上的主要渡口有余姚、蜀山、文亭、车厩、河姆、城山、洪陈、赭山、半浦、小西坝、邵家渡、石子道头、青赤度、李溪、宁波（大闸）。半浦渡西起余姚，东达宁波（大闸），以东为鄞县，西为慈溪，因其位于两县相半之界，所以称半浦渡。其村名渡亦相得益彰。

清代光绪《慈溪县志》载：“鹳浦，一作半浦。”慈溪南十三里，西屿乡安仁里安仁村之境，临大江，东八十里到海。江以南九里有浦，北有“灌浦古渡”，两地均为渡而名，渡因浦而名。

隐川先生的《地里考据》云：“或曰半浦者，以东为鄞，西为慈溪，两县相半之界也。浦在江南，名地以浦，岂以此浦系此地之形胜耶。浦口有桥，太学如江公之孺人杨氏所筑。杨氏，鄞邑杨布政守隅孙女也。居此地者，郑姓凡七族。今按此地有郑熙没官田，郑通没官田，凡千余亩，王册仍旧，竟不审没在何时，今为谁家祖云。”又南凡先生的《十二都江山记》：“慈之西屿乡安仁里，曰半浦，又曰半江。曰半浦者，并以南有浦，纡迁九里，而抵石塘碶，引桃源、白鹤诸山水而注于江。其浦东隶鄞，西隶慈，分有其半，故曰半浦。由浦而东四十里抵郡北郭。江以南隶鄞，北隶慈，以江心为界，故亦曰半江。”因地处姚江之北，东为鄞西与慈溪两县相半之界，郑梁按此两记，推断半浦之称，当属无疑。

总之，鹳、灌、官、半四字谐音相近，但四易村名有其历史原因，亦有人为因素。

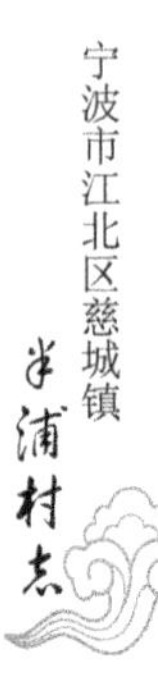

第二节　历史沿革

明清时期，半浦古村境内属西屿乡管辖，在1949年前一直隶属慈溪县管辖。中华人民共和国成立后归慈溪县丈亭区赭山镇，1950年为宁波地区慈溪县城关区半浦，1954年归余姚，1955年和1956年又变化两次，1960年划归宁波市，自2001年至今，并入慈城镇。

一、秦汉以前

清代董沛的《明州系年录》记载："周元王三年，越王勾践以南疆句余之地，旷而称句章。"秦汉时，句章县属会稽郡。半浦村隶属句章辖内。

二、隋唐五代时期

隋开皇九年(589年)，句章县隶属吴州辖下；至唐武德八年(625年)入鄮；于开元二十六年(738年)句章始改为慈溪，此后半浦辖域至1954年一直归属于慈溪。

三、宋元明清时期

宋代至清代近千年间，慈溪县境都比较稳定，内设5乡，半浦属于西屿乡。半浦在清朝时属"西屿乡安仁里安仁村"，属西屿乡旧十二都五图(包括大塘头、东边郑、西边郑、大墓跟周、半浦渡头、张家浦、朱家堰等在内)。

四、民国时期

民国时期，区域建置数次更迭。例如，民国二十五年(1936年)各县复设区，民国三十四年(1945年)抗日战争胜利后县行政区划又有调整，民国三十六年(1947年)复调整区划，半浦村行政仍隶属于慈溪县江屿乡，位于江屿乡(西)南端，与鄞县交界。

五、中华人民共和国时期

1949年5月，半浦村尚隶属慈溪城关区。1950年之后，中华人民共和国经历了土地改革、合作化运动、建立人民公社这3个主要阶段。是年4月半浦脱离江屿乡而独立，建半浦乡，成立半浦农会互助组，称第一、二、三、四村。1951年5月，江北区人民政府成立。1954年前，半浦村一直属慈溪县(县府驻地现慈城)管辖。

1954年7月，半浦村划归余姚县管辖。是年10月，根据宁波专署的《关于划建棉区县和机场特区及调整余姚、慈溪、镇海县界草案》，今属江北境的原慈溪县山南，即慈溪县城关区的慈城镇、城东、半浦、洪塘、横山、狮东、鞍山、裘墅、鄮力、洋墅、费市、赭山、黄山、云湖、妙山等乡镇划归余姚县，半浦村隶属余姚陆埠区，成立半浦初级社和高级社。1956年初，在农村全面推进合作化并向高级社方向发展后，当年为"清匪反霸"和土地改革而建立的小区、小乡，已不适应合作化发展的新形势，余姚县政府在4月间将半浦与赭山、黄山三乡合并为赭山乡。1958年中共中央下达《关于在农村建立人民公社问题的决议》，中共浙江省委发出《关于发展人民公社的意见》，10月余姚县姚东区（含慈城镇）组建东风人民公社，下辖20个生产大队，半浦村为第十四生产大队，旋改为慈城公社所辖（见表1-1）。1959年3月半浦村属于半浦管理区。1960年7月半浦管理区划归宁波市管辖，称为余姚乍山乡半浦人民公社。

表1-1　1958年东风人民公社所辖生产大队列表

名称	驻地	名称	驻地	名称	驻地
一大队	鞍山	八大队	裘市	十五大队	赭山
二大队	费市	九大队	横山	十六大队	黄山
三大队	应家	十大队	白米湾	十七大队	皇桥
四大队	西邵	十一大队	慈东	十八大队	妙山
五大队	洋墅	十二大队	慈湖	十九大队	云湖
六大队	洪塘	十三大队	张陆	二十大队	慈城镇
七大队	狮东	十四大队	半浦	试验场	今宁波市良种场

1961年1月，中国共产党在开始全面建设社会主义时期提出了恢复与发展国民经济的方针，即“调整、巩固、充实、提高”的方针。是年5月，为贯彻《农村人民公社工作条例（草案）》，缩小人民公社的规模，撤销半浦管理区，成立半浦公社，半浦村称为半浦大队。1962年12月8日，慈城区公所被撤销，半浦生产大队所属的半浦公社从此由宁波市直接管理。1960—1964年，国家逐步根据实际情况调整了人民公社各项制度，人民公社制度逐渐走向正轨。1969年12月，半浦公社归属的江北城市人民公社改为江北区。1962—1971年半浦公社生产大队情况如表1-2所示。

表1-2　1962—1971年归属半浦公社的半浦生产大队

镇或公社	1962年		1971年	
	生产大队	小计	生产大队	小计
半浦公社	半浦、前洋、后洋、新华、虹星	5	半浦、前洋、后洋、新华、虹星	5

1978年8月半浦村划入宁波市郊区管辖。1980年12月公社驻地从半浦迁至祝家。1983年9月复为乡建置，建立半浦村委会。1984年2月，郊区（大部分区域）和江北区合并组建新的江北区，此后至今半浦划归于宁波市江北区管辖。

1992年扩镇并乡，乍山、半浦两乡合并设立乍浦乡。乍浦乡面积为32.5平方千米，人口1.75万，下辖19个行政村和2个居民区，其中含半浦村和半浦居民区。

1996年，乍浦乡面积为43.6平方千米，人口有2.81万，辖龚冯、黄山、半浦、三勤、洪陈、新华、杨陈、虹星、前洋、后洋、双顶山、王家坝12个行政村和乍山、半浦2个居委会。

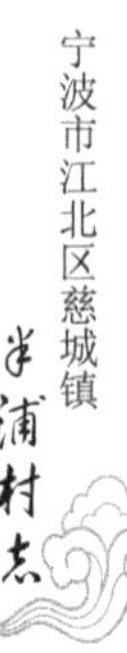

2000年，江北区辖4个街道、4个镇、1个乡：中马街道、白沙街道、孔浦街道、文教街道、甬江镇、庄桥镇、洪塘镇、慈城镇、乍浦乡。

2001年9月12日，浙政函〔2001〕181号批复同意宁波市江北区撤销乍浦乡，扩大慈城镇行政区域：撤销乍浦乡建置，并入慈城镇。调整后的慈城镇辖新民、和平、东街、尚志、北门、慈东、解放、中山、新生、德胜、支援、妙山、云湖、半浦、乍山15个居委会，北门、勤丰、东镇、东门、南门、慈湖、东山、山西、白米湾、山东、观庄、湖心、新联、上岙、毛力、毛岙、国庆、浦丰、民丰、向上、三联、妙山、五湖、八字、五星、金沙、公有、五联、南联、扬陈、洪陈、双顶山、三勤、王家坝、黄山、龚冯、半浦、虹星、新华、前洋、后洋41个行政村，区域总面积为102.5平方千米，人口为5.90万，成为市区大镇。

至2002年底，慈城镇辖半浦等15个居委会和半浦等41个村委会。

2006年慈城镇辖5个社区、5个居民区和41个行政村，其中包括半浦居民区和半浦行政村。全镇面积达102.3平方千米，人口为5.63万。

1985—2008年间慈城镇域内行政建置的变更情况如表1-3所示，1953—2008年间慈城镇域内的废止村落情况如表1-4所示。

表1-3　1985—2008年间慈城镇域内行政建置的变更

<table>
<tr><th colspan="3">1985年</th><th colspan="3">2008年</th></tr>
<tr><td rowspan="2">慈城镇</td><td>居民区11</td><td>北门、新民、东街、和平、尚志、解放、新生、支援、中山、德胜、慈东</td><td rowspan="11">慈城镇</td><td>社区6</td><td>古巷、景明、望京、浮碧、慈湖人家、西门</td></tr>
<tr><td>行政村16</td><td>山东、白米湾、山西、观庄、湖心、新联、东门、南门、上岙、毛力、毛岙、东镇、勤丰、慈湖、北门、东山</td><td>居民区5</td><td>慈东、妙山、乍山、半浦、云湖</td></tr>
<tr><td rowspan="2">妙山乡</td><td>居民区1</td><td>妙山</td><td rowspan="8">行政村39</td><td rowspan="8">上岙、南门、毛力、毛岙、东山、东门、北门、慈湖、东镇、勤丰、观庄、湖心、山东、山西、杨陈、洪陈、龚冯、八字、五星、公有、金沙、南联、五联、半浦、新华、虹星、前洋、黄山、三勤、国庆、浦丰、民丰、向上、三联、妙山、五湖、白米湾、双顶山、王家坝</td></tr>
<tr><td>行政村11</td><td>国庆、浦丰、民丰、向上、三联、妙山、五湖、八字、五星、一场、二场</td></tr>
<tr><td rowspan="2">乍山乡</td><td>居民区1</td><td>乍山</td></tr>
<tr><td>行政村14</td><td>杨陈、洪陈、小山、苏梁、双顶山、朱家、三勤、王家坝、陈郎桥、杨家桥、王(黄)山、联勤、芳江、龚冯</td></tr>
<tr><td rowspan="2">半浦乡</td><td>居民区1</td><td>半浦</td></tr>
<tr><td>行政村5</td><td>新华、后洋、前洋、半浦、虹星</td></tr>
<tr><td rowspan="2">云湖乡</td><td>居民区1</td><td>云湖</td></tr>
<tr><td>行政村5</td><td>公有、金沙、五联、南联、八字</td></tr>
<tr><td colspan="2">合计</td><td>66</td><td colspan="2">50</td></tr>
</table>

表 1－4　1953—2008 年间慈城镇域内的废止村落

第一阶段	村落名称	废止时间及原因	原住民迁居地址
	夏家、毛家	1960 年，位于毛力水库淹没区	半浦、乍山、洪塘、费市等

2017 年，慈城镇辖东镇村、北门村、慈湖村、上岙村、毛力村（鄮里村）、毛岙村（鄮岙村）、东山村、东门村、白米湾村、观庄村、湖心村、国庆村、勤丰村、南门村、新华村、虹星村、半浦村、前洋村、黄山村、洪陈村、龚冯村、双顶山村、杨陈村、王家坝村、三勤村、五湖村、民丰村、八字村、妙山村、五星村、三联村、向上村、浦丰村、金沙村、公有村、五联村、南联村等 37 个行政村。半浦行政村辖半浦（含解元第、中书第、陆善堂、花门头、八房弄、东井头、十六房、前八房、后八房、七房、九房、大屋、朱轩门头、梅汝湖、茶栈、孙家、前新屋、下新屋、大道地、挨坝、九间头、老高墙、谷厢房、西河沿）、希贤房、周家、塘路墩、上新屋、下新屋、渡头街、老染店等 8 个自然村。

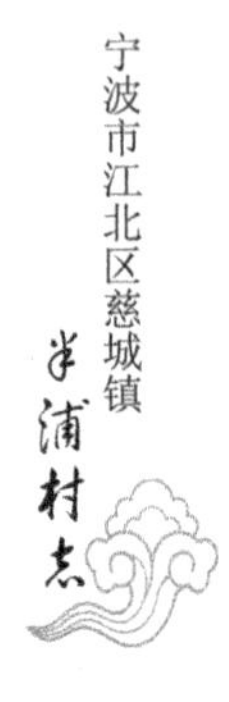

2 第二章　生态环境

第一节　自然环境

一、地形环境

半浦村是一个典型渡口古村，曾获浙江省卫生村、浙江省森林村庄、宁波市生态村等荣誉称号。自2006年以来，半浦村设有环卫设施、保洁员。半浦村干净整洁的环境曾给了冯骥才深刻的印象。他说：一个村子富裕起来容易，但文明养成很难。古村保护要重视村落环境、养育地域文明，半浦村在这方面做得很好。

半浦村地处东南沿海地区，靠近东海，位于浙江省宁波市江北区慈城镇最南端，地理位置为北纬29°56′16″，东经121°25′44″。南有“灌浦古渡”，北有慈城古镇东接中国大运河的终点小西坝，三面环水，占据水上交通要冲，距离宁波市区18千米。清代光绪《慈溪县志》记载：“半浦，慈溪南十三里，西屿乡安仁里安仁村之境，临大江(姚江)，东八十里到海。”

村域所处的宁波平原历史上为海侵平原，原先的乡间小道主要是泥土路和碎石路。民国十五年(1926年)由半浦同志公益会的孙衡甫、周亨宜、郑时卿等诸公发起和资助，新建石板路。现在，村里的主干道合围大半个村落，二级道路与主干道穿插交错形成路网，分支形成各个小巷，支路错综复杂。

随着半浦村旅游开发、环境整治及垃圾分类措施的实施，村民居住环境大幅改善，村庄绿化率达90%以上。

半浦村境域江河纵横，纯系平原水网地带，海拔2.6米，无山区。自然村分布在水陆交通便利的地方，地势平坦偏高，易遭台风侵袭，台风中涝水进屋很少。

该村位于姚江之滨。姚江，即余姚江，又称舜江、舜水，发源于浙江省宁波市县级余姚市大岚镇夏家岭村东的米岗头东坡。姚江干流全长106千米，流域面积为2 440平方千米。姚江在余姚境内长33.06千米，宽60余米，涨潮时水深6.08米，落潮时水深3.64米，一般水深4.56米，东向通宁波为南余线，西向通上虞为余上线。

二、自然资源

半浦村地处北温带，具有北亚热带与中亚热带季风气候特征，属海洋性温润气候。当地气候温和湿润，年平均气温 18.9 ℃，最热为 7 月，日平均气温 31 ℃，历史上最高气温 39 ℃；最冷为 1 月，日平均气温 5 ℃，历史上最低气温－3 ℃。无霜期 260 天，年降水量 1 400 毫米。春夏之交多梅雨，夏秋季节多台风暴雨。春秋较短，冬夏较长，四季分明。日照充足，雨量充沛。冬春季风转换时期，气温曲折上升，雨量明显增多，气流不稳定，天气多变，时冷时热。春末夏初常低温多雨。春夏之交，南北冷暖气团于上空交汇，持续较长，阴雨绵绵，为降水的主要季节，常出现高温高湿天气，俗称“梅雨期”。梅季结束，气温上升较快，天气干热，易成旱灾。夏秋之交，东南季风向西北季风转换，北方冷空气南侵，易发生暴雨和大风，若冷空气团强，秋分前出现“低温”。10 月，有一段天气晴朗、温度适中的时期，俗称“小阳春”。冬季受冷空气团控制，盛行西北风，晴冷干燥，有时暴发寒潮，是降雨最少的季节，低温寒冷。强冷空气南下时，会形成西北大风和强降温天气。

半浦村地质构造活动所引起的地壳运动较弱，地质构造比较稳固，属于弱震区。土壤多为黄化青紫泥、泥炭心青紫泥。赭山为红壤，《大明一统志》载：“赭山，在慈溪县南一十里。土色正赤，故名。”元代曹汉炎有诗曰：“江流曲似阳冰篆，山色丹如葛令砂。”

1997 年江北区土地管理局对半浦行政村的土地定级为Ⅱ级。1997 年乍浦乡及下辖各村基准地价如表 2－1 所示。

表 2－1　1997 年乍浦乡及下辖各村基准地价（单位：元/平方米）

用地类型	Ⅰ级	Ⅱ级	Ⅲ级
商业	195	180	115
住宅	135	100	80
工业	90	85	75

2001 年 2 月，慈城镇调整了规划区外各行政村的土地基准地价，同 1997 年的对比情况如表 2－2 所示。

表 2－2　1997 年、2001 年规划区外各村新旧基准地价对比表（单位：元/平方米）

用地类型	Ⅱ级		
	1997 年	2001 年	增
商业	200	200	0
住宅	100	130	30
工业	90	120	30

2002 年，江北区对征地补偿偏低的乍浦乡等乡镇及各镇规划区外的行政村基准地价，做了较大幅度的上调。该年慈城镇基准地价如表 2－3 所示。

表 2-3 2002 年慈城镇基准地价一览表

用地性质与类别		基准地价(元/平方米;万元/亩)			
		Ⅰ级	Ⅱ级	Ⅲ级	Ⅳ级
已五通一平	商业	1728/115.2	1443/96.2	990/66.0	750/50.0
	住宅	993/66.2	716/47.7	568/37.8	459/30.6
	工业	402/26.8	265/17.7	205/13.7	160/10.7
生地	商业	900/53.3	668/44.5	456/30.4	350/23.3
	住宅	650/43.3	450/30.0	370/24.7	308/20.5
	工业	282/18.8	165/11.0	135/9.0	110/7.3

冯骥才在《半浦村记》中写道:“半浦在宁波江北,依江傍海,土沃草肥,人又勤快,是个古老的鱼米之乡,至今依然恬静地躺在这块土地上。”这里四季分明,春季温暖,夏无酷热,秋天凉爽,冬无严寒,且雨量充沛,日照充足,物产丰富,有谷类、蔬类、花类、果类、瓜类、木类、竹类、毛类、鳞类、介类等,宜于作物生长和人们居住。

凝灰岩 石质较优,其抗压强度在 80—130 兆帕,可用于桥梁建筑及桩基混凝土等。

农产 稻为最重要的作物,大致可分为粳稻和糯稻两种。麦其次,以大麦和小麦为最多。常见的豆种类较多,有大豆(黄豆)、蚕豆、绿豆、赤豆、豇豆等,种植时间亦有不同。果类主要有桃、杏、李、枇杷、杨梅,瓜类主要有葫芦、茄子、黄瓜、丝瓜、冬瓜、南瓜,蔬菜主要有白菜、笋、萝卜、油菜、芹菜、萵苣、茼蒿、葱、韭菜、小包菜,木类主要有松树、榆树、桑树、椿树、楝树,竹类主要有苦竹、淡竹、燕竹、紫竹、慈竹。

畜产 毛类有牛(水牛、黄牛)、羊(湖羊)、猪、兔等,羽类有鸡、鹅、鸭等。

水产 鳞类有鳜鱼、鲈鱼、青鱼,介类有龟、鳖、蚌、蛎等。

第二节 人口家庭

自周元王三年(公元前473年)越王勾践在姚江边修建句章城(今慈城镇王家坝村一带)起,经秦代句章县治在城山渡,半浦属句章县境,至唐开元二十六年(738年),慈溪县从鄮县中分开,县治在现在的慈城。因行政区划变动频繁,加上旧时缺乏有效的人口数据和资料,至中华人民共和国成立前,难以获得半浦村地域上历代人口的确切数据。

一、人口

据1942年5月29日慈溪县乡镇联合会填报的《各乡镇人口统计表》,孝东镇、孝西镇、乍浦镇、黄思乡和云湖乡等属于今慈城镇区域内的总户数为8 267户,人口31 720人,其中男性为15 539人,女性为16 181人。该年乍浦镇人口统计情况如表2-4所示。

表2-4 1942年乍浦镇人口统计表(单位:个、户、人)

保	甲	户数	人口	男	女
12	130	1 524	6 348	3 024	3 324

中华人民共和国成立后,政府为了进行有计划的经济建设,1953年我国进行历史上第一次全国人口调查登记工作(全国人口普查),并随后于1964年、1982年、1990年、2000年、2010年共进行了6次人口普查,统计的项目越来越细,统计的内容更加科学,为国家在各个历史阶段编制五年计划提供了翔实的数据。

1962年半浦大队参加公社的户数为363户,计1 037人。1963年半浦大队参加公社的户数为275户,计1 033人。半浦大队总户数为538户,总人口为1 651人。1964年第二次人口普查时,半浦村总户数为497户,总人口为1 766人,其中男性900人,女性866人。

1965年半浦大队有24个生产队,参加公社的户数为468户。

1972年半浦大队所辖的生产队有8个,户数565户。1973年半浦大队实行三级核算的生产队有12个,户数565户。

1986年半浦村有16个村民小组,户数为725户。

1990年半浦村有8个村民小组。进行第四次人口普查时,村里总户数为686户,总人口为1 697人,其中男性869人,女性828人,大专生4人。

2000年第五次人口普查时,半浦村总户数为702户,总人口为1 676人,其中男性863人,女性813人。所在的乍浦乡人口总量占宁波市江北区总人口的5.53%,为慈城镇区域仅剩的乡村人口,其余都为城镇人口。2001年,慈城镇的人口密度为554人/平方千米，为江北区面积最大和户籍人口密度最小的区域。

2010年以来，人口出生率逐年下降，低于死亡率。2010年第六次人口普查时，半浦村总户数为740户，总人口为1 835人，其中男性928人，女性907人。

2011年，半浦村常住人口约为1 320人，暂住户为300余人。

2020年第七次人口普查时，半浦村总户数为825户，总人口为1 929人，其中男性1 012人，女性917人。1963—2020年半浦村人口变动情况如表2-5所示。

表2-5 1963—2020年半浦村人口变动情况统计表

年份	总户数（户）	合计			农业人口
		总人口（人）	男（人）	女（人）	人口数（人）
1963	538	1 651	902	749	1 304
1964	497	1 766	900	866	1 569
1965	533	1 848	942	906	1 609
1971	620	2 128	1 006	1 122	1 920
1972	602	2 124	1 056	1 068	1 916
1973	611	2 162	1 070	1 092	1 827
1974	625	2 171	1 070	1 101	2 012
1976	675	2 189	1 090	1 099	2 018
1979	689	2 148	1 108	1 040	1 948
1980	677	2 122	1 102	1 020	1 920
1981	771	2 116	1 108	1 008	1 830
1985	720	1 625	822	803	1 545
1990	686	1 697	869	828	1 697
1995	728	1 645	857	788	1 645
2000	702	1 676	863	813	1 476
2005	756	1 825	915	910	1 347
2010	740	1 835	928	907	1 355
2015	782	1 875	965	910	1 343
2020	825	1 929	1 012	917	1 289

历史上由于医疗卫生和营养水平低下，整个社会人口的年龄结构偏向年轻型。中华人民共和国成立后，医疗卫生条件改善，出生率上升，死亡率降低，预期寿命提高，年龄结构发生了一定变化。

1985年，半浦乡实现了“三无”（无多胎生育、无计划外二胎、无大月份引产），全村总人口较1981年减少近500人。

2005 年非农业人口为 250 人，外来人口为 300 余人，全村总人口为 1 800 余人。

2006 年村民为 600 余户，农业人口有 1 320 人，出生 17 人，死亡 11 人。

2014 年，全村村民总户数为 668 户，其中农户 633 户，农业人口为 1 342 人，其中男 658 人，女 684 人。

2015 年，半浦村总户数为 782 户，总人口为 1 875 人，其中农业人口为 1 343 人，常住人口中有 70 岁以上老人 92 人，80 岁以上老人 61 人，90 岁以上老人 11 人，百岁老人 1 名。

截至 2018 年 6 月底，半浦村有 80 岁以上老年人 88 人，占村总人口的 6.6%，其中 95 岁以上老年人 4 人，百岁老人 1 人。是年 10 月 16 日，宁波市公布了 18 个“最美长寿村”的名单，江北慈城镇半浦村榜上有名。2020 年半浦村 90 岁以上老人名单如表 2－6 所示。

表 2－6　2020 年半浦村 90 岁以上老人名单

序号	姓名	性别	出生年月日
1	陈玲娣	女	1919－08－07
2	徐水凤	女	1921－10－22
3	黄翠娥	女	1924－09－13
4	包凤英	女	1925－12－26
5	任阿毛	女	1926－12－22
6	陈娟定	女	1927－01－23
7	郑水晶	女	1927－06－14
8	胡兴法	男	1927－08－19
9	方翠菊	女	1928－10－23
10	张阿翠	女	1928－11－02
11	郑静胥	女	1928－12－13
12	华小娥	女	1929－01－29
13	郑祥生	男	1929－08－14
14	陈岳寿	男	1929－10－15
15	华阿四	女	1929－12－11
16	张阿菊	女	1930－03－11
17	郑德寿	男	1931－03－15
18	符信高	男	1931－03－17
19	江翠娣	女	1931－10－15

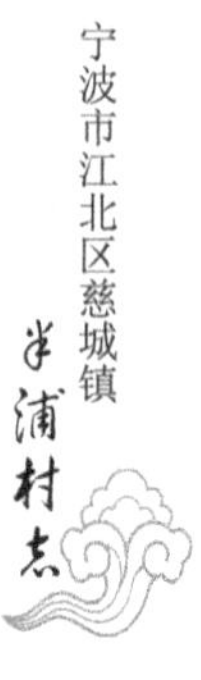

居家养老成为半浦村老年人最主要的养老方式,这里气候宜人,环境优美,加上村里养老帮扶措施到位,在半浦村养老是很好的选择。

半浦村居家养老图

半浦村早年名声远扬,传及邻村、邻县。据不完全统计,自清初至民国初,由余姚县一带迁来的姓氏有唐、胡、茅、王、龚、徐、包等,四明山一带迁来的有毛、叶、沈等姓,金华一带迁来的有任、郭、金、尹等姓。另有三七市的周姓,陈家埠的傅姓,邻村的姚、严、陆等姓,还有早年居住的应、张等姓。其中,有能工巧匠,有以农业为生的,有家政服务的,开小店铺的,行医的,以肩挑贩卖为生的和打零工的,等等,各行各业都有。1949 年前,半浦村人口生育处于自然状态,早婚、早育、多生情况很普遍,因此人口出生率较高,但死亡率也较高,人口增长并不快。20 世纪 50—60 年代,人口生育的模式转变为高出生、低死亡、高自然增长。1962 年国家开始提倡计划生育。20 世纪 70 年代初全面推行计划生育。70 年代后,半浦村逐步转向低出生、低死亡、低自然增长的现代人口生育模式,推行“一对夫妇只生育一个孩子”的一胎化政策。

1982 年 9 月“计划生育”被定为中华人民共和国的一项基本国策。1985 年,半浦乡实现了“三无”(无多孩生育、无计划外二胎、无大月份引产),在深入做好宣传教育的同时,采取一系列有效措施,有效制止了计划外生育和多胎生育现象。1988 年半浦村成立了计划生育分会,有效推动计划生育工作的开展。

2010 年以来,宁波市计生工作管控较以前更为放松,实施“二孩”生育政策。江北区根据国家政策的变化,做出相应调整,出生率有所提高。2011 年 11 月,全面实施双独二孩政策,夫妻双方均为独生子女的可以生育第二个孩子;2013 年 12 月,实施单独二孩政策,夫妻双方有一方为独生子女的可以生育第二个孩子;2016 年,根据党的十八届五中全会决定,实行全面放开二孩政策,半浦村所有夫妇一律允许生育第二胎。

二、姓氏家庭

半浦自南宋时期郑姓族人始居起，至今已有800多年的历史。郑姓原是半浦主姓，后来有周姓、孙姓，越来越多的姓氏涌入，最终形成了一个多姓氏的村落。

公元前806年，周宣王在位22年后封弟姬友于棫林（今陕西省华州区东），建立西周的最后一个诸侯国郑国（伯爵）。姬友死后谥号为桓公。郑氏三卿——郑桓公、郑武公、郑庄公三代均为周朝司徒（相当于后世宰相），左右周氏天下106年。郑国共传14代23君431年。公元前375年，郑国被韩所灭，郑氏公卿宗族纷纷外迁，桓公友的15世孙姬鲁迁居陈、宋之间。为了纪念故国，以国为姓氏——郑氏。因怀念先祖勋业，举族迁回荥阳，并世代在此繁衍发展。

据清光绪十八年（1892年）的《慈溪郑氏宗谱》记载，南宋后期社会动乱不安，郑氏家族的一支从福建迁居至此。其先祖郑性之（1172—1255年），初名自诚，字信之，曾为南宋理宗时期（1208年）的状元，官至宰相（参知政事）。这一支郑氏族人占据离姚江北部相对较远的地方居住建设，修建佑启堂为象征地权的所有标识。由于同宗同族且衍庆堂易遭受水灾被毁，两支郑氏族人逐渐融合发展，形成一个范围较大的以佑启堂为权威标识、与河槽以南渡头街相区分的居住空间领域。早年郑姓家谱中曾云："余家自闽（福建）分支，相传宋理宗朝，知枢密院兼参知政事，讳性之、字信之公始。"此外，宋代因避战乱随宋室南渡的也许还有陈、王、徐等诸姓。

元初，一位叫郑毓的人隐居慈溪县西屿乡安仁里灌浦之滨，字秀甫，自号安仁居士，是为半浦郑氏之始祖。这一支郑氏族人考虑了躲避水患的因素，占据了半浦村北部的区域，修建复训堂。自三世分一至七房，确立郑家对杨家河以南、佑启堂以北大片土地的权属，郑氏家族的新建活动在此之后基本集中于这片广阔的土地之上。

除了半浦主姓（郑姓）之外，世居半浦还有周姓。《慈溪周氏半浦支谱》记载了宁波周氏始祖周瑊，世居彭城（今江苏省徐州市）。唐末官至明州（宁波）录事参军（军队文官），遂家迁。宋末元兴为避元难，宁波十二世完孙公（排行端三）迁慈溪县（慈城镇）永明寺东南居住。清康熙年间（1662—1722年）慈溪县（慈城镇）周氏十三世（即宁波二十五世）周衡，迁居距城南5 000米的半浦村，娶郑氏为妻，育5子，长子周子高为半浦周家祠堂一世祖。自衡公迁入半浦，半浦之有周氏自此始。五世周亚溪与其从弟周遐亭、周蓉川，在半浦村兴建周家祠堂惇德祠。民国时期，半浦周氏与巨贾孙衡甫关系密切，共同创建半浦同志公益会。

周姓族人迁入后，还有孙衡甫先辈从鄞县迁入。孙氏家族原世居鄞地，直到晚清咸丰、同治年间（1851—1875年）才迁至半浦，第一代定居半浦的孙氏族人孙味尊在郑氏富商家里做帮佣。周氏、孙氏两大家族的情况与郑家不同，他们均非半浦

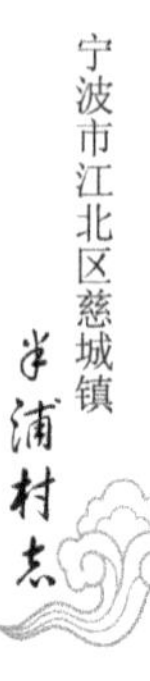

土生土长的家族，当初也是看中半浦村地理环境和郑氏家族的名望，各自在此定居。

2020年人口统计数据显示，村内姓氏达100多种，其中郑姓(161人)一直是村里第一大姓，其次是陈、王、朱，周姓排在第11位，孙姓排在第35位。

半浦古村，是一个儒、官、商、农共居之地，自宋朝后，居住者以郑氏族人为主。早期郑氏族人占据河槽以北的土地，建起名为衍庆堂的家族祠堂，所选择居住的空间范围内被称为“矮笆”。半浦村在前清时发展于郑氏家族。其中，郑梁(字禹板，号寒村)在康熙二十七年(1688年)官至进士，先后任翰林院、庶吉士、户部主事、郎中等职。康熙二十九年(1690年)任会试考官，广东高州知府，是清代文学家、藏书家。

随着社会的发展，由异地迁入的村民日益增多。康熙年间(1662—1722年)，周姓族人是较早从慈溪县城迁入半浦的又一大姓。慈溪周氏十三世祖(即衡公)因娶半浦郑氏女为妻，迁居半浦。半浦周氏先祖最先作为郑家女婿客居半浦，生兄弟5人，次子自半浦迁回邑城，第三、四、五子均无后。居半浦者唯长子定百十公(即子高公)及其后代，故而今半浦周氏支祠——惇德祠奉子高公为始祖，即一世祖。子高公名挺琪，生于康熙十七年(1678年)。今日灌江东的塘路墩可能是最早周家人居住的郑氏宅院。其后周衡长子留居半浦，周氏族人开始在半浦繁衍生息，在灌江以东的土地上购置族田，兴建宅院，将灌江东原本郑氏的土地划入周氏宗族名下。原本郑氏所有的土地以灌江为界一分为二:灌江以西的土地为郑家所有，灌江以东的土地为周家所有。

周家至三世祖周广惠时，在江苏南汇县周浦镇(今上海市浦东新区)经商后发家致富，置宅院，欲建祠创半浦周氏支族，未遂而卒。其妻许太夫人协助儿子周鹤山继承父业，周家遂有所积累，但依旧无法完成建祠的心愿。鹤山公去世后，许太夫人继续教养孙子，助其发扬祖业生意。五世祖周亚溪终于与自己的两个兄弟用7年时间建造出了名为惇德祠的周家祠堂，创建了半浦支祠支谱。

周家人擅修谱，远近闻名，尤其在清末，家族制度崩坏，有识之士想挽救颓势，私人修谱之风又开始盛行。周氏族人周苇渔积极参与地方修谱事务，曾屡次帮姻亲郑氏家族修谱，现存完好的《灌浦郑氏宗谱》即为周氏所修。

半浦村郑、周两大姓历世聚居，在村中地位突出。随后还有从鄞县迁入的孙衡甫先辈，都以儒、仕、商为主。孙家居住半浦已有约150年的历史，房子占地3900平方米，1960年半浦人民公社就设在此处。孙家的下一代有孙子孙可钦，孙媳洪靓秋、孙联章。孙女孙维琦已于1945年1月26日逝世于上海。

1920年半浦郑显孚家族全家福(家长郑显孚位于右侧第四;右侧第二人是长子郑遐龄,清朝秀才)

郑显孚是慈城半浦村矮笆祠堂以郑性之为始祖的郑氏家族第25代子孙,又名尹中,生于清咸丰十年(1860年)正月初五,20世纪20年代去世,享年60余岁。他主修的《慈溪灌东郑氏宗谱》10卷,于民国十年(1921年)由佑启堂用木活字印刷出版,现在只有一部保存在北京国家图书馆古籍部。

清末民初,陆善堂开始败落。1923年,陆善堂第20代传人郑之君举家搬到了慈溪(现慈城)城中。1935年,其前往上海投靠长子。至今乐善堂郑氏家族已有24代传人。

1937年郑纷全家合影(后排从右至左分别为郑纷的三伯父、父亲、大伯父)

半浦村注重优秀传统文化教育,开展老有所乐、慈孝并举的各项活动,并在周家祠堂边上建立家风家训馆。村内家风家训代代相传,如村畔的姚江水奔涌不停,世世代代生生不息。

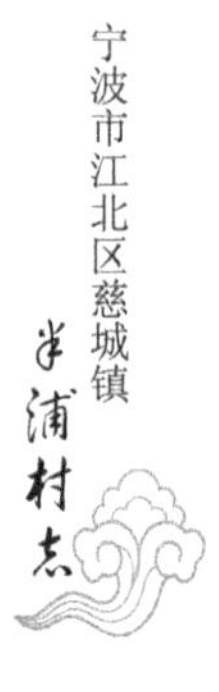

3 第三章　乡村建设

第一节　基层组织建设

农村基层组织建设包括基层政权、基层党组织和其他组织建设 3 个方面。建设社会主义新农村，必须大力加强农村基层党组织建设，不断增强农村基层党组织的创造力、凝聚力和战斗力，为推进新农村建设提供坚强的组织保障。

一、村级组织沿革

（一）村民委员会

1966—1972 年半浦公社半浦大队所辖的生产队有 8 个。

1973 年半浦公社半浦大队实行三级核算的生产队有 12 个。

1981 年半浦大队有 16 个生产队：前一队、后一队、二一队、二二队、三一队、三二队、四一队、四二队、五一队、五二队、六一队、六二队、七一队、七二队、八一队、八二队。

1990 年半浦乡政府设置半浦村民委员会，辖 16 个村民小组。

1991 年半浦村村民委员会由 7 人组成。村内总户数为 721 户，总人口为 1 709人。

2017 年村民代表为 51 名。

半浦村自建村至 2021 年共有 12 任村民委员会主任：唐敦云（第 1—5 届）、郑祥贵（第 6 届）、徐国平（第 7 届）、马福君（第 8—9 届）、唐志华（第 10—11 届）、陈卡男（第 12 届）、郑丰（第 12 届，副主任）。

（二）村支部委员会

半浦村自建村起担任支部书记及主要领导的人有曹忠甫、姚根来、庄阿丁、马仁兴、胡兴云、张甫根、朱双喜、徐国强、郑祥贵、徐国平、陈卡男等。

胡兴云，慈城半浦村人，长期居住在半浦村，曾担任半浦乡乡长、党委副书记。世代佃农。1949 年某夜，他家来了 3 位扛着枪杆子的解放军战士。当时他吓得撒腿往门外跑，解放军同志拦住了他的去路，亲切地告诉他：宁波解放了，半浦现在需要你这样的农民来成立农民协会。不久，半浦便召开了农民协会成立大会，从此他成为一名光荣的基层政权干部。他住的房子原先属于村里一户地主，被充公后分给了他和另一名佃农。

村党支部、村委会位于整个村庄的“中轴线”上，两层办公楼，配有电话、手机、电脑、传真，办公设备一应俱全。

半浦村村委会

半浦村财务公开栏

二、半浦村基层组织建设

自20世纪90年代以来，村级重大决策、重大村（社）务的议事、决策以及执行等，均由村民（社员）会议或者村民（社员）代表会议决定并执行。

2010年以来严格执行“三公开一监督”制度，以保障村民的利益为目标，按照党务、村务、财务公开的制度，按时向村民公布财务、政务各项情况，顺利完成了半浦股份经济合作社每3年一次的股权调整工作。

（1）党务公开。即公开党组织基本情况，以及每年本年度或季度工作情况等内容的表格化公开。

（2）村务公开。村民（社员）代表会议决议事项及实施情况、村社会经济发展项目、村社会事业相关情况等内容的表格化公开以及审核、签章、把关的公开。

（3）财务公开。财务公开包括财务公开表和涉及社员（股东）利益的重大“三资”管理事项。

半浦村党支部认真贯彻落实清廉江北建设要求。以“传承优良家风、倡导廉洁清风、汇聚淳朴民风”为主线，挖掘传承悠久村史、优良家风，实施小微权力清单化。大事小事村民说，党务、村务、财务全公开，着力建设清风半浦，倡导德治礼序，养成文明新风，汇聚淳朴民风。

半浦村充分发挥基层党组织在清廉半浦建设中的核心作用。以党建引领、主导村居清廉，压实压紧基层党组织在清廉村居建设中的政治责任，推动清廉村居建设向纵深发展。

半浦村全面推行党务公开，深入实施村务公开，重点推进财务公开。三务公开栏是村民了解村里事务的重要渠道，是展示清廉村居的重要平台。完善三务公开栏，有效提升了党务、村务、财务的公开透明度。

2019 年半浦村进一步完善村级小微权力运行规范，按照“最多跑一次”改革和权利内容全覆盖的要求，修改、完善村级小微权力行使流程，以区小微权力清单“47 条”为版本，实现“一村一单”。

村民说事

小微权力

村民守则

(1)热爱祖国，热爱共产党，热爱社会主义，热爱劳动。

(2)履行公民义务，依法按时交粮、纳税，并履行其他应尽的义务。

(3)遵纪守法，不偷盗、不赌博、不打架斗殴，维护社会公共秩序。

(4)爱护公物，爱护集体财产。

(5)讲礼貌，尊老爱幼，团结互助。

(6)讲文明、讲卫生，搞好环境美化、绿化。

(7)爱科学、学文化、移风易俗，反对封建迷信。

(8)提倡晚婚晚育、少生优育，搞好计划生育。

村干部行政六条标准

(1)带头执行党的路线、方针、政策，扎实做好本职工作。

(2)洁身自好，廉洁奉公，不私心，不贪心，不把村民赋予的权力变成自己的特权，不搞权钱交易。

(3)为官一任，造福一方，办事做到公开、公平、公正，不偏心，不把个人意志强加于群众之上。

(4)工作作风踏实，善于倾听群众意见，耐心细致地做好思想政治工作。

(5)加强思想品德修养，讲学习、讲政治、讲正气，勇于和不良倾向做斗争。

(6)维护组织权威和班子团结,坚持实事求是,提高领导工作水平。

村民自治六条义务

(1)村民必须承担上级政府下达和村规定的粮食定购任务、土地承包款、河网取水费、劳动积累工等义务。

(2)适龄夫妇有实行晚婚、晚育和计划生育的义务。

(3)适龄青年都有依法服兵役和参加民兵组织的义务。

(4)家庭对未成年子女应承担抚养教育的义务;成年子女对父母有赡养、照顾的义务。

(5)维护集体利益,保护公益实施是每个村民的应尽义务。

(6)提高警惕,加强防范,人人都有维护社会安定团结的义务。

村民行为权利

(1)当村民的劳动成果和财产受到损害时,有权向村委会提出保护和调解的请求,村组织应予积极支持和帮助。

(2)村民对村组织的工作有提出批评和建议的权利。

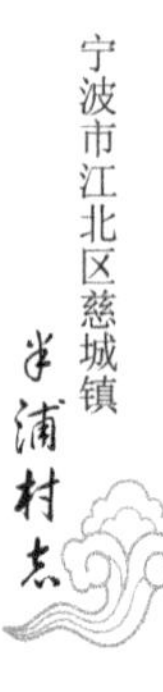

第二节　公共设施建设

公共设施是指由政府或其他社会组织提供的、给社会公众使用的公共建筑或设备。半浦村古有“二老阁”藏书楼、半浦“义渡”等。民国时期的银行巨子孙衡甫等诸公发起成立的半浦同志公益会、半浦旅沪同乡会专门从事地方上的公益事业，筹办并处理义渡、义市、消防、治安、学校、义庄、交通、水利等公共事业。自2011年以来，半浦村在突出经济发展的同时，加强基础设施和公益事业建设，村容村貌发生了很大的变化。

一、交通道路

古代，江河上很少有桥梁，往返都需要借助渡船。晚清以来，尽管修建了大量桥梁，但仍有部分渡口一直在使用。

20世纪20年代，孙衡甫等曾为家乡修路、治水。孙衡甫修建了一条自半浦到慈城的长约5千米的石板路及所有桥梁，这条路上的每块石板宽0.6米，间隔1—2米，其中建有半浦三元桥。

慈浦线建于1979年，属于县道。这条干道公路起自慈城镇，终于慈城半浦村，在K3＋200处与庄浦线相接。全长5.1千米，路面宽度6米，路面结构为沥青砼路面。

最早的公交车是331路，于1979年开通。334路于2003年开通，村路道路水泥路硬化大约1万米，村内安装路灯85盏。

至2008年底，慈城镇仍在使用的渡口有3个，分别是半浦渡口、洪陈渡口和三勤渡口。

目前，半浦村条条水泥路铺到家门口。保护环境、种植花木，均有专人管理。

半浦渡口　其位于姚江下游中段，横越慈城镇半浦村与海曙区高桥镇岐阳之间，为乡镇渡。水面运距为300米左右，日均运量280人次。清代已有此渡口，1994年被市交委列入全市重点乡镇渡口。现由35客位“三防”钢质船摆渡。

二、桥梁下水道

三元桥　1926年，孙衡甫修建了一条自半浦到慈城的长约5千米的石板路及所有桥梁，建时由孙家一个管家负责。桥造好后，管家把自己的名刻在桥上，称为三元桥，还建有好几个凉亭。另一条路原计划从半浦修建到裘市，后来因为有人阻止，裘市的老板自己修路，把路修到小西坝，并在小西坝修一凉亭叫八脚凉亭，以供人歇脚避雨遮阳，这条路是砖头路。据老辈回忆，半浦渡口有一艘40吨钢质双层可乘百余人的渡船，可从半浦驶至新江桥西边，船名叫“新同兴”。

慈浦大桥 其位于县道慈浦线，跨越慈江，中心桩号OK＋526，中桥，结构形式为空心板梁桩柱式墩台，建于2000年6月。桥梁全长为97.3米，跨径总长90米，单孔最大跨径16米；孔数为6孔，跨径组合为16×3＋14×3，桥面净宽11.8米。设计荷载为20吨，总投资152.72万元。

镇海—杭州成品油长输管道 镇海—杭州成品油长输管道是由中国石油化工集团公司(中石化)建设的第一条汽柴油、航空煤油混合顺序输送的成品油长输管道，途经慈城镇山西村、新华村、慈城新区、双顶山村、国庆村、浦丰村、民丰村、慈城高新技术园区。管材为高频直缝电阻焊钢管，并采用加强级熔结环氧粉末喷涂防腐。输送中采用国际通用的常温、顺序、密闭工艺。

1987—1990年，半浦村于3年内完成自来水安装和公路两旁自然村的总管铺设工作，改善了村民饮水卫生。

半浦村地处姚江畔，地势相对较低。从2011年开始，宁波市、区两级投入资金，启动开工建设张家浦排涝站。2013年姚江干堤整治工程(半浦段)开工，其姚江(半浦段)干堤整治主要是提高防洪标准。这两个防洪设施与半浦村周边水改相沟通，将半浦村当地防洪标准由5年一遇提高到20年一遇，不仅保证村内旱涝保收，还可增加村民收入与村集体经济收入，保护村民生产生活。

三、邮电通讯网

驿铺 唐开元二十六年(738年)，慈溪(今慈城镇)南1千米置皂矾驿。清光绪三十一年(1905年)，慈城半浦设有邮政商铺。1912年，政府裁撤全国驿站，邮驿通信被新兴的邮政取代。

邮政 1926年，慈城设有信筒10个，由支局负责上、下午各开箱取信1次。1932年，半浦村设邮寄代办所。1951年，慈城镇的邮政投递工作归属慈城邮政支局。慈城邮政支局投递共计9个道段，配备投递人员10人。1961年，慈城邮电支局恢复，先后隶属于宁波市邮电局农村科、鄞县邮电局、宁波市邮电局鄞郊分局，辖有半浦、杨家桥(赭山)、云湖、妙山代办所。

半浦村村邮站

1985 年 1 月，全国推行邮政编码。邮政采用四级六位的准码结构，前两位数码表示省（自治区、直辖市），第 3 位数码表示邮区，第 4 位数码表示县（市），最后两位数码表示投递局（区）。慈城的邮编是 315031，半浦村域的邮政编码为 315036。

2007 年，投递邮路撤并，慈城支局投递道段减少到 7 个。2006—2007 年慈城邮政支局投递邮路统计情况如表 3－1 所示。

表 3－1　2006—2007 年慈城邮政支局投递邮路统计表（单位：千米）

2006 年邮路名称	行程	2007 年邮路名称	行程	班次
半浦	43.1	半浦段	55.8	周六
乍山	55.2	妙山	55.0	周六

电报、电信　近现代时期，慈城镇的电报线路与电话线路兼用。1931 年 5 月，宁波至慈溪县城架设 12 号铁线 1 对。据 1932 年统计，慈溪县城（今慈城镇）设有二等邮局，附设电信代办所；灌浦（今慈城镇半浦村）、讴思桥（在今慈城镇黄山村）设有三等邮政代办所，以上局、所皆兼办或兼理电报业务。2005 年前后，境内电话已基本普及，之后移动电话普及，固定电话逐年减少。

网络信息化　随着我国信息化建设日趋成熟，全村已经实行网络全覆盖。全村村民通信方式与时俱进，从最早的电报、村部电话、家庭电话、大哥大，到现在的移动电话、家庭宽带、智能手机通信等。

四、生态建设

（一）新农村建设

2001 年 4 月起，江北区在慈城镇半浦村等 4 个村启动了美丽乡村建设。据区农办相关负责人介绍，江北区美丽乡村建设结合各村具体情况，因地制宜，注重挖掘历史文化，彰显人文景观，通过对村级道路改造、绿化景观布置、村庄环境整治、历史古迹修复、生活污水集中处理等项目的建设，提升村庄建设整体水平，打造特色鲜明的美丽乡村。

2010—2013 年全村的重点工作是“美丽乡村建设”工程。2011 年镇政府投入 1 000 万元资金，对村内基础设施、生活配套设施、村庄风貌，以及文保点进行了全面整治。2012 年投入 710 万元资金，对村内生活污水集中整治以及建造仿古生态公厕。至 2013 年，半浦村完成周家祠堂厢房、半浦小学等修复工作，农村住房建设稳步推进，农村生活污水处理工程完工，创建了市级小康村、省级卫生村、市级“春泥计划”示范村、市级森林村庄、“三资管理”先进村。2014 年，半浦村建筑立面改造及道路绿化工程完成，建成开放半浦古村陈列室。

到了 2015 年，半浦村获得了很多和生态环境有关的荣誉，如浙江省卫生村、浙江省特色旅游村、浙江省森林村庄、宁波市生态村、宁波市十大文化名村。

2019 年半浦村农旅培训中心、村口绿化景观提升等工程都相继竣工。2020 年，在农村环境综合整治、五水共治、三改一拆、四边三化、垃圾分类和“厕所革命”等环境治理方面，乡村环境面貌显著改善。厕所基本完成改造提升，并结合村庄风貌协调及乡村旅游人流，加快实施了半浦等重点乡村旅游星级厕所改造提升。2020 年启动完成村庄品质提升工程，开始对村庄空间进行重新布局。

（二）古村落保护

习近平总书记在湖北考察时特别强调，实现城乡一体化，建设新农村，不能大拆大建，特别是要保护好古村落。习近平总书记的话为我们推进新型城镇化、建设社会主义新农村指明方向。

2005 年 8 月 23 日，宁波市政府公布首批市级历史文化名村：奉化市岩头村、余姚市柿林村与金冠村，宁海县清潭村，象山县黄埠村与儒雅洋村，鄞州区走马塘村与蜜岩村，江北区半浦村及东钱湖旅游度假区韩岭村。

2012 年 9 月，传统村落保护和发展专家委员会的第一次会议做出决定，将习惯称谓“古村落”改称“传统村落”，来突出村落文明价值及传承意义。“传统村落”一词不只强调村落年代久远的特性，更加强调村落传承至今的历史信息及文化景观。传统村落表现出生长变化缓慢、村落生活活态和历史环境整体的特点。首先，生长变化缓慢。相较于在发展中进行一次性大规模建设，如在“旧貌换新颜”思想指导下快速建成的新农村，传统村落的发展是小规模、自组织、镶嵌式更新的，村落的增长变化是一个长期演化的过程。其次，村落生活活态。体现在传统村落在今天依然具有生活、生产等服务功能，可以从物质及非物质遗产上看到活着的传统，而不是虽然见证了漫长历史，但没有人群和生活的聚落遗址。最后，历史环境整体。传统村落既不是简单的文保单位，也不是所谓的古建群，它既包含了选址观念影响下村落与周边自然环境的和谐关系，也包含了某种布局思想下形成的村落空间形态格局，是历史空间环境与传统文化思想耦合作用留下的物质要素、环境要素、心理要素的载体。

2012 年 12 月 12 日，宁波江北新闻网记者探访了慈城镇半浦村，该村村民素质提高了，村内环境设施建好了，农民用上了集中公厕，以往的露天粪缸再也不见了，未来还能用上生态公厕。在宁波美丽乡村的建设热潮中，城乡一体化加快发展，半浦的“村民”正在向“居民”转变。不仅如此，村内也实现了“垃圾装袋”集中处理。

半浦村地处宁波姚江北端，村内常住人口近 1 500 人。有关数据显示，2011 年全村实现经济收入 5 410.85 万元，人均纯收入为 16 518 元，村级可用资金达 62 万元。

2015 年 10 月 21 日，市老龄委和市民政局评出“最美老人”和“长寿村”，并在宁波大剧院举行颁奖典礼，为“最美老人”颁奖及为“长寿村”授牌。经综合评选和考察，江北区慈城镇半浦村等 10 个村被认定为宁波市首批“长寿村”。

近 10 年来，半浦村以农村基础设施建设和公共事业服务为重点，按照“村美、民富、班子强”的要求，实施了以“五化”建设为核心的环境整治工程。在上级有关部门的大力支持和帮助下，从制定村庄规划入手，先后投入 335 万元资金，启动了半浦古村保护开发工程，对周家祠堂、老安仁庙和半浦小学等古近代建筑进行了修整翻建；同时，对中书第等古宅进行了局部维修，并制订了妥善的保护措施，增添了旅游标志和古建筑简述标牌。村内还投入 221 万元实施村庄景观改造工程，新建了村民广场；对村大会堂西侧、进村道路两侧进行了景观绿化及大会堂修复；对村里的主干道路进行了硬化，全村路面硬化率达到 100%；路灯安装率也达到了 100%；投入 120 万元，实施水环境改造工程，启动了半浦村污水集中处理项目建设；投资 200 多万元对村内河道进行了整治，对道路两边的房屋进行了墙面粉刷。如今，半浦村内的居住环境、卫生设施、绿化面积等都取得了有效的提升，村民的生活质量也得到了很好的改善，先后获得省级卫生村、省级特色旅游村、市级生态村、市级千村绿化示范村等荣誉称号，实现了物质文明、精神文明、生态文明与政治文明的协调发展。

2017 年 9 月《半浦村历史文化名村保护规划》获通过。该规划突出“傍姚江，依环河，四水环抱，彰显水乡秀美”“游长街，踏石板，宅第古朴，独现名村风貌”“忆古人，住古宅，梦似旧时，再展半浦神韵”主题，再现半浦村人文精髓和历史文化内涵。

村民公园

2020年宁波市规划院重点开展了姚江农业园片区乡村品质提升规划服务，规划涉及半浦等6个行政村。开展尊重自然、文化融合、贴近生活的乡村振兴，复兴江南水乡文化、重塑姚江生态文化、传承句章历史文化是规划师的美好期许。

半浦古村作为片区的焦点，是江南水乡文化复兴的起点，也是乡村实践的重点。半浦不以“保护”或“修复”一刀切处理现状问题，而是守护乡村基因、遵循乡村肌理，期望通过修缮激活可利用的物质空间，点缀空间公共功能，重塑街巷水巷空间，从而营造出一个融合当代元素和精神的传统村落。新与旧的碰撞与融合、古村的古往今来都是故事。

通过对半浦古村现存的特色资源及存量空间进行盘点，结合政府的资金安排和实施计划，乡村实践小组着眼于村落内部的公共空间，如老祠堂旧址。十字街角、大会堂前庭、中书第前院、老菜场、东侧村口、文卫路入村界面等，意图通过场地及构筑物设计，修补提升公共功能，改善村落公共环境；呼吁政府引入社会资本，参与村庄更新，特别针对砖瓦厂和老卫生院，通过产权租赁等多种方式，积极盘活资源，打造新半浦的文化核心、地标亮点；期盼能够在半浦古村再现环水行舟的江南水乡意境，策划沿杨家河、灌江、姚江内塘河的水上游线，在村落北侧开展示范段建设，结合沿水宅院改造，整体重塑水乡生活画卷。

姚江干堤整治惠及村民，防洪标准20年一遇

据慈城镇政府的青年联村干部王翰介绍，半浦村作为慈城镇“美丽乡村建设”的试点村之一，2011年镇政府投入1 000万元资金，对村内基础设施、生活配套设施、村庄风貌，以及文保点进行了全面整治。2012年投入710万元资金，对村内生活污水集中整治以及仿古生态公厕进行建设，目前基本完成。根据有关建设要求，半浦村预计投入3 000万元资金，完成乡村新貌总体建设。

半浦村地处姚江北端，地势相对较低。从2011年开始，宁波市、区两级投入资金，启动开工建设张家浦排涝站。在2013年汛期到来前，张家浦排涝站可投入使用。另外，2013年姚江干堤整治工程(半浦段)将开工，预计于2013年底完成，其姚江(半浦段)干堤整治主要是提高防洪标准。根据半浦村土地流转情况，目前村内以种植经济作物为主，由于地势低，因此对防洪排涝要求较高。

据了解，未来张家浦排涝站与姚江干堤整治工程(半浦段)这两个防洪设施建好后，将与半浦村周边水政相沟通。半浦村当地防洪标准将由5年一遇提高到20年一遇，不仅保证村内旱涝保收，还增加村民收入与村集体经济收入，对保护村民生产生活都有所促进。

“每一幢老房子都有自己的故事。”2005年开始，在村书记徐国平的牵头下，半浦村成立了一支义务文保队，由郑家永、徐国强、姚德来等半浦子孙、老党员等组成，针对半浦村的古建筑展开危房普查和整理。10多年来，他们走村入户、奔走相告，仔细排查老房子的破损情况，试图从耄耋老人口中一点一点地挖掘半浦的过往，并做好相应的记录、整理和申报工作。因为长期致力于古村保护，他们调侃自己为“古村保护协会”。

陈卡男是古村保护协会的一员，他在半浦出生，也在半浦长大；四面围拢、有着200多年历史的中书第就是他的家。“中书第内前一进是副宰相住的，后一进留由他的兄弟住。后来他兄弟去世后，后面一进就卖掉了，我的先辈买下了这一进房子。”说起老宅子的故事，陈卡男记忆如泉。2015年，陈卡男修缮老房子后，开起了茶舍，取名为“灌浦茶舍”。茶舍不大，却很雅致，里面摆放的多是半浦人家过去使用的家具、摆设。他希望用这种方式留住半浦文化和记忆。

经过多年努力，半浦村的诸多历史遗迹得以完整保存。随着时间推移，半浦古村吸引了社会各界的瞩目，而保护古村也成为越来越多人的共识。几年前，清华、北大等高校学生专程来到半浦，在2个月的时间里，对半浦的老房子展开了测量与调查。2016年4月，村里邀请武汉华中科大城市规划设计研究院编制完成了《半浦历史文化名村保护规划》。这份古村保护规划，从水系保护、农田保护、历史院落保护、街巷体系保护、文物单位保护、传统风貌建筑保护等多方面，对古村的保护做了详细规划。

有了古村保护规划，半浦的古村保护工作每一步都走得更加坚实。这些年来，村里累计投入了2 000多万元，完成了对老房子的修缮，以及村庄环境整治、绿化提升工作。干净、整洁的村貌与古朴、厚重的文化积淀融为一体，半浦的历久弥新令人赞叹。

“不光要修复，还要盘活，让古村重现生命力。”徐国平说。年初，村里对半浦小学进行了修缮。如今,修旧如旧的半浦小学在社会资本的助力下,已经成为“弘扬中华圣贤文化、传承中华千古智慧”的国学教育基地半朴园。据了解,半朴园自开课以来已接待了超过 5 万人次的学员,沉寂多年的百年老校重新焕发出了生命光彩。

半浦村的保护工作任重而道远。当前,村里有一个梦想,就是重建二老阁。“二老阁是宁波以前久负盛名的藏书楼,收藏了大量黄宗羲先生的珍贵书籍,对于保存和传播浙东学术文化起了重要作用,只可惜后来毁于大火。如果二老阁能够重建成功,那对我们半浦文化的复兴乃至浙东学派的发展必定有特殊意义。”(见《悠悠半浦:延续千年古村文脉》,《新江北报》)

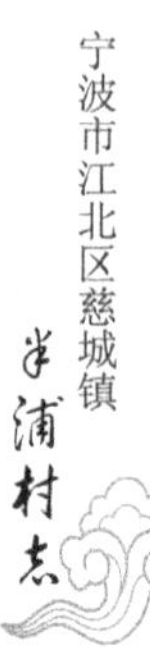

第三节　公益事业建设

公益事业是直接或间接地为经济活动、社会活动和农民生活服务的部门、企业及其设施，包括卫生保健系统、文化教育系统、体育娱乐系统等。在当代社会，随着政府支持力度的加大和广大群众参与热情的提高，半浦村公益事业迎来了全新的景象与面貌。

一、文化礼堂

作为姚江之滨有代表性的渡口古村，半浦村自古至今文脉昌盛。在半浦村生活的人们有着他们的文化自信，文化礼堂凝聚了古村的文化精华。

与别处文化礼堂不同的是，半浦村文化礼堂将“文化”与“礼义”的传承并重，分为乡风文明馆、慈孝家风馆、半朴园三处建筑，前两者以展陈为主，后者以研学为主，三者有机组合。2016 年，半浦村文化礼堂被评为浙江省农村文化礼堂品牌建设示范点。2019 年 4 月，半浦村文化礼堂被评为省级五星文化礼堂。

随着运河时代远去，半浦作为交通要塞的含义已经淡化，古渡唯一遗留的石柱天灯也失去实际功能，而文化礼堂却在某种意义上将灯塔的功能延续，将一束束文明的光照进往来之人的心里。

2013 年，半浦村建造了乡风文明馆，设在 20 世纪 50 年代修建的村大会堂内，作为村里的公共空间，位置醒目。一楼为村史陈列空间，内容包括古建文化、古渡商贸文化、农耕文化几个部分；二楼展示历代名人、宗族文化和藏书文化。

村文化礼堂

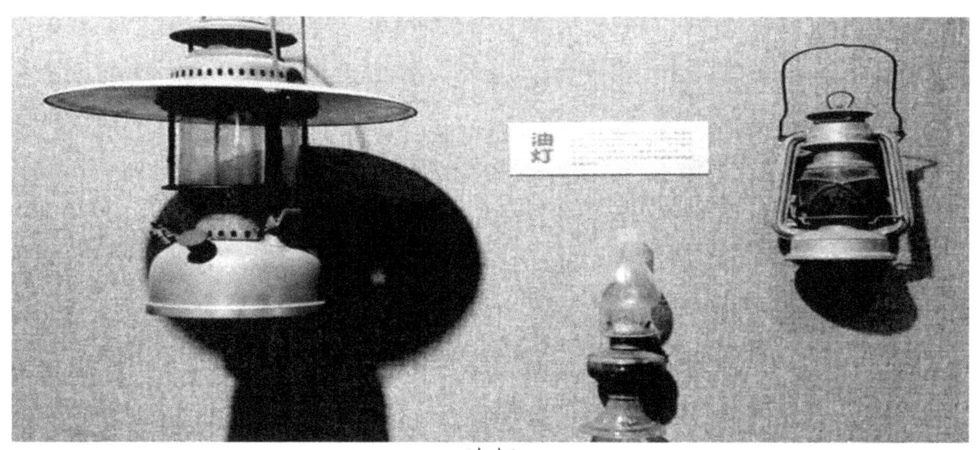

油灯

2018年半浦村在周家祠堂区块建成文化宫，唯一的周氏宗祠——惇德祠经修缮新增了“慈孝家风馆”牌子，也作为文化礼堂的一部分。礼堂大厅内放有一块由梅调鼎在光绪二十年(1894年)题词的石碑，设立务实守信、崇学向善的文化讲堂，还设立以“明德之路”“隽秀民风”“半浦时光”为主题的文化长廊，以“诚实、务信、明德、知行”为准则的慈湖讲堂，辟有谈心室、曲艺室、茶艺室以及以梅兰竹菊“四君子”为背景的文化庭院，外面还有一个文化广场，成为半浦巩固文化阵地、丰富村民精神文化生活的重要载体。

文化宫建成后通过“一馆一基地”推动形成注重家庭、注重家教、注重家风的浓厚氛围，以好家风促进党风带好民风。走进家风馆，传播好家风，为形成新时代的良好家教和家风提供丰厚滋养。

半浦村文化宫

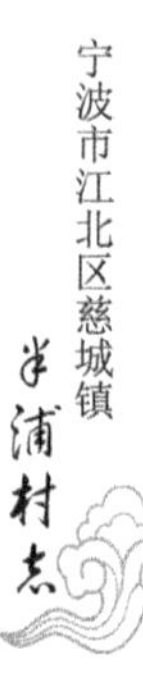

半浦文化宫以好家风促好党风(清风)带好民风:传家风——村史家风,村规民约,传优良家风;扬清风——勤政为村,清廉为民,倡半浦清风;淳民风——德治礼序,和睦邻里,汇淳朴民风。

慈孝家风馆以“乡风文明进农家”为主题,积极开展文明家庭创建,村内先后有12个家庭被评为文明家庭,乡(镇街)级以上文明家庭达标率从原先的26%提高到52%。以“中华慈孝节”为载体,半浦深入挖掘慈孝文化内涵,宣传敬老爱老、邻里互帮的慈孝文化,先后有多个家庭及村民被评为慈孝家庭、慈孝人物。

半浦文化礼堂,兼具文化传承和习“礼”的含义。这里不仅是国学传承基地,更是青少年学习礼仪的空间。

2016年,奉化人竺彩君来到半浦,一眼相中当时已废弃多年的民国建筑半浦小学,将之改造成社会实践大课堂资源基地“半朴园”,致力于传统国学教育和民俗体验。半朴园占地面积约4 750平方米,总建筑面积1 725平方米,配套有水电齐全的1 500平方米的烧烤、野炊、露营自然课堂场地,6 500平方米的自然农耕采摘种植体验基地——育园,可以满足300人温馨住宿要求的归心家苑。

竺彩君认为:“我们办慈孝文化教育,就是传承书香,让一颗爱的种子播撒进孩子们的心田,让他们更好地走向未来。”半朴园运行以来,已有数十万名学生来到这里,参与社会实践。半朴园与宁波多所学校合作,让孩子们在这里体验古礼——开学入泮礼、感恩成长礼、13—14岁的成童礼、18岁成人礼,还有古为今用的生活礼。来半朴园学国学、学礼仪、学传统手工艺的游客络绎不绝,日客流量逼近千人。

作家冯骥才在半浦参观时听闻此事,也为之感动,在《半浦村记》里写道:“不仅有珍贵的遗存,还有鲜活的文化传承,更要有渐渐好起来的生活,有自己的特色与追求。这一切是从哪里来的,不是来自当地老百姓自己的‘文化自觉’吗?”

文化礼堂自成立以来,已组织了不少活动,如端午裹粽子、做香包,春节写春联、送春联。2019年6月,半朴园迎来一场以“拾村文化——非遗新生、匠心传承”为主题的非遗集市活动,以戏曲表演、非遗传承、水秀江南与舞蹈节目为主要内容,唤起了半浦村民的文化自豪感、认同感、凝聚力,取得了良好的反响。

“拾村文化”彰显一种生生不息的精神,又象征着一种圆满,体现着文化融合向前发展的美好期待。这样的文化活动通过“群众文化群众演、文化大餐群众点”的形式,每年精选一批节目到文化礼堂表演,首站就放在半浦。

除了这些,半浦村文化礼堂还积极开展“传承慈孝、喜庆重阳”敬老活动,组建文物保护志愿者开展保护遗产宣传行动,吸引广大村民参与,建成与村庄和谐共生、共同繁荣发展的精神家园。

二、文化教育

清末，清政府在全国陆续兴办大、中、小学堂，宁波地区也不例外。1912 年，根据南京临时政府颁布的教育宗旨和学制体系，宁波的学堂一律改称学校，中、小学废止读经，初等小学实行男女同校。根据 1922 年教育部颁布的“壬戌学制”，宁波也开始实行小学教育 6 年制，分初、高两级，前 4 年为初级，得单设之；中学修业年限 6 年，也分初、高两级，每级 3 年，初级中学可单设之。1929 年，宁波市承担每一小学生教育经费 15 元，居全省第 1 位；慈溪县承担 11 元，为全省的第 3 位。翌年，推行义务教育，对 6—12 岁儿童实行强制教育，初等教育有了较大发展。

20 世纪 20 年代，“半浦同志公益会”同仁郑德懋等联合乡亲们倡议以义捐方式筹办现代的半浦小学，这得到半浦村的著名金融家、上海市四明银行董事长兼总经理孙衡甫先生的大力支持。孙衡甫一人的出资在众人总数之上，于 1921 年与金子明合办学校，校址在半浦村西南面，校舍仿造慈溪县锦堂师范学校四合院式结构，占地面积为 4 692 平方米，建筑面积为 1 741 平方米，是当时一所规模较大的公立全日制学校。校内花园面积为 190 平方米，民国时期有校旗、校歌、腰鼓队，有铜质大钟，上下课用。校外有操场，校内有石碑(1 米×1.8 米)。

中华人民共和国成立前情况

校长。先后任校长者有金子明、张立卿、桂剑白、李世纪等。

校董。先后任校董者有孙衡甫、郑时卿、周享年、郑式宜、郑萃、郑泗段、郑祖光、郑臻祥等 10 名。

校名。初时由校董孙衡甫领头 5 人组成，到 1926 年在学校内立碑，校董由 10 人组成——为“公益同心会”，碑名为孙君义行碑，校名为半浦学堂。

年级。共为 6 个年级。

中华人民共和国成立后情况

1954 年，杨哲珍任校长，学校设 4 个班级，教师有 7 人，实行复式教学。

1962 年，半浦小学是半浦公社的中心小学，王克奋任校长，副校长为邵惠萍，教导主任为缪联辉，总务主任为周静。学校设 7—8 个班级，教师有 11 人。

1987 年，半浦小学撤销五、六年级，改为只留一至四年级的初等小学，中心小学位置被移至虹星小学。

1998 年，半浦小学撤销，被并入虹星小学。

曾任过该校校长的有曹奕芬、杨哲珍、邵益芬、王克奋、杨如法、杨家友、陆金松、胡兆能、宋家琪、郑丙德、胡岳军、应强国、胡达尔、戴锡伟等。

三、卫健社保

1956 年，村内组建半浦卫生所(当时行政区划属于余姚)。1984 年，半浦卫生所更名为半浦乡卫生院，纳入宁波市江北区卫生局管理。1993 年 12 月，半浦卫生院与乍山卫生院合并为乍浦卫生院，并于 2002 年 5 月并入慈城镇医院。2004 年，随着基层医疗卫生工作重心的转移，医院转型，半浦村成立慈城镇半浦社区卫生服务站。

1961 年，宁波市卫生局下拨一台显微镜给半浦保健所，当年半浦保健所成立检验科，开始为患者做三大常规化验。20 世纪 70 年代，半浦卫生防治所配齐了 30mA X 线机和显微镜，为居民提供拍片和三大常规检查。

20 世纪 80 年代，卫生工作坚持“预防为主”的方针，积极开展妇女保健和儿童防疫等卫生基础知识的宣传。

20 世纪 90 年代半浦村设有乡卫生院。

2010—2013 年，半浦村投入 40 多万元资金用于新农合医保、居民医保、老人节慰问、敬老院五保户生活费、慈善帮困奖金等公益性项目，累计 1 016 人次参加了居民医保，1 263 人次参加了新农合医疗保险。

半浦村每年对村民参加居民医保工作进行仔细核对落实，2018—2020 年发放村民医保补贴款共计 73 万元。

第四章 农工商业

第一节 土地所有制变革

中华人民共和国成立后，全国全面实行土地改革，开展经济建设，农民生产热情高涨，人民物质生活逐步好转。20世纪末以来，半浦村农业产业结构调整，通过发展经济产业，兴办农业龙头企业，扶植重点户、专业户、家庭农场等形式，村内农业生产走上集约化经营道路。

一、土地所有制

土地是重要的生产资料，在封建社会，地主阶级掌握了绝大部分的土地，农民没有或者只有少量的土地。农民为了生存，不得不租种地主的土地，大部分的劳动成果要交给地主，忍受地主的剥削。中华人民共和国成立前，这一带是封建堡垒乡，人们长期受压迫和剥削，过着极度贫困的生活。当地群众说："浪耥畈，十年九讨饭。""种种沿江田，十年荒九年，有谷没有米，穷人饿肚皮。"

二、土地改革

1950年，半浦村实行土地改革。土改运动中政策规定：凡属地主的土地和多余财产做没收处理，其余(如公地等)均做征收处理。土改运动中所没收和征收的土地与财产，除收归国有外，均由当地农民协会接收。各乡、村除保留一定数量土地做机动地外，统一、公平、合理地分配给农民所有；房屋等财产多为贫苦农民所得。土地分配以乡为单位进行，按全乡人均土地数计算。土改运动实现了"耕者有其田"的民主革命目标。生产关系的变革解放了生产力，推动了乡村农业经济的发展。半浦村境域各阶层土地改革前后土地占有情况如表4-1所示，境域土地改革征收、没收及分配财产情况如表4-2所示。

表4-1 境域各阶层土地改革前后土地占有情况表

阶层		土改前	土改没收	土改分配	土改后
合计	户数	1 171	117	1 000	1 125
	人口	4 208	416	3 589	4 049
	土地(亩)	12 624	9 759	9 016	11 770

续表

阶层		土改前	土改没收	土改分配	土改后
地主	户数	37	37	20	20
	人口	193	193	108	108
	百分比(%)	4.59	—	—	2.67
	土地(亩)	2 507	2 507	202	202
	百分比(%)	19.85	—	—	1.72
富农、大佃农	户数	42	5	30	42
	人口	221	28	155	221
	百分比(%)	5.25	—	—	5.46
	土地(亩)	525	46	358	837
	百分比(%)	4.16	—	—	7.11
中农	户数	298	1	285	297
	人口	1 477	1	1 410	1 476
	百分比(%)	35.10	—	—	36.45
	土地(亩)	1 215	3	3 433	4 635
	百分比(%)	9.63	—	—	39.38
雇农、贫农	户数	490	1	480	490
	人口	1 416	2	1 351	1 416
	百分比(%)	33.65	—	—	34.97
	土地(亩)	285	1	4 196	4 481
	百分比(%)	2.26	—	—	38.08
其他阶层	户数	304	74	185	276
	人口	901	193	565	828
	百分比(%)	21.41	—	—	20.45
	土地(亩)	1 493	719	761	1 424
	百分比(%)	11.83	—	—	12.09
公地	土地(亩)	6 599	6 474	(机动地)66	(机动地)191
	百分比(%)	21.30	—	—	1.62

表 4-2 境域土地改革征收、没收及分配财产情况表

乡名	房屋(间)	其中		耕畜(头)	农具(件)	家具(件)	粮食(千克)
		楼房(间)	平房(间)				
半浦	636	207	429	21	2 347	5 121	6 305

三、互助合作

土地改革后，为了防止农村贫富两极分化，帮助贫苦农民摆脱困境，1951 年上半年，慈溪县委借鉴境内民间素有的代耕、调工、帮工习惯，引导农民走互助合作道路。农业互助组分常年和临时两种。常年互助组，按自愿互利原则组合，一般几户或十几个农民组合成一个互助组。互助组生产资料属组员私有，农活实行互助，生产投资自备，耕畜、犁、耙、水车等大型农具由互助组统一安排使用，成本按受益土地面积分摊。收获归私所有，组内有少量公共财产和公共积累。临时互助组，一般是在农民原有换工习惯基础上改进、提高，约定若干户组合，农忙季节互助，农闲单干；重活互助，轻活单干，采取"以工换工，或以畜换工"的办法。1952 年底境域各乡互助组组建情况如表 4-3 所示。

表 4-3　1952 年底境域各乡互助组组建情况表

乡名	总农业户（户）	常年互助组（个）	临时互助组（个）	参加农户（户）	入组农户占总农户（%）
半浦	855	2	31	436	51

四、人民公社

1958 年余姚县张陆管理区撤区成立半浦人民公社，为慈城管理区下辖公社。1961 年 5 月，慈城公社撤销管理区，并原则上以乡为单位改建慈城、半浦等公社。公社所有制也改为公社、大队、生产队三级所有，并以队为基础，生产队为基本核算单位。1963 年半浦人口与田亩登记情况如表 4-4 所示。

表 4-4　1963 年半浦人口与田亩登记表

年份	村名	户数	人口	劳动力（个）	耕地面积（亩）		
					合计	水田	旱田
1963	半浦	275	1 033	658	2 703	2 608	95

五、联产承包

1978 年 12 月党的十一届三中全会以后，慈城镇各生产队开始探索实施各种形式的农业生产责任制，且多为群众自发。

1982 年秋，慈城镇普遍推行以家庭为单位的联产承包责任制。承包土地分配方式，有按家庭人口平均承包的，也有按劳动力平均承包的，还有按人口、劳动力各占不同比例承包的，承包期 2—6 年不等。在承包期内，农户对所承包的生产资料享有使用权、收益权，以及国家政策和合同规定的处置权，相对独立地行使经营自主权；同时，农户按承包合同规定完成上缴承包金、国家税金、农产品定购任务。集体根据生产需要和实际可能，为农户组织并提供产前、产中和产后各种服务，进行必要的管理和协调。1983年底，人民公社复改为乡镇。1984年，各村原签订的承包合同承包期一律延长至15年。

1999年，农村第二次分田到户时，村耕田面积为2 864亩，村留地50亩，其余均分给村民。后来农村建设需要，土地实行征收等，使原有土地不断减少。

进入21世纪，半浦村耕田面积为2 501亩，姚江塘坝长3 000米，仍是以种植水稻为主；共有村民600余户，1 320人；年村经济收入50多万元，村民人均年收入6 000余元。村办企业与个体私人企业也初具规模，有东港福利厂(免税单位)、服装针织厂、电机厂、温度表厂、渡船等；村农副产品极为丰富，有龙虾基地340亩，葡萄、梨头等水果基地280亩，花卉苗木基地900亩，橘子、桃子、猪、鸡、鹅、鸭、龙虾及农家乐等产业年产值近千万元。

2011年实现全村经济收入5 410.85万元，人均纯收入为16 518元；村级可用资金达62万元。

2013年有农户638户，村民1 352人，居民215人；工农业总产值5 731.62万元，农民人均收入18 666元。

2014年村民年平均收入达22 859元，村集体可用资金约70万元，基本达到小康生活水平。

2017年全村总户数711户，人口1 804人，外来人口275人。村下辖8个村民小组。全村耕地面积2 501亩，实现全村社会总产值6 913万元。农民人均纯收入30 602元，比上年同期增长10%。村级可用资金达77万元。

第二节　农业

种植是我国农业中最为基本的生产活动，半浦村农业以种植水稻为主。中华人民共和国成立前，沿江农田易受旱涝灾害，粮食产量低下。中华人民共和国成立以后大力兴修水利，加强农田基本建设，耕作、排灌、脱粒、植保和加工基本实现机械化，粮食产量显著提高。尤其是进入21世纪以后，当地村民充分利用境内资源，农村发展经济产业，先种植花木业，后有水果产业，农家自食与出售兼而有之。养殖和捕捞都为农户自发行为。

一、农业结构与方式

（一）农业结构

20世纪60年代，半浦村仍一直保持平原农业生产模式。

1961年半浦大队耕地面积为2 641亩。1962年耕地面积为2 724亩。1963年和1964年半浦大队耕地面积都是2 703亩。1971年和1972年半浦大队耕地面积都是2 555亩。1973年和1974年半浦大队耕地面积都是2 646亩。1986年半浦村耕地面积为2 684亩。

1989年半浦村耕地面积为2 660亩。1990年耕地面积为2 654亩，其中水田2 566亩，旱田88亩。1991年半浦村耕地面积为2 644亩，其中水田2 556亩，旱田88亩。

乍浦乡第二轮土地承包总计12个村、201个队（组），土地承包农户为5 015户，集体耕地面积为25 484亩。其中应搞二轮土地承包的耕地面积为24 555亩，最终签订合同的农户有4 937户，占应签农户数的98.44%；落实承包权面积24 173亩，占应承包耕地面积的98.44%；留机动田面积859亩，占耕地总面积的3.15%；已发承包权证4 937户，占应发总户数的98.44%。

（二）农耕方式

传统农具　以木犁为主要翻耕农具。平耙用于粉碎、平整农田，滚耙用于农田除草、碎土，此外还有锄头、钉耙等。灌溉农具主要有畜力水车和人力水车，人力水车分脚踏与手牵两种。收获农具主要有稻桶、蔑簟、畚斗、谷筛等，蔑簟用于翻晒谷物，后由水泥晒场替代。运输农具主要有木船、竹箩、木轮车等。其他传统农具还有铧戟、稻叉、铧锹、推苗、牛轭、牛草箭等。传统农具只有少数几件至今尚在使用，大多数已淘汰。

改良农具　五一犁，铁制，仿木犁，轻便牢固，翻耕性能好，1963年推广，沿用至今。水泥船，1965年推广，取代木船，2000年消失。

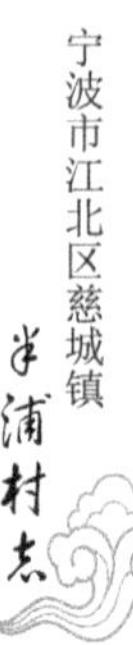

新式农具 20世纪60年代曾使用过步犁、双轮双铧犁，不久被弃用。人力喷雾(粉)器，1960年开始使用。

1961年半浦大队有碾米机2台、耙46个、老木犁43把、水车11辆、喷雾器14个、打稻机39台、稻桶78个、簟5 860个、箩471只、农用船5只。1963年半浦大队有排灌机械3台、水泵3台、碾米机1台、农用船8只、打稻机42台、喷雾器10个、老木犁48把、耙56个、水车3辆、稻桶96个、簟360个、箩1 440只。1964年半浦大队有碾米机1台、磨面机1台、饲料粉碎机1台、农用船4只、打稻机48台、喷雾器10个、稻桶58个、簟300个、箩360个，耙60个。1967年半浦大队有碾米机2台、磨面机1台、饲料粉碎机1台、打稻机52台、农用船8只、喷雾器24个、稻桶70个、簟450个、箩500个。

1970年半浦大队有电犁1套，动力机械24台，加工机械6台，水泵4台，打稻机49台，脱粒机2台，农用木船、水泥船共13只，胶轮手拉车24辆，喷雾器26架。1973年半浦大队有手扶拖拉机4台，机引旋耕机4台，人力、机动打稻机42台，电动机30台，农用木船、水泥船共23只，胶轮手拉车39辆，电犁1套，喷雾器41个，排灌机10台，电动机9台，水泵10台。

二、种植业

境内水稻、大豆、大(小)麦、芋艿的种植史可上溯至宋代。大豆有黄豆、青豆、黑豆等种类。

(一) 粮食作物

20世纪60年代村内农作物主要有水稻、大(小)麦、蚕豌豆、马铃薯、芋艿、荞麦、大豆、油菜籽等。

1986年半浦村粮食作物面积为4 573亩，其中春粮为113亩，早稻为2 081亩，晚稻为2 379亩。另外，耕地面积为2 701亩。

2006年半浦村年经济收入50多万元，村民人均年收入6 000余元，村中有村办企业和私营企业。村域面积达3 619亩，其中耕地面积2 501亩。有龙虾基地340亩，葡萄、梨头等水果基地280亩，花卉苗木基地900亩。

2014年村内有种、养殖大户10户。

(二) 经济作物

村内经济作物主要有棉花、席草、糖蔗、茶叶、药材等。

1974年，半浦大队种植席草4亩。

1979年，半浦公社的果苗种植发展为花卉种植。

1986年，半浦村果园面积为27亩，花卉园面积为9亩。

半浦村花木种植园

半浦村花木种植园

（三）园艺作物

郑氏先世秦川公郑溱和寒村公郑梁都曾手植花木，后人郑勋（1763—1826 年）（世系为"郑溱—郑梁—郑性—郑中节—郑竺—郑勋"）曾于居室东造私家花园，叠石移花，建续香径，并留存花果资料笔记《小花屿偶记》，其中记载有芙蓉、牡丹、芍药、蜀葵、萱草、梅、瑞香、茉莉、菊、海棠、玉兰、山茶、桂花、蔷薇等花类，桃、李、杏、枣、橘、柿、木瓜、胡桃、枇杷、杨梅、樱桃、石榴等果类，椿、松、柏、柳、桐、桑、林檎、银杏、栗树、紫荆等木类。

1974 年，半浦大队种植蔬菜 13 亩。1991 年，半浦村种植蔬菜 220 亩。

1973 年，半浦大队种植脆瓜 17 亩。1974 年半浦大队种植瓜类、甘蔗等 36 亩。1976 年后开始种植柑橘。

1986 年半浦村种植蔬菜 63 亩，水果 97 亩，花卉 9 亩。

1990 年半浦村柑橘园种植面积为 19 亩。1991 年半浦村荸荠种植面积为 7 亩，柑橘园种植面积为 19 亩，瓜果类为 25 亩。

目前栽种品种以花木、水稻、莲藕为主，有水果基地、花卉基地及种植业大户五六家。

三、养殖业

（一）畜禽类

养殖在农村大多视为一种农家副业，家家户户养一些鸡、鸭、鹅、猪、羊、兔等禽畜，一方面为了过节或招待客人时使用，另一方面也利于增加农田肥料以及经济收入。例如：猪可以积累农田肥料，猪多肥多；羊毛是重要工业原料。到了 20 世纪 60 年代，政府开始提倡养猪，几乎每个生产队都有养猪场。

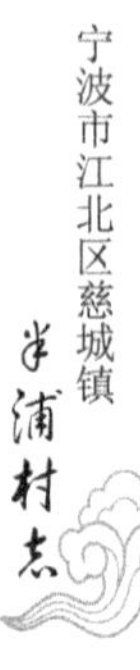

1962年半浦大队养牛34头、生猪71头、家禽1985只、兔160只。1963年半浦大队养牛61头、生猪300头、羊24头、家禽2 863只、兔13只。1965年半浦大队养牛63头、生猪350头、羊12头、兔22只。1967年半浦大队养牛70头、生猪613头、羊4头。

1972年半浦大队养牛50头、生猪744头、羊4头。1973年半浦大队养牛54头、生猪812头、羊10头、兔18只。1974年半浦大队养牛45头、生猪922头、羊9头。

到了20世纪70年代末，随着农业机械化的发展，生产关系改变，禽畜饲养逐渐减少。

1986年半浦养牛48头、生猪907头、家禽5 400只、兔570只。1991年半浦养牛54头、生猪213头、家禽2 800只。

（二）虫鱼类

在20世纪50年代后期，养蜂成了当地一种创造经济收入的新副业。1963年半浦大队养蜂2箱，1965年养蜂20箱，1967年养蜂20箱。1973年半浦大队养蜂8箱，1974年养蜂4箱。

至于鱼虾等水产品，半浦村很少有人专门养殖，一般以捕捉野生鱼类为主。20世纪90年代以后，有人开始挖鱼塘养殖各种鱼类。现在有龙虾基地等专业大户三四家。

四、农业综合开发

农业综合开发是指政府为保护、支持农业发展，改善农业生产基本条件，优化农业和农村经济结构，提高农业综合生产能力和综合效益，设立专项资金对农业资源进行综合开发利用的活动。农业综合开发项目包括土地治理项目和产业化经营项目。

（一）农业产业化

20世纪40年代，八中祠堂的郑良涵以祖辈的积蓄，创办了半浦涵圃农场，建果园，用柴油机带动水泵灌溉农田。

1998年，新办蔺草加工厂、蔬菜加工厂、花卉出口基地等农业龙头企业13家，其中两家被列入宁波市农业龙头企业。

2019年，村集体经济收入为47万元，主要来源于房产土地出租。

（二）都市生态农业

都市休闲农业体验区 该区域北至江北大道，南至姚江，以现代农业为基础，大力发展具有观光、休闲、体验、生态、科技示范功能的农业体验基地，形成农业生产、生态保护、休闲旅游相融合的都市农业新模式。加快转变农业发展理念、方式，借助都市田园新十景、特色产业基地建设，积极推进农业与二、三产业融合发展，大力发展休闲农业、体验农业、智慧农业、品牌农业、生态农业，打造集美丽乡村风景、浓郁农耕文化、独特民俗风情、传承历史遗产于一体的农业公园。

2009 年，江北区政府出台《关于加快发展休闲旅游产业发展的若干意见》，全面落实慈城古县城 4A 级景区创建工作。慈城镇的半浦村创建省级旅游特色街道、省级旅游特色村。

卡卡农场　位于杭州湾大桥南连接线西侧，江北连接线南侧，文卫路东侧。2016 年成立时总用地面积 130 亩，核心农场面积约 20 亩，东、北两面有规模约 100 亩的经济荷塘。农场的主人陈卡男是半浦村的村民。目前，农场已发展为灌浦农场，不少农作物边上立着一个精致的小木牌。核心区域是以开心农场等为特色的亲子体验模式的休闲农园，园区以“亲子”为主题，集农事耕作、休闲烧烤、荷塘观光于一体，荷花塘可以作为观赏基地，以莲藕种植为主，采藕期为每年八月份至来年三四月份，也可以为家庭提供认养式种植田，可以自助烧烤、捉泥鳅、钓龙虾、野炊等。

灌浦农场

跃顺园

跃顺园　跃顺园位于千年古村——半浦村内，地理位置优越，距宁波北高速和宁波北高架 3 千米，交通便利。跃顺园成立于 2012 年，园主周明国，经营理念是“服务三农、合作共赢”。经过这几年的发展，目前有几大板块正在运营：(1)宁波市跃顺花木专业合作社。现有花木盆景种植面积 60 亩，共两块产区，其中一块位于半浦村，用于盆景、景观花卉等，面积为 25 亩。(2)销售门市部(位于宁波市花木市场)，负责时令花卉、绿植、草花、景观树、盆景等的销售。(3)宁波市妤婕家庭农场。位于半浦村，面积为 10 亩，经营内容以观光旅游为主，开展有盆景造型、农业采摘等课程培训。

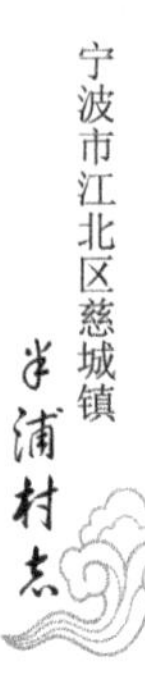

第三节 工商业

半浦村自古拥有黄金水道，渡头街在周边是重要的商业区之一，工业发展起步也较早。在人民公社化时期，半浦大队就有粉笔厂、修船厂、农机厂等。1978 年中共十一届三中全会之后，大队（村）开始兴办工业，沿线商业网点一度形成一个较为兴旺的商业区，之后许多人因地势偏远陆续转移到慈城周边从事工商业活动。1998 年，半浦实行企业产权改制，企业转制为私营企业。工业门类主要有印刷、乳胶、五金三大类。目前共有个体工商业 30 余家。

一、工业

中华人民共和国成立后，人民政府对工商业进行了改造，宁波郊区各镇投资兴办镇办工业。20 世纪 60 年代，宁波郊区农村人民公社、生产大队开始兴办企业。20 世纪 70 年代初，各人民公社（镇）相继成立工业办公室，管理社办企业、指导队办企业。1984 年，社队企业连同农村个体企业，统称乡镇企业。1985 年，慈城镇全面推行了承包经营责任制。1989 年，慈城工业办公室和工业公司实行“两块牌子一套班子”，工业办公室是镇政府派出机构，在镇政府领导下工作；工业公司是经工商行政登记的企业，具有经济法人地位，便于对外开展横向联系工作。

非金属制品矿物制品　1975 年，半浦村建半浦砖瓦厂，置轮窑 18 门，年生产砖瓦 1 600 万块。

宁波江北慈城恒康玻璃温度表厂　2004 年，半浦村建宁波江北慈城恒康玻璃温度表厂，属个人独资企业，经营范围：温度计、工艺品（除金饰品）的制造、加工。

精细化工助剂　2000 年，半浦村建宁波市江北精细化工助剂厂，法人代表为杨德明，位于慈城镇半浦汽车站旁，是一家私营独资企业，经营范围为纺织印染助剂的制造、加工，去污粉、洗洁精（限无污染产品）加工，化工产品的零售。

二、商业

1953 年半浦村设有半浦供销分社。改革开放以后，商业企业开始实行经营承包责任制。1983 年，供销社体制改革，恢复供销社合作商业性质。1984 年，慈城供销社下辖半浦饮食店（集体商业企业）。1992 年起，部分微利、困难小型企业实行“一押、二定、三不变”和“四自”的经营方式，由个人或合伙承包。2008 年，慈城供销有限公司下设半浦门市部等。

这里古称半浦渡头、渡口，旧衙门牌号称灌江路。民国时期郑、孙两家居民为购买方便开办集市。当时渡口左右 0.5 千米极为兴盛。

中华人民共和国成立初，农村粮食实行自由贸易，半浦有传统集市，无固定设施，交易者沿街摆摊，占街为市。自20世纪50年代后，随着陆路交通快速发展，水路交通日益衰落，古渡迅速败落。“沿街为市、以路为集”的传统集市逐渐成为历史陈迹。

1961年，半浦以交易农产品为主的渡口集市，系农民商品交换的重要场所，分逢双集市、定期集市及两者兼有的集市三种。

在20世纪80年代，这里还有逢农历双日为集市的风俗，渡口边的老街上旅店、饭店一家挨着一家，赶集的人熙熙攘攘。

百年渡口，至今还保存着灯柱，灯柱上还有灯座，过去可投入油灯照明过渡。据说古时渡口两岸都有灯柱，经历百年风雨洗礼的石柱天灯高3米，柱宽3米×4米。

5 第五章 名胜古迹

第一节 景观遗迹

清代光绪《慈溪县志》记载:“半浦,慈溪南十三里,西屿乡安仁里安仁村之境,临大江(姚江),东八十里到海。”郑梁的《灌浦山川记》描述:“吾灌浦当紫蟾山之阳,冰篆江三面围之,东西两大浦夹流,中复环以小河。江西万峰,屏拥东南,金峨、太白诸山,隐隐云际,蓝深青浅,几与青天一色。”

竹石图(郑梁1741年作)

一、半浦十景

半浦地处当年慈溪古县城(今慈城镇)的南端,西南由连绵苍翠的四明山脉形成屏障,西北由巍峨挺拔的赭山作为依靠。滚滚不息的余姚江是半浦的母亲河,村落连片,河流交错,阡陌纵横。向东数里,姚江畔有中国著名传说梁祝故事中的梁山伯的庙宇、墓地,向西数里,是闻名中外有7 000年文明史的河姆渡遗址。

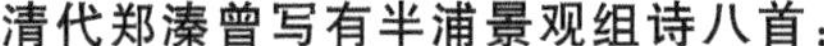
清代郑溱曾写有半浦景观组诗八首:

其一 东祠春望

长松簇簇蔼祠林,晓日春光透树阴。不识扶桑何处是,望穷海澨赤昙森。

丛祠古迹渡头西,创建东江耸柱枅。朝夕风帆萦如织,梨洲赏胜有新题。

注:安仁庙在宅东,旧匾曰“古寒村”。

其二 西庵雪眺

迢递江西尽翠山,寒来冻雪满孱颜。一湾流水藏兰若,篱外琼瑶带似环。

署额翩翩笔势翔,苍山碧水恰相当。直庵传得天童教,倡和禅机载果堂。

注:雅宜庵明都督施二华公翰题额。明崇祯年间(1628—1644年)云贵总兵施翰,字季鹰,鄞县人。按《溪上遗闻集录》卷六:“鹳浦郑副使平子溱,鄞施都督翰之婿也。”

其三 幻江秋灯

秋山秋水宝气澄，黄昏幻出百支灯。参差分合光无数，硔谷匡庐信有征。

神灯隐见幻江边，传道将军剑器阡。海上孙庐今绝迹，夜来阴火底潜燃。

注：隔江青木山庙祀刘牢之，相传刘公征孙恩庐循尝埋兵于此地，故秋夜常见神灯。

其四 野渡晴帆

潮来潮去篆文江，旦夕帆桅过草堂。除是石尤风阻日，天清水白有飞泷。

望江楼倚渡亭边，在昔文英武秀贤。犹忆倭奴兵弄日，芦镗伏甲此开筵。

注：嘉靖时，族祖百户友竹公，建望江楼于半浦渡，题额"文英武秀"。清代光绪《慈溪县志》卷四十四载："望江楼，半浦渡旁，嘉庆间郑溁建，倭乱芦镗屯兵于此。"

其五 浦桥月会

月上初更江影落，会竿淡滟俹逍遥。桥边石刻记先传，来往行人皡皡然。

多少亭台都拆毁，一虹卧水尚留镌。石塘碶水北穿桥，鱼爱修鳞斗逆潮。

注：桥在渡南，先十世祖妣杨氏筑。

其六 寒村霜叶

霜肃寒村景不寒，千汀柏叶红江丹。居人不解深林致，漫惜春芳此日阑。

海棠春色也秋颜，深锁石园仅一斑。记得兰陵陆子句，错疑柏岸是枫山。

注：鹳浦地名寒村，东张家浦，西巉头浦，所在支河岸多种柏，霜后红叶成林灿烂可爱。陆梅宜过此有"无穷枫叶界修江"之咏。

其七 龙湫晓风

何年龙窟赭峰潭，石壁嵌空洞出岚。绝顶朝看疑戴帽，呵云吐沫带天函。

突兀孤撑贝室高，如瓶瓦屋任风号。白公变化千秋泽，一纸封章降礼曹。

注：赭山白龙潭，明曾赉敕谕祭。

其八 赭寺幽篁

危峦渡水矗丹冈，盘郁东阿古寺藏。盛夏不知山外暑，幽篁曲径荫千章。

唐时清果旧禅林，迤逦溪南近可寻。山似葛砂江似篆，汉炎过后孰登临。

注：赭山寺位于宁波市江北区慈城镇西南十里的赭山。赭山一名丹山，又名紫蟾山。《宝庆四明志》载："赭山县西八里，土色正赤故曰赭山。"山顶有龙湫，有庙曰龙王堂。明崇祯年间(1628—1644年)邑人郑溱请封于朝，岁以八月十六致祭。

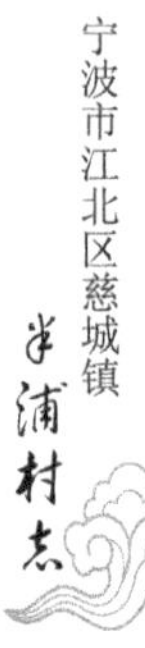

清代郑性续写半浦八景诗两首：

其一　杰阁斜阳

杰阁营东偏，风流缅二老。时焉眺云山，爽气豁襟袍。
微阳下远林，丹翠纷揆藻。矫首望西岑，万点归鸦早。

注：二老阁在宅东南隅。

其二　南山烟雨

我爱南山南，远峰秀林木。日华冒其巅，白云封其麓。
急雨忽西来，模糊失崖谷。画缟为襄阳，泼墨三千幅。

另有佳文名传传世：

西庵望雪记

[清]无名氏

灌浦之阳有八景焉，其一曰"西庵望雪"。西庵者即明甬上华二施先生所名之雅宜庵也，庵于浦之西。大江横其南，蟾山峙其北。绕以小港，围以修竹。中为梵宫，傍建楼阁。居僧三四，供给自足。然庵之景，无一不幽。四时之中，惟冬其尤。时值雪霁，有客携来游庵，登西楼、居南窗，见积雪满山，草木皆灭。舟舲往来，多载积雪。回首而东，玉屑丛丛。松林风过，疑是柳条而酿絮，荒江声起，方知蓑子之敲蓬。客笑谓余："此真寒村之雅景也，子曷不作数语以记之?"余遂书此以应，并系之以诗：

古梅斜倚映芳镈，寒雪菲菲破苏痕。如此生涯何处好，断桥西去最消魂。
炉火微红酒半般，畏寒终日闭柴关。闲吟剩韵真堪乐，可惜窗开不见山。

春夜寄雅宜庵诸友（二首）

[清]郑际良

绿遍茅庵带草香，同俦诗思满江乡。柳塘得句酬春水，花坞披书对夕阳。
隔岸云山开画景，当窗明月照文章。愧余橐笔依篱下，孤馆挑灯引恨长。
曲槛花飞沚泛萍，此中曾记诵黄庭。

二、半浦渡口

半浦渡口旧称鹳浦渡，位于半浦村最南端，是浙东运河三大历史古渡之一，为姚江转航慈城与宁波的枢纽位置。半浦渡口旧时北属慈溪，南属鄞县，渡程 170 米。凭借四通八达的运河，古渡的触角延伸至浙东大地。从这方古渡起航，往东不远处即小西坝，向北经刹子港入慈江行至慈城，继续向东经中大河至镇海入海；向东直接走姚江入城，再往东经甬江入海；向南经大西坝入西塘河，由望京门进入宁波府城。

浙东运河为沟通钱塘江渡口与甬江入海口的重要水系，作为京杭大运河南延段，是连接运河与海上丝绸之路的运输要道。南宋时期建都临安，西起钱塘江，东至东海的浙东运河成为当时天下重要的航运河道。宋代在保留自然航道的基础上，自丈亭开通了“慈江—刹子港—西塘河”人工“避潮”航道，于是运河至丈亭分为两段，北为慈江，南为姚江。姚江直通大海，半浦渡就是位于百里姚江上的古渡口之一。半浦渡口在南宋方万里、罗濬撰的《宝庆四明志》中就有记载，“鹳浦古渡”是南宋十四渡之一。后因故停渡。现在的半浦古渡是由半浦郑氏捐资重建，打造了三艘渡船，施行义渡，从清咸丰年间(1851—1861 年)重新通航。渡口南岸(今属鄞州区高桥镇施家漕村)建了一个待渡亭，待渡亭里有一块石碑，碑上刻着《义渡碑示》，记载着半浦古渡的成长和变迁。渡口北岸竖了一个石柱天灯，灯柱高约 3.2 米，下部为一根四方石柱，其上置一石龛，四壁开窗，龛顶仿木构建筑，刻成歇山顶造型，飞檐翘角，如鸟斯革，如翚斯飞。

半浦渡口

该渡为姚江十大古渡之一，现存清朝渡埠石灯柱已有 160 多年，歇山顶造型的柱顶飞檐石龛，依旧典雅古朴，玲珑清秀。旧时石龛内以菜油点灯，兼具夜间照明、引渡的功能。小小的一盏渡灯，不知温暖过多少古往今来的渡客，虽然只有微弱的光亮，但为路人、舟楫指引方向，也可避免船体撞上桥墩，方便来往行旅。

土地改革后，渡船被征收，改为有偿服务，过渡收费。今置“三防”(防沉、防翻、防超载)钢质机动船 1 艘。

800 余年来，半浦渡口占据水上交通要冲，东达上海，西通钱塘，南连鄞江，北接慈溪，通江达海，舟楫往来。来自县城(今慈城)与姚江上下游的客商在此上岸经营，中转货物，集市兴隆。随着运河时代远去，半浦作为交通要塞的含义已经淡化，古渡唯一遗留的石柱天灯也早已退出历史舞台，半浦渡的石质灯柱成为宁波境内现存唯一保存基本完好的天灯遗存。现在南岸是海曙区高桥镇施家漕(江南)村，北岸是宁波市江北区慈城镇半浦村，至今仍保护完好的渡亭、石柱天灯和石阶，昭示着古渡口往日的热闹。由于姚江堤防加固工程江北段的建成，半浦渡口（姚江运河渡口群）形成了一个典雅古朴的渡口文化景观区，2017 年 1 月 13 日浙江省人民政府公布其为省级重点文物保护单位。

三、二老阁遗址

二老阁，位于慈城半浦，是由清朝浙东学派著名人物郑寒村的家族创建的藏书楼，可与“天一阁”比肩，鼎盛时期该楼曾藏书 5 万余册。

半浦村二老阁遗址

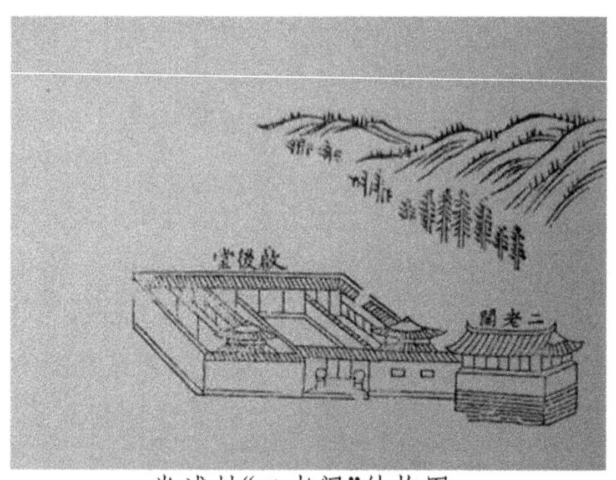

半浦村“二老阁”结构图

“二老”之一的黄宗羲是明末清初著名的学者、思想家和史学家。据徐嵩的《二老阁记》和《郑氏家谱》卷十四记载，二老阁始建于康熙六十年（1721 年），次年因闹饥荒而辍工，雍正元年（1723 年）完工。阁中所藏除郑氏先代遗书 2 万余卷外，还有黄宗羲的藏书 3 万卷，共计 5 万余卷。郑氏从郑溱的父亲郑启开始就藏书，郑勋的《二砚窝书目记》说：“余家自先濮州公以文章显，代有传集，至宪副公积藏书二万卷。”黄宗羲所藏之书则更为丰富。全祖望在《二老阁藏书记》中说：“太冲先生最喜收书，其搜罗大江以南诸家殆遍，所得最多者，前者澹生堂祁氏，后则传是楼徐氏，然未及编次为目也。垂老遭大水，卷轴尽坏，身后一火，失去大半。吾友郑丈南溪理而出之，其散乱者复整，其破损者复完，尚可得三万卷。而如薛居正《五代史》，乃天壤间罕遇者，已失去，可惜也。”

康熙年间(1662—1722 年)，一代鸿儒、思想家黄宗羲在余姚黄竹浦的老宅失火，遗留给子孙的藏书损毁大半，“遗书仅存五分之一”。远在半浦村的黄宗羲再传弟子郑性得知后，星夜赶往姚江边的黄竹浦村，把黄宗羲“续钞堂”残余图书，用船载至半浦，入藏“西江书屋”。他深有感慨地写了一首诗以记其事：“劫后残编四五千，辞黄归郑上江船。可怜手泽消逾半，敢道心香绍得全。往似今朝从我载，未知异日请谁传。中间做个邮亭卒，一站程挑一站肩。”后来，郑性编《二老阁书目》，并整理黄宗羲遗稿。那时，四方学者访求南雷之学，不去竹浦而至半浦。郑梁拜黄宗羲为师，临终时对他儿子说：“秦川府君，吾身所自出也，而道则兼师也。不幸而体归山陵，魂归碧落，不得朝夕于其侧，吾心怅焉。梨洲先生，吾学所自出也，而情犹吾父也。其殁也，吾昼见诸想象，夜见于梦寐，于顷刻之间。秦川府君在日，梨洲先生至辄喜，梨洲先生之于府君亦然。吾一日不见秦川府与梨洲先生，则漠然无所向，怅怅焉失所依旧。吾死，汝其建一阁，立于先生主，梨洲居左，秦川府君居右，而吾则侍于其侧，岁时致祭惟谨。”

郑梁和郑性平生勤于学问，尊敬师长。郑性一生未曾做官，师南雷黄氏之学，为黄宗羲的再传弟子，表彰不遗余力。他耗时 5 年，埋头整理黄氏残编，得 3 万卷；又遵父郑梁遗愿，在郑梁翰林第东首于康熙六十年(1721 年)建造藏书楼，雍正元年(1723 年)竣工，并命名为“二老阁”，以纪念同在刘宗周门下就学的黄宗羲和郑氏祖父郑溱。二老阁坐北朝南，为二层楼歇山式建筑；面阔三间，阁前有明堂，阁后有池塘，围墙北面即半生亭，栽竹木花卉，是郑梁游咏之所。二老阁楼上中间一间供奉黄宗羲、郑溱、郑梁神位，左右两间贮黄氏遗书，楼下收藏郑氏遗书。

现在残址仅留有一碑，临街的一面墙壁尚存 2 米左右，墙基整块条石完好，阁后的古井和小池还依然如故，生满青苔的几块假山石倾倒在池边。

四、半浦学堂

半浦学堂位于半浦村西南面，始建于 1921 年，1926 年建成，由当年四明银行当家孙衡甫捐助资金建造，是一幢欧式风格的二层小楼，横开 10 间。中华人民共和国成立前学堂开 6 个班，收 200 余名学生。外面艳红的石榴花掩映着低矮的墙壁，形成历史和现实的鲜明对比。从大门进入，就见右手边的墙体已逐渐剥落，贴附于墙壁竖立的灰白石板上，镌刻着隶体的碑文——“孙君义行碑”。碑文的开头一字，即繁体的“孙”字，刻于 1927 年。

1928 年的半浦学堂

现在，半浦学堂的大门挂了一块“第三课堂”的匾额，灰砖黛瓦、素雅宽敞。前进 7 间平屋，正中是门厅，主楼 5 间两层带走廊的楼房，两厢是一长溜各 10 余间的平屋，主楼两侧又有若干附属用房，整体结构带着民国时期的风情，像是放大了的陈布雷创办的官桥鸡山学堂。

半浦小学

第二节　古建筑

半浦村是代表性渡口古村，也是一个典型的江南小镇。村落大族历世聚居，崇文重教，村中有多处代表性优秀建筑，曾有浙东学派郑氏家族的“二老阁”藏书楼，现保存完好的民国时期兴建的西洋建筑“半浦学堂”，以及中书第、周家祠堂、塘路墩、半浦大屋等明清古建筑。青砖灰瓦白墙的宅邸与现代化的居民房连成一片，古韵浓郁。

一、府第

古宅大致可分为民宅和官宅两类：民宅小巧精致，官宅建置规整，是江南民居集大成的地方，同时为学术研究提供了良好的素材。半浦村的古宅很多，虽有损毁，但古老的山墙、砖雕的门楣、花样各异的木格窗、柱子上桐油的痕迹，都还显示着古宅当年的气派。据清代光绪《慈溪县志》记载，这一带不仅有过建于明万历年间（1573—1620 年）的老安仁庙（寒村庙）、建于清嘉庆十六年（1811 年）的三星阁、建于清同治六年（1867 年）的前安仁庙，还有中书第、翰林第、进士第、解元第等官家府第。半浦村从老街、挨坝到周、郑、孙家，一路都能看到鳞次栉比、错落有致的马头墙。翰林第的规模最大，书带草堂、二老阁、二砚窝、一隅阁、丈七间、野云居、望云楼、藏笏楼、有怀轩、半生亭、大椿堂、西江书屋、石叟居等，多属这个建筑群。

九间头古宅

古宅平脚

中书第　现有 400 多年的历史，听说最早由于火灾，原房屋全部烧毁，后大约在 1804 年又重建，呈方形，占地面积 4 000 平方米左右。有三个正大门，高、厚实的外墙门，20 多个大小天井，几百米的檐廊和檐下走道；有上千平方米的砖石板地面，外加青砖灰瓦封头墙，营造出了深宅大院特有的宁静幽深的居住环境。宅院坐北朝南，前后二进，前房为主楼，五大开间，前面二侧各有三间二层的厢房与主楼相衔，主楼两边设弄堂和楼梯，使主厢房形成走马楼。院子的天井用红石板铺成，阶沿都是厚重的梅园石，四周有水缸和花卉。从中书第的照壁、门厅、月洞门、大天井周边厚实工整的砖石条上，还能想象出当年建造府第的主人，其地位是多么显赫，所造的府第是多么气派。目前该建筑内有30多户居民居住，集体土地使用权属个人拥有(享有)。

中书第

中书第鸟瞰图

宋时有中书门下，简称中书，俗称中书门下内省，系最高行政机构。宰相议政处称政事堂。除中书门下外，还有三省(中书、门下、尚书省)、六部(吏、兵、刑、户、礼、工部)，三省的正副长官分别为中书省的中书令和中书侍郎，门下省的侍中和门下侍郎，尚书省的尚书令和左右仆射。宋时的中书令、侍中、尚书令都是封给亲王大臣的无实职的虚衔。尚书省统管六部，三省中以尚书省权力最大，中书省和门下省俗称外省或后省，以和中书门下(内省)相区别。元丰(1078—1085 年)改制，撤中书门下，以尚书都堂为政事堂，以左仆射兼门下侍郎为首相，兼管门下省，别置侍郎辅佐，以右仆射兼中书侍郎为次相，兼管中书省，别置侍郎辅佐。左右仆射仍主管尚书省，兼以左右丞辅佐。所以，元丰改制，撤中书门下，左右仆射统管三省政务，为宰相；左右丞、门下侍郎、中书侍郎分管三省的日常政务，为副宰相。建炎三年(1129 年)门下侍郎和中书侍郎改称参知政事。乾道八年(1172 年)改左右仆射为左右丞相。所以，南宋(1127—1279 年)时，左右丞相(宰相，正一品)统管三省政务，参知政事(副宰相，正二品)掌门下省或中书省的日常政务。在中书省除中书侍郎外，还有中书舍人(正四品)掌起草诏令，令治中书省的吏、户、礼、兵、刑、工六房。元丰(1078—1085 年)改制，以中书舍人判中书后省事。元丰六年(1083 年)诏中书省置点检房，令(中书)舍人通领。所以，南宋时的中书省长官除参知政事(即以前的中书侍郎)外还有中书舍人等。

元时，中书省又称都堂，系最高行政机构，置中书令二人，另置左右丞相各一员，总领省事，统率百司。因中书令例由太子担任，所以左右丞相为中书省的实际长官。元时，民分蒙古人、色目人、汉人和南人。南人在中书省任高官的可能性不大。明时，原有中书省，系中央宰辅机构，职掌全国政务，置左右丞相(正一品)、左右丞(正二品)、参知政事(从三品)。洪武十三年(1380 年)，因左丞相胡惟庸谋反，废中书省和丞相制，戒谕后世永不得复置。另有中书科，中央事务机构，设中书舍人 20 人，从七品，掌书写诰敕、制诏、银册、铁券等事。清时，中书系内阁属官，满族 17 人、蒙古族 16 人、汉军 8 人、汉族 29 人，正七品，掌谕旨诰敕的撰缮、翻译(如满汉文稿的互译)。清时的中书和明时的中书舍人皆系七品的文书官。

所以，半浦中书第的主人有如下几种可能：一是南宋时中书省的参知政事(副宰相，正二品，即 1129 年前的中书侍郎)或中书舍人(正四品)，二是明时中书科的中书舍人(从七品)，三是清时内阁中书科的文书官(正七品)。

木门依然是旧时的风貌，走进去，穿过月洞门，有一块菜畦，自挖的小井。院落里很多房间都空着。一位姓王的妇人在这里住了 36 年，住的是她的夫家祖屋。那些无人居住的房间，椽子已经腐烂，竹制的菜橱分上下两层，搁在那里。天井的石板地上，爬了丝瓜的枝蔓。

翰林第　位于半浦大屋前进的东侧，门厅有石鼓与插入式木门槛。翰林第的主人是郑梁，他在 1688 年考取进士后，入选翰林院庶常馆为庶吉士。庶吉士有“储

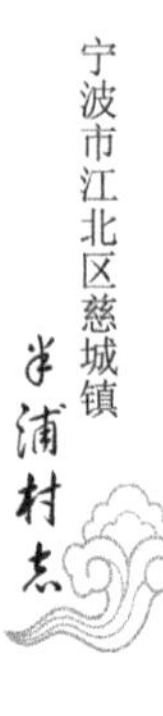

相”之称，具有很高的声誉。20 世纪 50 年代，其厅堂与门厅被拆除。

进士第 半浦曾有进士第，主人是郑重。20 世纪 40—50 年代，八房偏东侧的进士第，其横匾似乎还挂着。

解元第 其主人是郑卿，他在 1555 年乡试中考取第一名。生员赴省城参加三年一次的乡试，第一名即为解元。历史上最为人们所熟知的解元是明时吴门四大画家之一的唐寅。清朝道光、咸丰、同治、光绪时期规定了各省举人名额，最多的是浙江，有 94 名，但参加乡试的生员“动辄过万”。

二、民宅

旧时半浦有“半浦大地方，三庙六祠堂”之说，房屋和道路比较规整。半浦的民宅具有典型的江南民居特色，大多是一座宅院住几户人家，占地少则几百平方米，多则一两千平方米。整形后的宅院，二层正屋和单层偏屋的布局比较规整。所以，半浦民宅从整体上看，显得有些散乱无序，但从个体上看，就显得相当规整。

半浦民宅同浙东其他民宅相似，很适于人们健康生活。一是建筑材料大量使用石材。天井、檐廊、檐下走道等地面都由石板石条铺就。石材洁净质朴，具有一种历经岁月沧桑不加雕饰的古朴之美。二是楼房用双重屋檐，前后屋檐形成檐廊和檐下走道。檐下走道使人们在一个门洞内走动时，即使是雨天也无淋雨湿鞋之虑。檐廊是室内和室外之间的过渡地带，它既无室内空气呆滞、光线昏暗之短，也无室外风吹、雨打、日晒之弊。它是人们日常起居的主要场所。不管是晴天雨天、春夏秋季，人们都喜欢在檐廊下操持家务、休息聊天。三是天井。它可深至 10 余米，浅至一二米，一个门洞内会有多个天井散布在屋前屋后。天井使人们真正拥有头顶天空、脚踏地面的小天地。天井使人们足不出户就能在宅院内和自然界亲密接触，感受日月星辰、风霜雨露在四季的变化。天井用来晒衣晾物、吐故纳新、采光纳阳，夏天用来纳凉，冬天用来晒太阳。共用的大天井又是邻里相互往来、和谐相处，充满生活气息和情趣的场所。高且厚实的外墙门，一方方天井、一条条走道、一重重门，营造出了浙东宅院那种宁静、幽深、古朴的居住环境，这是一类很适于人们健康生活的民宅。

藏笏楼 半浦曾有藏笏楼。笏是古代官员上朝时手中拿着，用于记事的手板，能参见皇帝的都是具有较高职衔的朝官。笏是官员身份的象征。半浦藏笏楼的主人定是在京的朝官，致仕回乡后，为了追忆昔日上朝时“顶官帽，着朝服，捧笏而入”的那种荣光，特为笏单独建楼，将笏供奉于厅堂之上。

孙宅 孙衡甫(1875—1944 年)的故居，面积约 2 300 平方米，位于村西，坐北朝南，三合院，与其他宅院似乎还有一些差异，就是外墙更高些，边门处装有绳铃。宽敞的前天井、檐下的木格窗、墙上的砖雕、古老的山墙、一整扇的木格窗、砖雕的门楣、木头柱子上桐油的痕迹，显示着曾经豪门大宅的气派。三进院落，四个天井，红石板铺地，收拾得特别干净，连花草也摆到廊檐下。

因为一度做过半浦公社的办公楼，宅院的砖雕门额改成了水泥五星。孙衡甫是近现代中国100个银行家之一，其于1912年任上海四明银行总经理，1931年又兼任董事长。1934宁波重建老江桥耗资70余万元，孙捐了5万元。

孙在上海去世，墓地在鄞州区，但距半浦不远，大理石墓碑，墓旁有守墓人。孙衡甫家族在半浦的居住史不长，仅两三代人在此生活过。

孙衡甫故居

益丰门头 其为清朝的民居建筑，建于1721年，面积约2 500平方米。现存的建筑格局并不完整，两侧灰壁高墙依旧，尚存西侧厢楼一幢，坐西朝东，进深六柱九檩。中华人民共和国成立后西厢楼一度由郑心根老人居住，其祖上于慈溪余姚等地广开“益丰粮铺”，是本地巨贾之一。

郑保华宅 其在慈城镇半浦村东隅，是一处清早期建筑风格的宅地民居，是郑保华先生的出生地。建筑整体坐北朝南，由正厅和东西厢房组成，占地面积为242平方米。该建筑保存情况较差，基本形制已遭破坏，正厅已全部毁坏、坍塌，仅剩部分梁架，现存为东厢房二间，该建筑大门朝东，为硬山顶、重檐楼房。

郑保华宅

半浦大屋 该古建筑尚存前进的坐西朝东的六间一弄楼房(三间——一弄—三间),与后进的坐北朝南的九间二弄楼房(一弄—三间——一弄—六间)。其房前檐廊均由方形木柱与方形石柱础支撑,此系明朝的建筑构件形式。相传祝枝山曾于1507年来半浦大屋的百顺堂郑满寓所做客(同为1492年举人),挥毫写了欧阳修的《醉翁亭记》。其翰林第厅堂在大屋前进的东侧,翰林第门厅有石鼓与插入式木门槛,20世纪50年代,其厅堂与门厅被拆除。现今存留的古建筑百顺堂、澄心堂、一隅阁,均已残破不堪。

九间头 九间头是一处清中晚期的民间建筑,坐西朝东,四周高砌清水砖围墙,建筑一进,院落二重,占地面积约855平方米。正厅为硬山顶、高平屋,九间二弄,前后各置檐廊,中柱落地,前后各为双步梁,穿斗抬梁混合结构,进深七柱九檩。该建筑规模不大,但用材硕大,保存基本完好,2004年被公布为区级文保点。

陆善堂、和庆堂 其为清代道光年间(1821—1850年)的老建筑,在古村西侧,门口有一块古民居建筑物的简介:陆善堂(原称“乐善堂”)、和庆堂是一处保存较完善的清代四合院建筑,坐北朝南,建筑占地面积1 672平方米。前进为七开间,硬山顶,明间为门楼。两侧厢楼各为六间二弄,硬山顶,重檐楼房。东厢为陆善堂,西厢称和庆堂,建筑四周均采用檐廊相通。该建筑保存完好,2004年公布为区级文保点。大门楼与前大门之间两侧为厢房,进内院,方正的天井尽头是重檐楼房,是标准的七间二弄,两侧又是六间。19间正房围着天井,楼上也是如此格局,围廊的骑窗对外,卧室在走廊另一侧。陆善堂宅院坐北朝南,前后三进,成“回”字形,中院为主楼。两层的厢房与主楼相衔,主楼两边有弄堂和楼梯,使主厢房形成走马楼。目前,有8户居民居住,属私房。

陆善堂、和庆堂

茶栈 茶栈位于半浦村的西边，是村内一栋坐北朝南的三合院。它很是特别，原来是给来往的古人休息歇脚的地方，后来成为茶商经营的场所。门楼颇有气派，院子宽阔。院后是一排老旧的房子，门上牌匾写有“半浦茶栈”。顾名思义，茶栈是喝茶的地方。但半浦的茶栈还有一个用处，就是将山上的茶叶在此处做一次中转，再由渡口直接出口到各地区，当时的半浦茶栈还承担着茶叶仓库的角色。

半浦茶栈

三、祠堂

半浦村有三庙六祠堂。三庙指三星阁庙、前安仁庙、后安仁庙，三星阁用于祭神，前安仁庙、后安仁庙均为祖庙。六祠堂指佑启堂(矮笆祠堂)、复训堂(俗称老祠堂)、八中祠堂、联本祠堂、小祠堂、周家祠堂(惇德祠)。郑氏先祖由河南荥阳县迁至半浦后建有大宗祠(复训堂)、八中祠堂、联本祠堂等处，由福建迁至半浦后建有佑启堂等处；慈溪周氏迁至半浦后有惇德祠——周家祠堂。现在除了周家祠堂外，仅保存下来复训堂、佑启堂、八中祠堂3处遗址。

周家祠堂(惇德祠) 清康熙年间(1662—1722年)周氏从慈城迁半浦,自清同治十年至光绪五年(1871—1879年),周子高为半浦周家祠堂一世祖,五世祖周亚溪与其从弟周遐亭、周蓉川历时7年建成慈溪半浦周家支祠,创建了半浦支祠支谱。六世祖周恂甫又增建周家祠堂。祠堂坐北朝南,由门楼、正厅、后进和西偏房组成,建筑三进,院落二重,建筑占地面积1 495平方米。门楼三开间,硬山顶,前顶为船篷轩,木构件雕刻精细,梁架采用抬梁穿斗混合式结构,明间进深五柱七檩。正厅是供祭祖、祭祀及宗族进行重大活动的场所,正厅后进有寝楼,设有形似阁楼的神龛,上下梯形分为数层,同一辈分的神主牌放在同一层上,形成一个立体实际族谱,并在祠堂存有一份纸质族谱。正厅的西首是一个小厅,供族人存放寿棺等寿器。小厅朝南的门外是一处水池,池中央有荷花、金鱼等。水池西南首有一圆洞门,曲径通幽,便是花园。园中当年有多种树木、花卉。靠南首墙壁边还有一口古井,景色幽雅宜人。大部分建筑完好,属村集体所有。

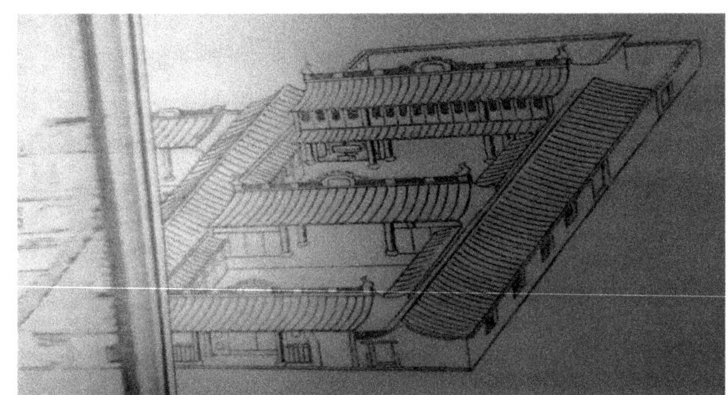

周家祠堂结构图

周家祠堂

周家祠堂距今已有约130年的历史，是半浦村唯一保存下来的祠堂。现处于半浦村东片最为显赫的处所，建筑整体仍保存完好，红柱石礅，木格门窗花样各异，房檐雕花图案精美，石窗装饰镂空图案，门口一块块红石板上都刻着铜钱图案。大厅内放有一块由梅调鼎在光绪二十年(1894年)题词的石碑："光绪二十年，清国学生儒珍郑君暨元配裘氏孺人墓，梅调鼎谨题。"光绪皇帝的老师翁同龢曾评梅调鼎书法"三百年来无此高逸之作"。

晚清著名书法家梅调鼎为半浦郑儒珍书写的墓碑

周家祠堂在1986年的时候被列为江北区文物保护单位。2008年始，由政府出资，一期投入120万元，二期投入80万元，共投入200万元重修，周家祠堂才恢复原样。祠堂保持着原先格局，前后三进，美观大方，富丽堂皇。现已变为村文化宫，挂慈孝家风馆的牌子。

二老堂　其位于半浦二老阁东、百顺堂之东，背东面西，是郑书常勋祀其高祖王父、高州守寒村先生与秀水(今嘉兴)朱彝尊竹垞先生而建。朱举博学鸿词，授翰林院检讨，是康熙年间著名学者，有南朱北王(王士祯)之誉。

据鄞县袁钧的《二老堂记》及郑勋自传，郑梁自广东高州府卸任归老，遇江南三布衣之一朱彝尊(翰林院检讨)，朱已年届72岁，游武林(杭州)，二人在杭州相遇，倍加亲切，遂有"武林逢郑高州梁"。朱作诗赠郑梁，诗有"别久相逢转倾倒，七言三复晓行诗"之句。

因父亲郑竺的野云居遇火灾，所藏书法、名书、画作被烧，郑勋决意为之重建。因太公郑梁与朱彝尊的交谊深厚，两人的道德、文章为一时所称道(诗亦名康熙朝，盛于天下)，他想趁此机会在二老阁东边建"二老堂"以作纪念。正好浙江巡抚阮元先生前来视学，听了郑勋打算，强烈赞同。阮元在《定香亭笔谈》中曰："郑太守梁以《晓行诗》得名，朱竹垞尝赠以诗，玄孙简香勋以墨迹示余，余和之有云：'别拟建堂尊二老，竹垞经义《晓行诗》。'简香因建堂祀两先生，余为书'二老堂'额，秦小岘观察为文记之。简香又画《二老重逢图》，取竹垞'久别重逢转倾倒'诗意。"竹垞，朱彝尊之号，《经义》是指朱的代表作《经义考》；《晓诗行》是郑梁的《早发沐阳》中的"晓星如月照行人"的略语。因无锡秦瀛(字小岘)观察引疾(原书楹帖兼许作记)，第二年春，由鄞邑袁钧撰《二老堂记》。

郑勋又遍征题咏，阮元、谢启昆等38人为之题诗，把为一时所重的《二老重逢图》与前诗及事关二老堂墨宝刻石嵌入堂壁。堂中供朱竹垞太史与寒村太守神主。

中国自古就有祭祀先人的习惯，但像二老阁、二老堂这样有选择地祭祀先人兼及先人师友的却不多。二老阁、二老堂，建设初衷是纪念先人及先人师友，二老阁又兼收藏续钞堂遗书遗著，这是情亲发展的结果。郑梁早就想建堂纪念父来郑溱及先师梨洲先生，但没有实施。郑性正遇续钞堂（梨洲先生藏书室名）藏书失火，收得残存部分后才盘算实施父亲的愿望，建造祀念祖父及梨洲先生的阁舍。藏书，则是二老阁第二功能，只是“庋于其旁”而已。从此士大夫凡到访鹳浦，必然登堂，考论藏书，赋诗题咏，徘徊流连，尽兴而散。

四、庙阁

三星阁 位于县南7.5千米处半浦渡北，建于清嘉庆十六年（1811年），称望江楼，建筑面积约1 200平方米。门楼四楹，堂楼四楹，翼以小楼，中为歌台。内塑文昌、魁星、财神菩萨三星神像。庙坐北朝南，硬山式结构；呈长方形，南端建筑；楼上为观台，能边喝茶酒边看戏，向南俯瞰江景；楼下为凉亭，供行路人遮阳避雨或休息，风格别致。明人郑溱有诗：“望江楼倚渡亭边，在昔文英武秀贤。”逢“双日”街市，庙中香火不断，顶礼膜拜者有之。遇每年农历二月初三文昌帝君生日、农历七月初七魁星生日、农历正月初五财神生日，三星阁香火鼎盛。民国后期三星阁曾经做过警察所，又几经他用，20世纪80年代被拆改。

老安仁庙 旧名寒村庙，今称西安仁庙，位于半浦村希贤房之南，离半浦渡西数百步，明万历间（1573—1620年）郑尚林徙建河旁，呼其河曰“庙前河”，郑应璧始改题曰“安仁庙”。清代光绪《慈溪县志》卷十四“坛庙”：“老安仁庙，县南十五里，旧名寒村庙，或称‘韩村’，祀土谷神。”现存建筑建于清晚期，坐北朝南，布局呈“回”字形，原由门厅、东西厢房、戏台、正殿和天井组成，总建筑面积857平方米，广场面积218.2平方米，该建筑布局规整，用材硕大，历史文化底蕴深厚，是江北区比较罕见的家庙。据浙江省古建筑设计研究院宁波分院负责人说，老安仁庙的牌匾是竖式排列的且烫有金漆，这说明是由皇帝封的。2010年，老安仁庙因年久失修，面临倒塌危险，政府投入330万元资金进行全面修缮后，终于恢复了原貌。

前安仁庙 一名东安仁庙，别称寒村公庙，位于姚江畔半浦（今半浦）渡北，渡头街东端。建于清朝同治六年（1867年），始称“前安仁庙”。郑梁撰《寒村记》：“赭山之阳环以江流，其地曰寒村，讹其音而易之以安仁。里中有安仁庙，父老犹呼为寒村庙。”庙南临姚江，坐北朝南，建筑面积约2 400平方米。庙前有石板铺就的广场与伸向江岸的甬道。甬道两侧栽有合抱古柏二十余株，树梢筑有不少鸟巢，白天

老安仁庙

鸟鸣声不绝于耳。甬道南北两端各有一对石狮子，使庙貌既肃穆又清雅。庙内大殿，三开间，每间宽约 8 米，重檐硬山顶，屋脊离地约 20 米。大殿正中立有檀香木雕刻的寒村公像。大殿内挂有数十块横匾与对联。有于右仁书的“居之安”匾，孙衡甫赠的“惠（润）泽四明”匾，大多题字为地方书法名人梅调鼎、钱罕所书。大殿之南有面北的戏台，歇山顶，离地约 7.6 米。戏台正中有“古寒村”匾额（有人记为“居寒村”）。整个戏台的木雕极尽精雕细刻之能事。前安仁庙含有纪念郑梁之意，村中一般按农历年节礼祀郑梁与各类神灵，使各层次的村民在精神生活上各得其所。辛亥革命后，半浦成立同志公益会，成员有孙衡甫、郑德懋、郑莘原、郑式直、周享宜、郑善昌等 20 余人，前安仁庙又成为这些乡绅的议事地。前安仁庙于 1954 年前后被拆卖给宁波和丰纱厂。

雅宜庵 其位于半浦村南，面临姚江，西北小河环抱，河岸边有一块清秀的竹林。唐时旧传之庵。累有毁废，仅存唐佛。旧名雅义，俗呼下泥。不知其始，或曰有夏二者居此，死而无后，里人因以其居为庵，呼为夏二庵，夏二、下泥盖土音之讹也。明弘治年间（1488—1505 年），半浦郑氏家族重建为“下泥庵”，郑某妻俞氏舍塑佛像；明正德四年（1509 年）六世祖孝廉玉泉公、正德七年（1512 年）太守素庵公相继重修（二公均有重修序）；崇祯年间（1628—1644 年），鄞邑滇沅总兵施公翰来游，谓其临江背河，篱舍幽寂，真雅相宜也，题额曰“雅宜”；清顺治十四年（1657 年）、康熙十一年（1672 年）时都有重建。庵今废。（注：施翰，鄞县人，云贵总兵，系老祠堂十一世郑启的岳父。）

根据郑氏传记，一曰：“原为明初，省二府君郑天秩之别墅，其卒后葬于其舍北之隅（方墓，在雅宜庵之河西）。礼公谨承祖训读书积德，课读可耕徜徉其志，后子孙以屋为墓祠，继而以祠以庵。素安公云：吾宗建立下泥庵百余年矣，落成之后不惟子孙得以世守，而修行者实免远行之辱，是公祠兼为佛宇，实自兹始。”

庵堂面积虽不大，可五脏俱全。佛堂为四合院，朝南的大间是正殿。中间端坐着观世音菩萨，西小间是送子娘娘，东小间是药王菩萨，南边有韦驮、地藏王菩萨等。西南角一间有泥塑木雕，涂有各种颜色。十分奇特的是庵里常住三四位和尚，而非尼姑，住持也是僧人，人们通常称呼他嵇康（音）和尚。

清时半浦曾有八景，“西庵望雪”就是一景。明代的郑溱，清代的郑大节、郑际

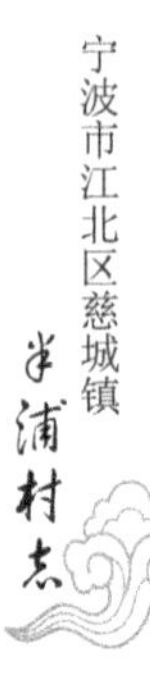

良、尹嘉年、冯鼎勋、郑鸿元等均有诗载。

雅宜庵是半浦村的一个文化瑰宝，是半浦佛教文化盛极一时的见证。正如郑道中先生所说，梵音融融，清脆磬钹声、金铃声，仍留在老一辈人的记忆中。

五、碑刻牌坊

进士坊 明景泰五年(1454 年)，为郑岑立。

解元坊 明嘉靖三十四年(1555 年)，为乡试第一名郑卿建。现已不存。

灌浦义渡告示碑 清同治七年(1868 年)闰四月，碑设在海曙区高桥镇江南村半浦渡口亭子内。告示是道光年间(1821—1850 年)郑氏家族中人禀呈官府的碑文。

孙君义行碑 民国十八年(1929 年)二月，县人冯幵记，衡阳曾熙书，半浦同志公益合同人立碑于半浦村半浦小学旧址。碑石高 1.95 米，宽 0.87 米。

灌浦义渡告示碑

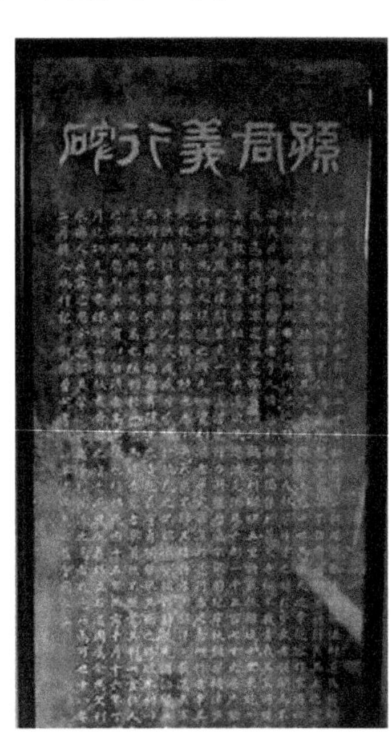

孙君义行碑

第三节 文物保护及旅游开发

半浦村的规模较小，但长期的文化积淀使得其历史底蕴非常深厚，光是已公布的区级文保点就有24个。且村落中大族历世聚居，行文重教，村中有多处代表性的优秀建筑。同时周遭环境优美，村民注重环境保护，具有开发生态及文化旅游的潜力。

一、文物保护

五间头

中华人民共和国成立至1984年江北区建区之前，江北区、郊区的文保工作由宁波市文管委直接承担。1984年，江北区文物管理所设立，开始逐步对江北区境内的文物进行拉网式普查，公布、提升了一批具有很高历史价值和研究价值的文保单位、文保点。

截至2006年底，江北区共有各级文保单位、文保点210处，其中半浦村内被公布的区级文保点就有24个(见表5-1)。村中有浙东学派著名人物郑氏家族的二老阁藏书楼，以及现保存完好的民国时期兴建的西洋建筑半浦小学。除了这些，村中还遗留下大量的如中书第、周家祠堂、塘路墩、半浦大屋等古建筑。

芝轩门头

陆善堂、和庆堂

表 5－1 半浦村各级文保点统计表

序号	名称	地点	年代	级别与公布日期
1	半浦小学	半浦村	民国	区级,2004 年 4 月
2	中书第	半浦村	清	区级,2004 年 4 月
3	前八房	半浦村	清	区级,2004 年 4 月
4	茶栈	半浦村	清	区级,2004 年 4 月
5	老安仁庙	半浦村	清	区级,2004 年 4 月
6	九房	半浦村	清	区级,2004 年 4 月
7	陆善堂、和庆堂	半浦村	清	区级,2004 年 4 月
8	周家祠堂	半浦村	清	区级,2004 年 4 月
9	前新屋	半浦村	清	区级,2004 年 4 月
10	周家	半浦村	清	区级,2004 年 4 月
11	周家四扇墙门	半浦村	清	区级,2004 年 4 月
12	周家前后进	半浦村	清	区级,2004 年 4 月
13	益丰门头	半浦村	清	区级,2004 年 4 月
14	孙家	半浦村	清	区级,2004 年 4 月
15	半浦大屋	半浦村	清	区级,2004 年 4 月
16	五间头	半浦村	清	区级,2004 年 4 月
17	后八房	半浦村	清	区级,2004 年 4 月
18	老祠堂郑家	半浦村	清	区级,2004 年 4 月
19	老房	半浦村	清	区级,2004 年 4 月
20	芝轩门头	半浦村	清	区级,2004 年 4 月
21	老高墙	半浦村	清	区级,2004 年 4 月
22	塘路墩	半浦村	清	区级,2004 年 4 月
23	九间头	半浦村	清	区级,2004 年 4 月
24	灯柱	半浦村	清	区级,2004 年 4 月

2015 年 12 月 6 日,中国民间文艺家协会主席冯骥才在半浦村文化礼堂接受记者专访时说:“这个村落历史悠久,我们看的宅子说是清末的建筑,以我的经验来看最起码是清代中期的,里面的石刻非常细致,到清末已经没有这样的做工了。另外,上百年的变迁使原来的形态已经支离破碎,但是半浦还留下了一些我看起来很好的精华。村里很认真地请本地贤达人士研究,并且把最关键的建筑修复并保护下来。半浦村要把主要的建筑修复好。建筑保护好了,村落记忆才完整,精神家园才更加丰富,精神情感才能延续。”

冯骥才认为，保护古村落不只是怎么修复的问题，关键是老百姓有没有自觉。我们要唤起民众对自己村落的热爱，对自己文化的热爱。没有这种文化自觉，谁保护也保护不好。

冯骥才指出保护传统村落的四个基本原则："第一个，传统村落的原始格局不能变；第二个，经典民居和公共建筑不能动；第三个，非物质文化遗产的原生性是不能改变的；第四个，地域个性的特征不能同质化。"他认为村落保护还应遵循两条原则：第一，对物质文化遗产进行原真性保护；第二，对非物质文化遗产进行原生态保护。

二、旅游开发

随着社会主义新农村建设的推进，江北区乡村旅游开发蓬勃兴起。2002 年，江北区旅游局与江北区广电总站合办的《走遍宁波走进江北》旅游专题节目开播，其中对姚江渡口文化等展开了专题讲解。2006 年，江北区旅游局先后出台了《江北区乡村旅游发展规划纲要》以及《关于加快乡村旅游发展工作的实施意见》，起草了《宁波市江北区乡村旅游管理暂行办法》。在强有力的政府主导条件下，确立了将江北区建设成为宁波市乡村休闲旅游重要目的地的发展目标，并对乡村旅游的开发建设、经营、等级评定等方面做出具体规定，要求统一规划、差异性开发和规范化管理，为乡村旅游的优化建设和可持续发展奠定了基础。

2013 年，半浦村古迹修复工作进展顺利，周家祠堂厢房、半浦小学古建筑完成修复。2018 年，"半朴园""家 · 春秋"等精品民宿签约落户半浦等村，乡村旅游业态进入提档升级期，民宿经济发展快速推进。半朴园等精品民宿、教育基地、研学营地等一批农文旅项目开放运营。

2019 年，村农旅培训中心建设已完成投资约 600 万元，完成村庄、庭院等节点绿化升级改造，垃圾亭、生态公厕新建及旅游基础设施配套等。计划通过 3 年努力，打造初具甬式田园风光、国学传承基地的农旅休闲文化古村。

2020 年 4 月 18 日，半浦村村民代表大会暨第一届村庄旅游研讨会隆重召开。慈城镇农发局局长王翰、半浦村书记徐国平分别向村民介绍了半浦村旅游开发的设想与未来发展的构思，让众人对半浦村接下来的发展充满了期待。

半浦龙虾园垂钓中心　其位于半浦村渡口边上，紧邻沈海高速宁波北出口，占地面积 80 余亩，拥有 10 个垂钓鱼塘，垂钓鱼种有青鱼、鲤鱼、鲫鱼、罗非鱼等各色鱼种，可同时供 500 余人垂钓。它是在原"半浦龙虾园"的基础上侧重开发垂钓功能而建立的集生态旅游、农家乐为一体的休闲垂钓中心。2012 年 7 月，其获得宁波(江北)都市田园新十景之一的称号。

龙虾园

半朴园原是民国时期的半浦小学，2016 年 2 月重新“开学”，成功转型为传承和推广中国传统文化的重要研学基地，基地集传统文化教育、体验、文化传播和旅游为一体。2017 年 8 月 25 日，时任宁波市旅游局长李浙闽偕同市旅游局办公室主任寇相年、市旅游局政策法规处处长潘旭光等一行领导，在江北区副区长李云来、区旅游局长周朝辉等陪同下，专程来到慈城半朴园进行调研工作。李浙闽局长指出，发展旅游业、传承中国文化，必须把传统文化与旅游业活动紧密结合起来，弘扬中国传统文化，同时也赋予旅游深厚的文化内涵。

国学教育基地

半浦小学变身国学教育基地

“家 · 春秋”民宿　2019 年 11 月开业，是半浦村一个以家风家训为主题的民宿。园林幽静，隐匿于城市边缘。其名取自巴金的系列作品，虽然朴实无华，但是拥有打动人心的力量。它告诉每一位来到这里的客人：纵使春去秋来，家一直都在。半浦村抓住村庄特色，投入千万元进行文化保护开发，借力村落文化，吸引社会资源，农旅融合带动乡村全面振兴。得天独厚的村落资源、秀美优良的生态环境，半浦村在红色党旗的引领下，平稳行驶于农旅融合发展的快车道上。

“家·春秋”民宿

归心园民宿　位于村子南边，靠近姚江，是由三面两层小楼和一堵灰砖围成的仿古四合院，是一座传承文化、致力教育的生活体验式宾馆。

归心园民宿

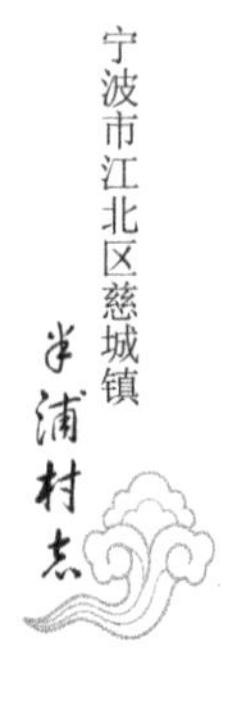

6 第六章　家族文化

第一节　慈溪望族

一座村庄的历史往往就是一个家族的历史。一个家族的文化形成，需要几代甚至数代人的共同奋斗和积淀。它深深地影响着每个族人的成长、选择和思考，也凝聚着无穷的力量，促进家庭的团结，使族人形成积极向上的生活态度。半浦古村名人辈出，仕宦不断，养育了许多出类拔萃的人物，其中郑氏家族大大丰富了古村的人文内涵。

一、家族溯源

宋元时慈溪县有公认的四大望族“姚、刘、冯、陈”，而到明初时又增加了钱、叶、向、桂、胡、郑、王、张、孙、袁、童、董、周、费、洪、杨等望族，达到20余家。半浦村旧属慈溪县西屿乡安仁里(《元丰九域志》)，郑氏老祠堂、周家祠堂代表了郑、周两大家族在村中的突出地位。郑氏老祠堂被拆毁，仅剩门槛石基，但郑氏家庙老安仁庙至今香火旺盛。郑氏行文重教，为书香门第。村落中数世同堂，各具特色的大宅也体现出深厚的家族文化底蕴。

寒村先生在《源流考》中云：“郑氏系出有周(西周)……近而鹳浦(半浦)、龙山、乌峰三界，皆八郑之源流，而荥阳属派也。”

半浦郑氏祖籍为河南荥阳，后因战乱而南徙至半浦，远可上溯至元代。几百年以来，其以“诗书为业”，又以“节门”著称，涌现了大量贤士人才，展现了十分突出的家族特色。村中有名的两座祠堂是佑启堂和复训堂，堂下有众多的家族书院，反映了当时郑氏对文化的重视。

据黄宗羲的《明封中顺大夫按察副使荣期郑公墓志铭》及郑勋的《诰授中宪大夫先寒村公年谱》所载，半浦郑氏始祖为郑毓，宋嘉定元年(1208年)状元郑自诚的裔孙，宋末隐士。郑毓训诫子孙“积德以待世运之清”，此后复训堂一脉逐渐兴旺。以郑梁为代表的部分族系，从明清以来以“慈溪郑氏文化世家”名世。郑姓世居半浦近800年，数百年来科第连绵，为浙东望族。清代光绪《慈溪县志》中记载明清二朝郑姓传记有56人，其中半浦郑氏就有45人(引自蚂蚁《半浦时光》)。有人因此将半浦戏称为“官浦”，足见此地人才辈出。

二、郑氏士人

复训堂传至郑满，弘治五年(1492 年)中举，历知道、濮二州，功名始显。如成化元年(1465 年)举人郑镏，官至宁德县知县；成化辛卯年(1471 年)举人、寿宁县知县郑铉；成化戊子(1468 年)举人、乙未年(1475 年)进士郑重，知通州；嘉靖四年(1525 年)举人、云贵乡试第二郑尚经，尝任梧州同知转荣王府长史；嘉靖三十四年(1555 年)浙江乡试第一郑卿，次年中进士，官至兵部观政；万历、崇祯年间则有郑光弼，以明经入廷，尝任余杭训导，安吉学正；康熙二十七年(1688 年)进士郑梁，尝任高州知府；康熙四十七年(1708 年)举人、四十九年(1710 年)进士郑羽逵，尝任四川安县知县；乾隆四十三年(1778 年)知韩城，后以拔贡入经者郑辰，官至布政司理问；郑乔迁工科举，诸生；咸丰元年(1851 年)举人郑沅为安徽知县；等等。

郑岑，字子高。明景泰五年(1454 年)甲戌科会试第一百一十名，殿试三甲第二十九名进士。授刑部主事。后特请晋阶山东右参政。

郑重，字本宏，号素庵，善一房七世。明成化四年(1468 年)戊子科浙江乡试第六名，成化十一年(1475 年)乙未科会试第二十五名，殿试二甲第二十五名进士。授邳州知州。成化二十年(1484 年)以才调任通州知州，九载升南京刑部郎中。丁艰归。后擢知长沙府，以刚直忤吉藩，迁高州知府，致仕。郑重性端严，多问学，知识深远，居官廉洁有惠政。所至民立祠祀之，在通州政声尤著。

郑卿，字君辅、汝侨，号干山，初名维宁，字安之，郑重曾孙，善一房十世。嘉靖三十四年(1555 年)乙卯科浙江乡试第一名解元。嘉靖三十五年(1556 年)丙辰会试第一百六十五名，殿试二甲第五十六名进士，观政兵部。以性亢直，时严嵩(1480—1567 年)柄国，其子严世蕃(1513—1565 年)慕卿才名，欲招致门下，郑卿不肯往，不能媚权贵。忤同邑学士袁炜，不得授职，称病归，后疾卒。

郑梁，字禹梅，初号香眉，继号淡简，又号寒村，善六房十三世。清康熙八年(1669 年)己酉科浙江乡试第五十二名，康熙二十七年(1688 年)戊辰科会试第八名，殿试三甲第五十六名进士，选翰林院庶吉士，后因病乞假归省。三十年(1691 年)二月，授户部湖广清吏司主事。三十一年(1692 年)，升本司员外郎。三十二年(1693 年)正月，升刑部山西司郎中。三十三年(1694 年)，充会试同考官。三十四年(1695 年)六月，出知广东高州。三十七年(1698 年)，丁父艰，后因右身半瘫致仕。

郑羽逵，字瀛洲，号雪崖，明高州知府郑重八世孙，善六房十四世。清康熙四十七年(1708 年)戊子科顺天府乡试举人。工算学，得西洋之秘传，尝谓三角八线之法，精于勾股，可以测平圆，而不能尽平圆之变，三角八线则尽乎变矣。康熙四十八年(1709 年)己丑殿试三甲第四名士。《周易折中》编纂总裁李光地(1642—1718

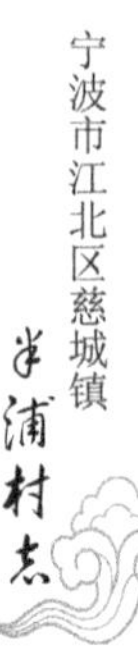

年)策问勾股,得其卷遂成进士,官四川安县知县。归,迁居杭州,掌教敷文书院,与梁溪父、周穆门、吴绣谷以诗歌相赠。

郑锡文,初名镇,又名缳,号子封,善六房十七世,广东连州知州郑云龙第六子。道光八年(1828年)戊子科顺天府乡试第一百四十二名。道光十二年(1832年)壬辰恩科会试第一百二十一名会试,殿试二甲第二十九名进士。朝考入选,授户部云南司主事,升本部山东司员外、广东司郎中,钦差监督宝泉局事务,出任河南归德府知府,未到任,上官奏留督办军需,积劳成疾卒于汴梁。

郑缤,谱名藻思,榜名缤,字实甫,号铁君,善六房十九世。曾祖嘉堂、祖尔侨。父敏功,号廉水,附贡生。清同治六年(1867年)丁卯补行甲子科举人,光绪三年(1877年)丁丑科殿试三甲第一百八十八名进士。部选知县、内阁中书,同知衔加一级,诰封朝议大夫。

以上这7位族人考中进士之后,纷纷接旨北上受封。其中,郑岑官至山东右参政,郑重、郑梁两人出任过广东高州知府,郑羽逵任四川安县知县,郑锡文任贵州司员外郎、河南归德府知府,以上5人为地方官员。职位最高的是郑岑,为从三品;郑重、郑梁、郑锡文三位,为正四品;郑羽逵是知县,为正七品。而郑卿和郑缤两人则留在京城,前者郑卿观政兵部,但因几次触犯权贵,不得重用,郁郁而终,在未正式授官前而卒。后者郑缤考中进士时已年近四十,在吏部等待授知县期间,任内阁中书。不久亦因病去世,朝廷追封他同知衔加一级,诰封朝议大夫。

郑氏举人中举时间纵贯明清400多年,最早出现于明景泰元年(1450年),最晚出现于清光绪十四年(1888年)。

从举人来源看,复训堂依旧是主力,其中善一房和善六房仍居大头,占总量的64%。此外,佑启堂也有5人考中举人,且都在清中晚期,这与佑启堂发迹状况相吻合。从年龄上看,郑氏中举的学子,除郑福椿外,多在20—30岁中举,正值年轻力壮时期,有精力也有时间入仕。除去最后中进士者,其余举人的事迹简介如下:

郑钟,字廷用,德馨第三子,善一房六世,天顺年间举人,礼部覆试才德俱优,授梧州府经历,寻升宁阳知县。丁内艰,终制,改知直隶献县致仕,民立生祠祀之。

郑韬,字仁卿,希哲曾孙,善五房六世。由生员登成化元年(1465年)举人,授上杭训导,升宁德知县。

郑铉,字廷器,号玉泉,孔昭第二子,善六房六世。成化七年(1471年)辛卯科举人,后拣选授寿宁县知县。丁外艰。服除,补丰城县知县。

郑满,字廷美,又字守谦,号勉斋,善六房六世。弘治五年(1492年)浙江乡试(举人),授临清州学正,造士多所成就。秩满迁道州知州,招流民兴水利,革兵胥诘捕之扰。内艰归里,再补濮州知州。值刘六、刘七等剽掠山东郡县,满缮城固守,躬冒矢石御之，民赖以安。正德初致仕。生平以明道为己任，力辟浮屠、老子之说。为政务敦教化，在道州复濂溪书院，梓其遗文。在濮州条示文公家礼，为四民式。所至立乡塾，择子弟之秀者兴于学，籍寺观租为养赡费。

郑润，半浦郑氏，非复训堂支系。嘉靖四年(1525 年)举人，官凤阳府同知。

郑尚经，字宗道，号南江，郑淡长子，善一房九世。嘉靖四年(1525 年)中云贵举人第二名，任益阳县尹，迁澧州守，升梧州府同知，转荣王府长史。

郑明佐，字魁硕，渭之弟治之孙，善六房九世。万历三十四年(1606 年)举人。

郑来聘，字白原，号可任，又号太衡，云衢长子，善五房十二世，希哲九世孙，云衢子。万历十九年(1591 年)辛卯科举人。

郑际良，字初民，号少梅，佑启堂人。嘉庆二十一年(1816 年)丙子科举人。

郑芬，字芸书，佑启堂人。廪贡生，杭州府训导。道光二年(1822 年)举人，军功议叙同知衔。

郑铦，又名重，字屺瞻，号惺斋，连州守云龙第五子，善六房十七世。道光十一年(1831 年)顺天乡试举人，选直隶怀安县教谕。

郑一夔，字足人，佑启堂人，芬从弟。道光十一年(1831 年)举人，大挑二等，官丽水教谕。

郑溥，字仲亨，号田孙，又号恬生，广西宾州牧镕长子，善六房十八世。道光二十年(1840 年)顺天乡试举人。由拣选知县考取教习，补充宗学右翼汉教习，俸满引见以知县用，分发山东，历署东昌府莘县、泰安府新泰县、莱州府掖县、济南府济阳县、兖州府滋阳县、藤县事，调补兖州府汶上县知县。后充山东乡试同考官，以剿捻肃清防河守城案内，保荐以同知直隶州知州用。赏戴花翎，保奏俟候补同知直隶州后，以知府用，加捐运同衔，随带加三级，以母老年逾八旬，乞归终养。诰授朝议大夫，晋封资政大夫。

郑沅，号养泉，广西宾州牧镕次子，善六房十八世。由大兴县学廪生，中咸丰元年(1851 年)辛亥恩科顺天乡试举人，拣发安徽试用知县，升任泗州直隶州知州，因剿匪阵亡，奉旨照知府例赐邮，赠太仆寺卿，国史馆列传，崇祀京都昭忠祠，并贤良祠，准于泗州地方建立专祠。

郑绚，字梦周，号采臣，善六房十九世，曾祖嘉堂、祖尔侨，父敏功，号廉水。邑增生，咸丰八年(1858 年)戊午科举人。即选训导，国子监学正加五品衔。诰授奉政大夫。

郑世璜，字渭臣，佑启堂人，灌东郑氏二十六世后裔，光绪五年(1879 年)己卯科举人。初授江西宜黄知县，后为从二品的江苏补用道。

郑福椿，善六房十八世。恩贡生，直隶州州判，改授教谕。光绪十一年(1885

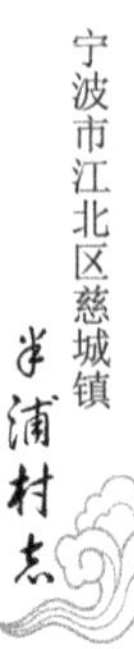

年)举人拣选知县。

郑佐霖,字景甫,显煜子,佑启堂人。光绪十四年(1888年)戊子科举人,官安徽青阳知县。

在这18位举人之中,除郑明佐、郑来聘、郑际良3位官衔不详,郑芬为从八品的杭州府训导,郑铦、郑一夔为正八品怀安县和丽水县的教谕,其他几位都受上重用,最后荣膺正七品知县以上的官衔。其中,郑钟、郑锱、郑铉、郑世璜、郑福椿、郑佐霖六人任正七品的知县,郑润任从六品的府同知,郑绚诰封正五品的散阶奉政大夫,郑满、郑溥、郑沅任从五品的知州,郑尚经任正三品的荣王府长史,而官衔最高的是郑世璜,后任从二品的江苏补用道,官衔超过了半浦郑氏进士中的任何一位。

此外,考中贡生的人数也很多。贡生制度由明太祖首创,并为之后历代统治者所沿用。贡生有岁贡、恩贡、副贡、拔贡、优贡、例贡6种,它的设置是明清科举中的重要举措,旨在解决地方上乡试落榜者的入仕问题。虽然明中期以后贡生的地位远不及进士、举人,但一样被视为科举正途。郑启、郑溱、郑性、郑锦堂、郑养元、郑勋,他们皆是好学有才之士,或因中乡试副榜,入国子监学习,成为名义上的"副贡生",如郑启、郑溱;或资历长久,为朝廷所需,入国子监,如郑德馨、郑尚文;也有纳招而成的贡生,即"增贡"和"附贡",如郑养元、郑锦堂。下文略作简介:

郑光弼,字右君,号南儿。铁曾孙,尚善之子,善一房十世。万历四十六年(1618年)由廪生岁贡,授余杭县训导,升安吉州学正,升广西太平府教授。祀慈湖书院。

郑启,字荣期,号伯蕃。郑梁之祖父,六房十一世。崇祯三年(1630年)乡试副榜(副贡生)。明亡后,绝意科举,课童力耕。诰封中顺大夫。

郑溱,字平之,号兰皋,晚号秦川。濮州知州满七世孙,善六房十二世。崇祯十二年(1639年)副贡生。鲁王监国授按察使副使,诰赠中宪大夫。著有《书带草堂诗文集》。

郑性,字义门,号南溪,晚号五岳游人。高州知府郑梁子,善六房十四世。康熙五十九年(1720年)岁贡生候选训导,著有《南溪诗文偶刊》。

郑辰,初名宸,字箴衣,号三云,又号芰云,中节之六子,六房十六世。乾隆四十二年(1777年)拔贡,由四库馆校录官,议叙布政司理问,分发江苏,历署苏、松、常通判,借补徐州府经历、扬州府同知。后以目疾归里。著有《句章摭逸》《使粤草》《郑氏一家言》《十二古铜钩斋诗集》《勾章土物志》《勾章诗话》等。辰与江政布政使袁牧(1716—1797年)友善。

郑勋,字书常,号简香,又号烟霞杖者,善六房十七世。廪贡生。嘉庆元年(1796年)征举孝廉方正给予六品衔。曾主持镇海蛟川书院。他生下七日,其父郑竺就逝世了。稍长，母亲就授以先世遗著。壮年从学于鄞县蒋学镛，学《毛诗》《春秋》，从师说追溯到家学，得梨洲、蕺山之正传。著有《二砚窝诗文集》《郑氏献征录》《梨洲年谱校补简香日录》《二砚窝读书随笔》。

郑镕，字中冶，号小恬，又号篆江，善六房十七世，云龙次子。顺天郡庠生、附贡生，授刑部奉天司主事，保送仓差，补兴平仓监督，调补大运西仓监督差满，引见以直隶州知州用，选授广西宾州知州。诰授奉直大夫，以子溥，晋赠资政大夫、运同衔四级。

郑缤，字藻思，号实甫，又号铁君，善六房十九世，曾祖嘉堂、祖尔侨，父敏功，号廉水。附贡生，同治六年(1867 年)甲子科举人，光绪三年(1877 年)丁丑科进士，部选知县、内阁中书同知衔加一级，诰封朝议大夫。

据半浦郑氏复训堂现存宗谱来看，明清以来共有 34 位家眷以敕、诰命形式荣膺封赏。明朝有郑子璋、郑拱廷、郑德馨、郑满、郑重、郑尚经，清朝有郑梁、郑桔、郑愉、郑瑾、郑佳、郑起龙、郑锡爵、郑嘉堂、郑耕堂、郑玉堂、郑肃安、郑楚堂、郑尔侨、郑尔虔、郑尔刚、郑敏功、郑养元、郑寅、郑丙、郑焘、郑璐、郑植、郑濂、郑缤、郑士彦、郑敏勤、郑彭龄、郑奎龄等。有的因本人或子孙的功绩，得到朝廷的诰封，有的连祖父母、父母亲、配偶、兄弟及儿孙皆受封赏。即便儿孙资质平庸，亦能破格入庠序受教。

三、学术贡献

复训堂自六房十二世郑溱至六房二十世郑鸿元，代代有诗文书画传世。《慈溪县志》中记载，慈溪郑氏留有诗文传世的，明朝 8 人，清朝 22 人，共计 30 人，其中半浦郑氏占 29 人。伴随着科举兴盛，郑氏族人的诗文作品纷至沓来。在诸多族人中，数郑溱、郑梁、郑辰、郑勋 4 人作品最多，郑梁、郑性是浙东学派文学代表人物。自明中期到清中叶，郑氏家族学术最为繁荣。

郑溱在经学方面成就较高。自郑溱而下，半浦郑氏世以文章显名，代有传人。郑溱有二子，次子郑渠早卒；长子郑梁，从学黄宗羲，官至高州知府。郑梁之子郑性，为“四明四友”之一，遵父命建二老阁藏黄宗羲等人著作。郑性有二子：郑大节和郑中节。兄弟俩与父亲致力校刊黄宗羲著作，刻有《明夷待访录》《明儒学案》等，世称二老阁本，誉满天下。郑中节有子 10 人，三子郑竺，著有《溪上旧闻》等。郑竺之子郑勋，曾建“二老堂”纪念高祖郑梁与朱彝尊之道德文章。后辈郑观海，潜心经史，淡泊功名。

郑氏学术人才主要有郑满、郑之玉、郑启、郑溱、郑梁、郑性、郑大节、郑中节、郑竺、郑辰、郑甲、郑浩、郑勋、郑乔迁、郑元祁、郑观法、郑尔毅、郑邦彦、郑福森、郑彭龄、郑鸿元、郑养元等。

郑光弼，晚年归隐不仕后，效仿老师颜鲸，招收弟子传授生平所学，以《先圣大训》为纲。《先圣大训》最初为南宋心学大师杨简所撰，此书以孔子遗言为基础进行详细注解，针对后世诸儒依托孔子提出的种种假说，去伪存真，刊落琐屑。其中有错讹的文段，杨简均给予参订斟酌，最终此书成为保留儒家经典理论并传达杨氏自身心学思想的重要著作。然到了明中叶，因此书刊印时间已久，内容和初刻本已有不少出入，“是编刻毁久矣”。时万历四十三年(1615 年)，光弼为名师颜琼弟子，在阅读大量儒学经典基础上，有重订《先圣大训》之意，遂与友人松江人俞汝楫一起开展《先圣大训》的重订工作，最终在当年完成全书重刻，成为如今学术界通行的版本。

郑梁是清初郑氏家族的学术精英，一生著作颇多，擅长诗歌杂文，现存世作品中，数《寒村诗文选》作品集最为著名。从《同野论学要语序》《记南凡先生遗事》《万季野诗稿序》等文章中，可侧面看出郑梁部分学术思想。他还非常推崇老庄的“道法自然”思想，并将其与“学术之道”结合起来，认为古今之升降，世运之盛衰与阴阳之学有关，学术亦是如此。“君子所思，应不出其明乎？往来之故，顺其自然，而我无与焉。”郑梁常以先贤“远思”来激励自身学术创作，从其遗留下来的《存田说》《俭论》《芝源紫谷说》等具有议论性质的文章来看，视野上由远及近，结构上例论结合，规模气象举举可观，代表着学与思的深入实践与融合。“学子热衷功名，光听为师之说，未曾听闻圣贤之学。”这些观点一定程度上批判了当时授业功利化的行为，振聋发聩，但受众面小，不为传统世俗接受，故也未能流传开来，最终只见于郑梁自身的文集中。

有人说：“灌浦郑氏十代，代代有专集。”其历史长达 10 代 270 年。若只从郑启标到郑勋，其历史也长达 7 代 220 年。所以，郑氏是明清时期浙东文化世家之一。深厚的家族文化基础，能促进家族的团结，使族人形成积极、乐观和向上的生活态度，是整个家族心理上的依靠。

第二节 浙东文献世家

郑氏是浙东著名的文献世家。郑氏自郑溱以后，世以文章显，代有传人。自后二老阁藏书、刻书名满天下，郑氏一门延绵七八代。郑氏文献世家是指半浦复训堂郑氏第六房中以郑溱、郑梁、郑性为主要成员，以郑梁为代表的部分家族。

一、藏书楼

二老阁藏书楼是半浦村人郑性承其父郑梁遗志建立的，多藏梨洲黄氏文献，一度成为浙东的学术中心；书楼历时220多年，历史悠久，在浙东藏书史上是仅次于天一阁的藏书楼，在中国古代藏书楼史上也十分少见。

郑性的祖父郑溱与黄宗羲同学于刘宗周之门，又同为遗民，相契最深。据徐嵩《二老阁记》载："秦川府君之与梨洲幼相善、长相摩、老相契也。"明亡入清，其自此终生不复言仕，埋身江上，读书授徒以奉其亲，处之怡然，以著述自娱，五年不入城市。清代光绪《慈溪县志》卷三《郑溱本传》云，郑溱"弱冠游庠，研究六籍，于诸史百家之书，无不手披口诵，抄纂等身"。郑氏自郑溱以后，世以文章显，代有传集。

郑溱之子郑梁嗜书，藏书丰富，曾谋筑阁以贮存，后因父病故悲伤过度，临终前命子郑性筑二老阁，以祀宗羲和郑溱："秦川府君，吾身所自出也，而道则兼师也……梨洲先生，吾学所自出也，而情犹吾父也……吾死，汝其建一阁，立于先生主，梨洲居左，秦川府君居右，而吾则侍于其侧，岁时致祭惟谨。"

郑性是郑溱之孙、郑梁之子。郑梁卒后，郑性毕其父郑梁欲立家祠以祀南雷、祖父郑溱之志，于所居之东筑二老阁，二老阁其匾为邑人冯帝赉所书。其终生未仕，漫游四方，五岳历其四，独衡山未至，年八十将南行，未几而卒；有《仅真集》一卷、《南溪不文》一卷、《南溪梦》一卷、《南溪寐歌》一卷等。郑性"于南雷黄氏之学，表彰不遗余力"。渡曹娥江，抵四明，离鹳浦四五里之遥，即可望见崇檐杰阁，岿然峙立天际，乃二老阁是也。

他在《南雷文约》序中说："康熙癸巳，先生家火，遗书仅存五分之一。丁酉，悉归余。"康熙五十六年(1717年)，郑性把黄宗羲"续钞堂"残余图书用船载运到半浦渡口，并入藏于"西江书屋"。事后他深有感慨地咏诗以记其事："劫后残编四五千，辞黄归郑上江船……"之后，郑性耗时5年，整理黄氏残编，尚得3万卷。当时其建阁的初衷是纪念郑溱和黄宗羲两位老人，故以"二老阁"名之。楼上中间供奉黄宗羲、郑溱及郑梁的神主，左右两间贮藏黄氏遗书3万卷，楼下架空庋藏郑氏遗书2万余卷。由于全祖望所撰《二老阁藏书记》影响深远，又有规模可观的藏书5万余卷，故后人将二老阁视为藏书楼。

二老阁在中国学术史和藏书史上颇具地位。陈登原的《古今典籍聚散考》云："此阁藏书，在时间上则继余姚黄氏之绪；在空间，则与宁波范氏天一阁、卢氏抱经堂鼎足而立。"其价值一是掇拾黄氏续钞阁之残余。黄宗羲续钞阁喜藏书、抄书，于世学堂纽氏、淡生堂祁氏、千顷堂黄氏、绛云楼钱氏、天一阁范氏、传是楼徐氏等书，无不借而抄之。尤其是祁氏藏书散出时，精华尽归黄氏。这部分书的价值是极高的。二是使郑氏、黄氏两家"手泽在焉""薪火临焉"。黄宗羲是清初著名思想家、学者，郑溱系黄宗羲之友，郑梁系弟子。郑氏后人与两家文献，"虽残篇断简，其尚在所珍惜也"，"师传家学，倍有光矣"。清代曾有人写诗盛赞郑梁、郑性父子同黄宗羲的师生情谊和建阁贮书的盛事："藏书自比遗金富，师道原同祖德隆，二老额悬万光丈，南雷半浦并高风。"故"四方学者或访求南雷之学，不之黄氏而之鹳浦"。

全祖望又有诗论郑氏藏书云："浙东藏书家，首推天一阁。其后淡生堂，牙签最审榷。于今有鹳浦，善在精且博。我观古著录，诸家亦棼错。藏书不择书，糠秕混精凿。藏书不读书，庋置怜寂寞。读之或不善，丧志空作恶。南溪真书仓，万选钱在索。收拾南雷门，门墙幸有托。我生苦謏闻，渔猎猎荒落。何时得假馆，疑义相弹搏。"

从明末开始，在郑溱、郑梁、郑性等先人的努力下，书带草堂、二老阁、二砚窝等一批古藏书楼兴建起来，半浦成为浙东地区著名的文化中心，引来著名的浙东学派鼻祖——黄宗羲等人的驻学研究。

郑性去世后，藏书由他的长子郑大节管理。大节怕善本遭失，就把宋元珍椠及稀见的抄本抽出来藏于私室。后来这许多珍本再也没有回阁，此为二老阁藏书的第一次散失。

乾隆三十八年(1773 年)，清政府纂修《四库全书》，命各省进呈图书作为底本。当时二老阁就进呈了一批书。二老阁进呈书的目录见于嘉庆十三年(1808 年)编印的《天一阁书目》卷首，计 44 种。然而，据涵秋阁抄本《各省进呈书目》中《浙江省第五次郑大节呈送书目》载，当时二老阁进呈书有 82 种，《四库全书总目提要》称"郑大节家藏本"。后来这批"进呈书皆未领回"，此为二老阁藏书的第二次散失。

乾隆五十一年(1786 年)夏天，郑氏翰林第东厢房因烧饭不慎而失火，东面廊屋居室烧尽，唯二老阁未危及。然而当地恶少却趁火打劫，登二老阁，见有巨库以为货物，发现皆古书。盗者私语："吾闻郑氏藏书十余世矣，其中必有重值者。"遂争取而去，所存仅十之一二，且多残编断简，不堪收拾。此为二老阁藏书的第三次散失。

咸丰十一年(1861 年)，郑性的五世孙"奉直大夫"郑观海发起重修，使楼阁渐复旧观，但所藏书籍只有 1 万卷，且多虫蛀破烂，幸刻书的版子尚存。可是是年十一月，太平军攻占慈溪县后，兵士将二老阁进行了一番洗劫；后县里恶少趁半浦混乱之际，假借太平军名义，又窃去藏书一批，两次劫掠让郑氏经营多年的文化精品所剩无几，籍稿散落各地，藏书楼已剥落不堪。此事震动了整个浙东地区，不少文人纷纷出钱搜罗亡逸民间的书籍，数宁波月湖烟雨楼主徐时栋（1814—1873 年）访得甚多，其藏书最多时达到 10 万余卷，部分珍本得自慈溪郑氏二老阁。数年后，这批书籍由慈溪冯氏醉经阁收得。此为二老阁藏书的第四次散失。尤其在同治七年（1868 年），郑辰之孙郑元祁见家族衰落典籍毁于兵祸，心痛之余，当即雇人将为数不多的藏书经水路运到徐氏城西草堂，请求徐时栋替其收藏。经徐点校重辑题跋，《郑氏一家言》《二砚窝诗稿偶存》《使粤草》《勉斋先生遗稿》等一批珍贵古籍得以保存至今。其余零星书籍被天一阁、冯氏醉经阁等别处藏书楼搜录。不过，对于郑氏家族而言，兵祸导致二老阁彻底没落，郑氏后人再无力经营藏书事务，可见家族文化所遭受的灾难深重。郑元祁在《辛酉重修二老阁感赋》诗中有“藉藉人言嗟废兴，家乏藏镪被人侮。幸也祖泽尚未泯，竭蹶张罗撑门户”之句，表明已无力挽回文化世家日趋衰败的颓势。

二老阁藏书历经近 200 年，中经乾隆五十一年（1786 年）火厄。郑氏翰林第东厢火起，恶少趁火打劫，争取其书而去，所存仅十之一二，且多残编断简。后又经道光二十六年（1846 年）、咸丰三年（1853 年）两次火厄，所剩无几。郑房七世孙郑观海于咸丰十一年（1861 年）重修二老阁，渐复旧观，藏书仅余万卷及所刻书版片。其《辛酉重修二老阁感赋》云：“巍巍杰阁临江浒，数百年来蔽风雨。藏书万卷半虫蚀，遗集镂板尚不窳。上有先世木主存，祖孙三代相步武。岁岁春秋释奠诚，一瓣书香阅今古。崇朝盲风怪雨来，栋折欀崩难修补。此事原非独木支，创业当思绳厥祖。鸠工庀材几周章，子弟奔走力宜努。藉藉人言嗟废兴，家乏藏镪被人侮。幸也祖泽尚未泯，竭蹶张罗撑门户。虽无翚飞鸟革观，依旧规模拭目睹。岿然咸仰鲁灵光，万丈光芒中夜吐。”

到了民国三十二年（1943 年），二老阁摇摇欲坠，最后被其子孙郑志远、郑怀玉、郑荣祖彻底拆除变卖。历时近 300 年的古藏书楼便散为云烟了，郑氏文化世家从人们视野中淡出。

二、书斋

郑氏文化世家具有深厚的人文渊薮，或筑楼，或辟室，名之曰某某楼、阁、堂、斋、轩、室，用于藏书、吟咏、游息。据志书、宗谱等有关文献云，半浦郑氏自顺治至乾嘉盛世，建有野云居、二老阁、半生亭、石叟居、丈七间、清芬阁、笺经阁、易安斋、温玉山房、二砚窝等处，以藏书为主，兼及字画器物。书斋列举如下：

书带草堂　其位于半浦大屋东侧，坐东朝西，六房十一世郑启建于明崇祯二年

(1629年)至十五年(1642年),三间楼房。鄞云贵总兵、郑启之岳父施翰题额。郑启子郑溱撰有《书带草堂记》:"自丙戌(1646年)以来,世代鼎革,始决计幽处其中,课种二十亩以为养,不足则设塾代耕。"自明亡清兴后,书带草堂系郑启、郑溱父子设塾课读之所,虽穷愁困厄,亦有躬享草堂之乐。郑溱著有《书带草堂诗文选》。书带草堂于20世纪50年代被拆除。

半生亭 其位于半浦大屋东侧的二老阁、池沼之北,六房十三世郑梁于清康熙十四年(1675年)三月十三建,四面栽花竹,以为游咏之所。郑梁中风右瘫后,从广东高州知府任上致仕回乡。改名风,号半人,于所居东建亭,以左手书额"半生"。半生者,"余(郑梁)死幸得生,而右体不仁,所生者仅半耳","况此亭既在半浦,相羊吟咏,一老生其中,则半生之名亦可不废。"(黄宗羲子黄百家:《半生亭记》)半生亭于20世纪50年代被拆除。

石叟居 其为郑梁病后主志书吟咏之所。郑梁右瘫后,从粤归家途中,购得人形奇石一座,因葺所居之东轩置之,并左笔"石叟"匾额。郑梁撰有《石叟居记》,证实其右瘫不是发生于其父郑溱去世后的治丧期间,而是发生在广东高州知府任上。"己卯三月十三日,寒村子(郑梁)死二十日而醒,越百余日而仅能起床,不得已乃就粤归。"石头竟比人还有情,自郑梁右瘫后,不少人不与之往来,而石叟始终"默然危坐,跬步不离"。

大椿堂 其系郑梁读书娱老之所,后归复训堂郑氏宗祠。康熙四十五年(1706年)郑梁子郑性建,郑梁以左笔题额,慈溪裘市传胪裘琏(1644—1729年)有记。《光绪志·居址》载:"县南十五里半浦,郑性于所居之北建大椿堂。"裘琏于康熙四十六年(1707年)环视大椿堂四周,有大椿"高高然出于众木者",量其围抱,约与郑梁之年相埒,所作《大椿堂记》:"大椿堂者,郑子义门建,奉其尊人太史寒邨先生起居游息之所也。"

二老阁 其位于书带草堂东南,六房十四世郑性(1666—1743年)建,雍正元年(1723年)落成,王崇炳为记,其匾为邑人冯帝赉所书。阁内藏书5万卷,系清朝时期浙东著名藏书楼之一。郑性与其曾孙郑勋,整理刊谬刻印黄宗羲的学术著作不遗余力,人称二老阁本。二老阁于1943年被拆除,阁之北的池沼至今尚在。藏书楼的拆除,象征着慈溪郑氏文化世家从此逐渐从人们视野中淡出、消失。

一隅阁 其位于半浦大屋西侧,大椿堂之左,系郑性晚年读书游息之所。郑性"游五岳归,筑阁以望祝融、天姥之云"。鄞县全祖望的《一隅阁》诗云:"南溪(郑性)志游仙,五岳造其四。归来厌华堂,一隅成小憩。遥望五岳云,茫茫生遐跂。"该诗反映郑性筑阁以望祝融、天姥之情境。至今一幢坐北朝南的小楼阁尚在,惜已门窗全无,只剩一屋架。

西江书屋 其为郑性的又一书斋，位于灌江之西段，是半浦大屋的西厢房。鄞县全祖望赋《南溪家园》诗七首之一《西江书屋》云："浙东藏书家，首推天一阁。于今有鹳浦，善在精且博。收拾南雷书，门墙幸有托。"该诗反映了郑性去余姚黄竹浦的黄宗羲续钞堂，理出经水火灾后的剩书 3 万卷，收藏在半浦二老阁藏书楼的史实，以及郑性在收藏整理校核刻印黄宗羲学术著作中的贡献。

野云居 其位于半生亭之北，郑性孙、六房十六世郑竺（1738—1762 年）之读书室也。郑竺著有《野云居诗文稿》。后郑竺子郑勋请时任浙江巡抚阮元撰《野云居（诗文）稿序》，序云"慈溪鹳浦郑氏为浙东文献世家，自遗献秦川（郑溱）观察以来代有专集"，感叹郑竺"使更假以岁年，其精诣正未可量"，只能有待于郑勋"之绳其绪而昌大之也"。

二老堂 其位于二老阁东，郑竺子六房十七世郑勋（1762—1826 年）建，以纪念其高祖父郑梁与秀水（今嘉兴）朱彝尊的交谊。仪征阮元题额，鄞邑袁钧为记。堂壁挂《二老重逢图》，绘述郑梁自广东高州归，遇秀水朱彝尊于武林（杭州），朱以诗赠郑的情景。郑勋建了二老堂之后，为周边的士大夫提供了一个读书休闲的良好去处。半浦，一个有百人的小村，在当时竟成了周边士人的一个读书休闲中心。

郑勋继郑性之后，收集失藏，再次刻书，有《明夷待访录》《思旧录》《南雷文约》《勉斋先生遗稿》《雪窦唱和诗》《初夏唱和》《江亭唱和》《寒村举业偶存》《寒村七十祝辞》《守高存言（郑巢官至广东高州知府）》《野云居诗稿》《野云居文稿》《雪桥居士遗稿》《四明四友诗》等。郑勋建二老堂后，士大夫过半浦必登之，他们考论藏书，徘徊遗泽，觞咏流连，尽欢而去。时人称郑性、李暾、万承勋、谢绪章为"四明四友"。

二砚窝 其位于二老堂之右。郑梁性喜聚砚，至郑勋时仅存二。郑勋建二砚窝，为其藏书读书之所。钱塘梁山舟学士题额，蒋学镛孝廉有记。郑勋著有《二砚窝诗存》，其在《二砚窝书目记》中云："余家自先濮州公（六世郑满）以文章显，至宪副公（十二世郑溱）积藏书二万卷。"

有怀轩 其位于野云居西，郑勋暮年筑。郑勋子、六房十八世郑元祁著有《有怀轩诗文集》。郑元祁在《辛酉重修二老阁感赋》诗中有"藉藉人言嗟废兴，家乏藏镪被人侮。幸也祖法尚未泯，竭蹶张罗撑门户"之句，反映了半浦郑氏文化世家的兴衰与世态炎凉。

文化世家其他成员的书斋有：六房十六世郑辰（1747—1808 年）之十二古铜钩斋，郑辰著有《十二古铜钩斋诗集》；六房十七世郑尔毅之清芬阁，郑尔毅著有《清芬阁诗钞》；六房十八世郑乔迁（1789—1852 年）之藏密庐，郑乔迁著有《藏密庐文稿》；等等。

在清朝数百年内，单是半浦郑氏就有众多的书斋，可见当时半浦村的文化之昌盛。

三、藏书刻书

半浦望族郑溱和黄宗羲交情甚厚，两个人都喜欢藏书，二老阁建设肇始于郑溱。自后二老阁藏书、刻书名满天下，郑氏一门延绵七八代，为文献世家。

据史料记载，黄氏藏书至少有6万卷。黄氏去世后，因经多次天灾人祸，当郑性至黄氏续钞堂藏书室整理其残留书籍时，尚留得三万卷，真应了黄氏生前所说的“尝叹读书难，藏书尤难，藏之久而不散，则难之难矣”。郑性将黄氏藏书用船从余姚南雷运到半浦，与郑氏三代人（郑溱、郑梁、郑性）的2万卷藏书“合璧”，使二老阁藏书达5万卷。在《人名辞典》郑梁条目中说的“家富藏书，与天一阁相埒（即相等）”这句话放在郑性条目中才准确。郑性收藏整理黄氏余存藏书和著作，使四方学者访求黄氏之说，不去竹浦而去半浦，半浦二老阁成了当时研究黄氏学说的一个中心。

郑梁性好藏书，“家中藏书甚富，与范氏天一阁相埒”，家有石叟室、丈七间、半生亭，为藏书、读书之室。郑梁出黄宗羲之门，又其父溱与宗羲为至交，乃于康熙十七年(1678年)，谋刻黄宗羲之文，曰《南雷文案》二十卷，包括《文案》十卷、《吾悔集》四卷、《撰杖集》一卷、《子刘子行状》二卷、《南雷诗历》三卷。诗文学问大进，诗以《晓行诗》得名，文类归有光。郑梁于康熙二十七年(1688年)中进士。康熙三十三年(1694年)充文武会试同考官，所拔多佳士。著作有《勉斋家传》一卷，《郑氏人物传》一卷，《香眉焚余集》(附年谱)，《五丁集》诗五卷文二卷，《寒村杂录》一卷，《读书杂记》《息尚编诗文》四卷，《半生亭诗文集》一卷补二卷，等等。康熙四十五年(1706年)秋，郑梁又治其西圃为室二十楹，颜曰“大椿堂”，裘琏为撰《大椿堂记》。

关于二老阁藏书，郑性之友全祖望言之甚详。其所撰《二老阁藏书记》云：“太冲先生最喜收书，其搜罗大江以南诸家殆遍。所得最多者，前则淡生堂祁氏，后则传是楼徐氏，然未及编次为目也，垂老遭大水，卷轴尽坏。身后一火，失去大半。吾友郑丈南溪理而出之，其散乱者复整，其破损者复完，尚可得三万卷。而如薛居正《五代史》，乃天壤间罕遇者，已失去，可惜也。郑氏自平之先生（指郑溱）以来，家藏亦及其半。南溪乃于所居之旁，筑二老阁以贮之。”《五岳游人穿中柱文》云：“先生于黄氏之学，表章不遗余力。南雷一水一火之后，卷籍散乱佚失，乃理而出之。故城贾氏颠倒《明儒学案》之次第，正其误而重刊之。先是，尊府君高州（指郑梁）欲立祠于家，以祀南雷而不果。先生成其志，筑二老阁于所居东，以祀南雷及王父秦川观察（指郑溱）。春秋仲丁，祭以少牢，黄氏诸孙及同社子弟皆邀之与祭，使知香火之未坠也。”“四方学者或访求南雷之学，不之黄氏而之鹳浦，即黄氏诸孙访求簿录，亦反以先生为大宗。”

郑中节谨守二老阁藏书。余集撰《墓志铭》曰：“家故多藏书，辄杂览经史以及五行九数青鸟之学，靡不浏览。”“百年以来，南雷之书洊遭水火，甬上遗老亦零落殆尽矣。而君家遗籍独完好如故，流风余韵，仿佛犹能道之。”“君既归，讫无所成就，念先人之清芬，延令诸于将坠，皇然有守先待后之志。于是发所藏箧，勤加雠比，篇帙坏舛者辑褫刊正之。与天台齐宗伯召南、仁和杭太史世骏、同郡全太史祖望为友，有疑义辄就裁审。”“每朔望率诸子焚香拜阁下，春秋丁日，束牲以祭，诚敬如游人(按：其父郑性号五岳游人)在时。”

直至清中叶，这些藏书楼尽管屡遭火厄和偷盗，但还是最大程度上保存了文化精华。而且在世人有需要时，郑氏会将稀有藏书复刻。例如，南宋理学家杨简《石鱼偶记》，清初思想家黄宗羲的《明儒学案》《明夷待访录》《南雷文约》就有“二老阁刻本”流通于世。

郑竺，郑溱之五世孙、梁之曾孙、性之孙、中节之三子。少颖异，读书目数行下，酷好诗古文辞，与顾榈、桂廷为诗会，唱和无虚日。客武林，杭世骏、金农、鲍廷博诸名宿并器重之，见者莫不倾慕。父中节以任气，中飞语。竺奔走营救，事定，遂咳血而卒，年仅二十有五。家有二老阁藏书甚富。晚桥自幼耳濡目染，迥非凡近。又所居饶园池之胜，名花奇石，位置楚楚，时招友朋觞吟其中。所储书法名画之处为野云居。

二老阁藏书楼历史悠久，但藏书代有散佚。从先祖郑溱到郑观海之间，郑氏七八代人的艰辛努力就此终结，郑氏再无“藏书世家”之盛名，也不再有文化大家前来造访切磋。自同治初年(1862 年)至清朝末年(1912 年)这 50 年间，二老阁藏书没有受到大的变动，但是管理制度渐渐松弛，书楼又陈旧破漏。民国初年，由郑性七世孙公议，将所存藏书和书板卖给上海书贾，为沈氏抱经楼所得，后大多归北京图书馆。郑氏先人手稿卖归杨泰亨。其他剩余的残破书籍陆续论斤估值卖给镇海人倪椿如(倪氏住在宁波江北岸扬善路，20 世纪四五十年代书籍尽毁于火)。藏书印为马隅卿所得。至此，二老阁的藏书便散失殆尽。

谢振定的《赠郑简香征君序》云：“寒村先生之曾孙简香，以孝廉方正就征到省垣，访余于南屏。余亟问所谓二老阁者，故无恙，而其所藏书，半轶于四库采辑写本还真之日，后又不戒于火，虽有，存焉者仅矣。”

倪大成的《登二老阁诗》云：“藏书自比遗金富，师道原同祖德隆。二老额悬光万丈，南雷鹳浦并高风。”

郑氏一门不仅藏书，而且刻书，其着力校勘刻印黄宗羲著作，前后近 155 年，刻书有 10 种，人称二老阁刻本。黄宗羲所撰的《留书》据说是《明夷待访录》的姊妹篇，对于研究黄氏学说是一本极其重要的著作。《留书》手抄本先由半浦二老阁散失到宁波伏跗室，再散失到天一阁。该书的失而复得，轰动了当时研究黄氏学说的学术界。其雕版刻书长达155年，历经6代，薪火相传不绝，所刻之书均署有郑氏及“二老阁藏版”等字样，并促成黄宗羲巨著《明夷待访录》《明儒学案》《宋元学案》的付梓。四方学者纷至沓来，访求南雷黄氏之学，不之余姚而之半浦，一时间使半浦村成为浙东学术重镇。全祖望慕名拜访二老阁，对郑氏一门传承、弘扬南雷黄氏之学赞赏有加，撰《二老阁藏书记》以记之。

康熙年间(1662—1722年)郑梁刊刻过《南雷文案》二十卷，《四明四友诗》六种六卷，《寒村杂录》《寒村诗文选》十八种三十六卷，《寒村安庸集》二卷，《见黄稿》二卷，《寒村全集》四十一卷，《乐典》三十六卷。

郑性亦喜刻书，每晨起，正衣冠，率诸子焚香拜于其前。这一仪式几十年如一日地在二老阁上演，甚至记入了当时的县志。乾隆年间(1736—1795年)其刊刻过《明儒学案》六十二卷、《师说》一卷、《南雷文约》四卷、《南溪偶刊》四卷、《寒村集》三十六卷。乾隆四年(1739年)其刊刻的黄宗羲的《明儒学案》共有62卷，是一部完备的明代学术思想史著作。“故城贾氏颠倒《明儒学案》之次第，(郑性)正其误而重刊之。”次年其又刻《南溪梦》一卷、《南溪寤歌》一卷、《南溪不文》一卷、《仅真集》一卷，这4种书总称《南溪偶刊》。他在《南溪偶刊》自题中说：“去年为梨洲黄子刊《明儒学案》毕，梓人请曰：‘我辈在此无事，愿刻所著以糊口。’因从之，检拾其十之五六而刊之。”其他如姜宸英的《湛园未定稿》、潘平格的《潘子求仁录辑要》、黄宗羲的《明儒学案》、郑梁的《寒村集》，可知当时刻书的一般情况。

嘉庆年间(1796—1820年)，郑性的曾孙郑勋再次兴起刻书，所刻有黄宗羲的著作和郑氏家著等，对于保存和传播浙东学术文化起了重要作用。郑勋堪称清中晚期半浦郑氏的脊梁，当时的郑氏家族已开始走向衰落。郑勋为溱之六世孙、梁之五世孙、性之曾孙、中节之孙、竺之子，从蒋学镛受《毛诗》《春秋》，得浙东学派之嫡传。受先辈及二老阁仪式之影响，郑性的曾孙郑勋建“二老堂”，为追祀郑梁及朱彝尊而设专堂，以示太公郑梁与朱彝尊的交谊深厚。当时浙江巡抚阮元题匾额“二老堂”并和诗，秦瀛书楹联，袁钧撰《二老堂记》，郑勋绘《二老重逢图》，一时称盛。郑勋极爱藏书和刻书，自然不少朋友也有这方面的嗜好，有些还是官高权重的，与郑勋一直保持着较为单纯的文人间相互切磋的关系。其得朱彝尊赠其高祖郑梁诗手稿，遍征题咏，阮元、谢启昆等38人为之题诗。郑氏10世皆有专集，勋护惜梓行传世。

郑勋在嘉庆五年(1800年)刻印先祖秦川府君遗作《书带草堂集》，请时任浙江巡抚阮元写序。其云：“是编者率多未餍之思，然君家世泽积厚，其流必长。君之诣，止于是者，非天靳之也。盖将待勋之绳其绪而昌大之也，勋其勉乎哉。”不久郑勋刻印先父《野云居(诗文)稿序》时，又请阮元作序。阮元对郑氏家族大大地褒扬了一番，认为慈溪鹳浦郑氏为浙东文献世家，自遗献秦川（郑溱）以来，代代都有惊人之作。郑勋一生刊刻图书颇多，曾刻印黄宗羲的《南雷文约》四卷、《明儒学案》六十二卷，曾祖著的《南溪偶刊》、父著的《寒村集》三十六卷。其还继续刊黄宗羲未刊之稿，如《黄梨州先生明夷待访录》一卷、《黄梨州先生思旧录》一卷、《黄梨州先生南雷文约》四卷，以及刊郑氏一门著述，如郑梁的《勉斋先生遗稿》三卷、《寒村举业偶存》一卷、《寒村七十祝辞》一卷、《守高存言》一卷、《勉斋家传》一卷等。另有潘平格的《潘子求仁录辑要》十卷、杨简的《石鱼偶记》一卷、冯元仲的《天益山堂遗集》等。所刻有黄宗羲的著作和郑氏家著等，对于保存和传播浙东学术文化起了重要作用。

其他如郑竺的《野云居诗稿》二卷、《野云居文稿》一卷附录一卷等；郑甲的《雷桥居士遗稿》一卷；又有《雪窦唱和记》一卷、《雪窦唱和诗》一卷、《初夏唱和诗》一卷、《江亭唱和》一卷等。此外，还刻有李东门的《四明四友诗》四卷等。

郑氏一门刻书前后七八代，历 140 余年，主要内容一是黄宗羲文献，一是郑氏一门著述。现在这些刻本藏于南京图书馆、天一阁、浙江图书馆。在世人有需要时，郑氏还将稀有藏书复刻。例如，南宋理学家杨简的《石鱼偶记》，清初思想家黄宗羲的《明儒学案》《明夷待访录》《南雷文约》就有“二老阁刻本”流通于世。及至清代修《四库全书》时，郑氏进献图书，收目甚多。乾隆三十八年（1773 年），清政府纂修《四库全书》，命各省进呈图书作为底本。当时二老阁就进呈了一批书。郑大节进献图书 121 种，收目 95 种。二老阁进呈书的目录见于嘉庆十三年（1808 年）编印的《天一阁书目》卷首，计 44 种。光绪十年（1884 年）重编《天一阁见存书目》时，编者据《四库全书总目提要》及《浙江书录》，增补为 65 种，其中《四库全书》收录的有 12 种，存目者 26 种。

半浦二老阁是清朝浙东藏书楼之一，其藏书之丰富，曾“与天一阁比肩”。郑氏学人既是藏书家，又有诗文学术专集。天一阁藏书，在范钦去世时有 7 万余卷，至 1949 年仅剩 13 000 余卷，天一阁现是全国文物保护单位。朱氏曝书亭，其 8 万卷藏书散失殆尽，现为省级文物保护单位。现余姚梨洲文献馆可以看作是黄氏续钞堂藏书室的延续与发展。唯独半浦郑氏二老阁只剩下一个遗址，20 世纪 40 年代，其内还有一般宅院少见的一泓池沼，似乎是在诉说昔日二老阁的辉煌。

第三节 家族特征

隋唐开始，国家在儒生中推行科举取士，通过层层考试选拔官员。这一制度一直沿袭到晚清，长达千余年之久。农村多以儒家学说作为行为总则，并通过士大夫阶层，与村宗法经济相结合，成为农村宗族管理的理论依据。半浦郑氏家族体现出来的慈溪世家文化特色，杨亭亭在《梨洲弟子郑梁及其文学研究》中概括为如下4个方面。

一、崇科名

科举文化往往是世家文化中最为基础、最具吸引力的部分，“学”与“仕”的相合，一方面满足了家族士人对于个人声名的追求，完成了家族对于士人个体的责任要求，另一方面亦满足了有文化素养之求的文士对于知识学问的追求。

明朝建立初期，因刚推翻了元朝，朝廷需要大量各级人才，以充实各级政府机构，故下令广开科举，行教化之道，让天下郡县并建学校以作养士。同时征召被埋没在地方上的人才，以缓解地方上官员青黄不接的境况。郑氏家族虽刚发族，却已有族人郑子朝(1378—1445年)，善二房四世，永乐三年(1405年)诏举贤良方正，授江西丰城知县。郑子伏，善六房四世，永乐三年(1405年)举贤良方正，授江西王府典仪。郑子弼(1383—1444年)，善六房四世，三举贤良方正不赴。前二位堂兄弟被征诏，后一位被征诏后未出山，但他们开创了半浦郑氏科举的先河。当时整个郑氏家族的人口不足20人，3人被征诏后，使郑氏在地方上迅速“人文蔚起”，此后逐渐开始在考场上崭露头角，陆续有族人出仕。

据光绪《慈溪县志》记载，郑氏从五世中顺大夫郑启起就捷报频传：郑重，成化十一年(1475年)进士、长沙知府；郑卿，嘉靖三十四年(1555年)举乡试第一、三十五年(1456年)进士；郑梁，康熙二十七年(1688年)进士、高州知府；郑芬，道光二年(1822年)举人，杭州训导；郑一夔，道光十一年(1831年)举人，丽水教谕……明清两朝，半浦郑姓入传的竟达49人。

明清两朝，半浦郑氏家族中考中进士的族人，据光绪《慈溪县志》卷二〇、二一，民国时周苇渔编的《灌浦郑氏宗谱》卷二、卷三、卷四、卷一九记载，共出过7位进士，25位举人，34位贡生，108位郡庠生、邑庠生，创造了浙东村落科举考试的奇迹。科举上的成功带来了文化的繁荣，半浦长期居于浙东乡村文化发展领先的地位。这批郑氏士人在各自的岗位上多有业绩，为郑氏家族的崛起和繁荣，为地方文化的传播弘扬做出了极大贡献。

二、擅儒业

郑氏家族士人颇多，但多专注于学术研究，没有贪恋做官的欲望，郑氏家族中官职最高的是郑辰，曾任正五品扬州府同知；清中后期郑氏士人所任的则大多为无实权的一些散阶闲职（几乎都是例贡），有些品位较高，如正二品的资政大夫，正四品的中顺大夫、中宪大夫，从四品的朝议大夫。

一房九世郑尚经官至正三品的荣王府长史（副省级）。

六房十二世郑溱，副贡，绍兴南明政权（鲁王监国）授他正四品的按察副使。

任知府的有一房七世郑重任湖南长沙、广东高州知府，六房十三世郑梁任广东高州知府，六房十七世郑锡文任河南归德知府。六房十八世郑溥“以知府升用”，六房十八世郑沅“按知府议恤”，六房十八世郑潢“议叙四品衔”。

任知州的有六房六世郑满、六房十六世郑云龙、六房十七世郑镕、六房十八世郑元。

任知州的有二房四世郑子朝，一房六世郑钟，五房六世郑韬，六房六世郑铉，一房十四世郑羽逵，六房十八世郑溥、郑灏，六房十九世郑彭龄、郑观光、郑缤，五房六世郑韬。

郑中节，善诗文。其与兄大节分家时，捐田 700 余亩给郡城（今宁波）月湖书院，对郡乡的书院文化做出很大贡献。

郑勋建二老堂以纪念其高祖父郑梁和朱彝尊（1629—1709 年）的友谊。朱系秀水梅会里（今嘉兴王店）人。清政府为鼓舞士人，除三年一次的正科外，还增加了一些科举名目。康熙十八年（1679 年）诏开博学鸿词科，录取 50 人，朱等 4 人以布衣入选，世称“四大布衣”。朱被授翰林院检讨，参与修撰《明史》。他利用进入史馆之便，带书手入馆抄书，以“泄露罪”被撤翰林院官职。朱以诗言志：“夺侬七品官，守我万卷书，或默或语，孰智孰患。”他在书与官之间，宁肯要书，认为即使被夺去七品翰林官，自己还是做出了明智的选择。他在家乡建有曝书亭，一生藏书 8 万卷。朱工诗文词经学考据，其诗文与王士祯齐名，有“南朱北王”之誉。明亡时朱 16 岁，有“痛心明亡，志在恢复”的想法。之后看到清政权渐趋稳固，他才在 51 岁时以布衣入选博学鸿词科，走科举入仕之路，64 岁归里。明亡时郑梁 7 岁，肯定会受其父郑溱“不入城市有五十年之久”的影响，较迟才以科举进身仕途，51 岁时考取进士，60 岁时其父去世，因悲伤过度而右体不遂并致仕。朱与郑梁都是治学时间长、从官经历短，两人成为忘年之交是可以理解的。朱在 70 岁时有诗《武林重逢高州》赠郑梁：“别久重逢转倾倒，七言三复晓行诗。”郑梁曾任高州知府，可称为郑高州。郑梁在一次赴京会试途中有“晓星如月照行人”的绝句，又有郑晓行的雅称。朱三次与郑梁以七言诗相唱和，可见两人交谊之深厚。

郑梁非但于诗、文皆有所得，且其学出自梨洲学派，故而其诗文创作亦烙有经史学术思想的印迹，这一点亦是郑氏家族本身所具有的文化传统。例如：洪武(1368—1398年)、正统年间(1436—1449年)者郑子现，于家中读书谈道，惠及侄甥一辈，著有文集若干卷；郑子瑙之侄故亦究圣贤之学；以廪生供入太学，被郑梁称为郑氏“文学之显”者郑德馨；成化(1465—1487年)、正德年间(1506—1521年)者郑满，尝与孙燧、王阳明齐名，其理学与文学成就颇具名声，著有多部诗文集以及学术著作；正统(1436—1449年)、嘉靖年间(1522—1566年)者郑重，研习经史，尝参与纂修《成化实录》；郑德馨曾孙郑淡，于文章颇有成就，著有诗文集若干卷；正德年后有郑梓以及德馨五世孙郑尚宁，俱以文章见著，为时所称；正德年后还有郑维学，其学自叶左金，是阳明一脉之学者；隆庆(1567—1572年)、顺治年间(1644—1661年)有郑之玉，其文章、小楷闻名一时；万历(1573—1620年)、崇祯年间(1628—1644年)者郑光弼，为颜鲸弟子，是颜门四大弟子之一，研习理学颇有所得；郑梁之父郑溱，深于六经史传，一生诗集、学术著作颇为丰厚；郑溱族兄弟郑绍尹，亦擅长文章创作；郑梁为梨洲弟子，是清初浙东学派文学成就较为突出者，著诗文选36卷；康熙(1662—1722年)、乾隆年间(1736—1795年)者郑性，为“四明四友”之一，颇亦能诗；康熙年之后者郑羽逵，于算术文章皆有所得；郑性子郑中节，深于诗歌创作；乾隆、嘉庆年间(1796—1820年)者郑辰，深于吟咏；嘉庆、道光年间(1821—1850年)者有郑尔岭，颇喜读书，于全祖望之集颇有研习；郑梁玄孙郑勋，其学自蒋学镛，是全祖望一脉，其诗文创作，成果颇丰；乾隆年后者郑乔迁，诗酒为乐，亦能为文。总而言之，郑氏之文学，以诗歌创作为突出优势，文章创作颇为深醇；郑氏之学术，与阳明学派深有交涉，明显地烙有浙东学派的学术流转的印迹。

三、喜隐逸交游

半浦的复训堂人交往的不少是历史名人、大儒乃至高官。郑满堪称明代半浦郑氏家族中的翘楚，在他的影响下，整个家族开始走向辉煌。郑满，弘治五年(1492年)举人，先后担任临清学正、道州知州、濮州知州等官，正德(1506—1521年)初致仕。郑满为人好学，著有《诗经讲义》《三礼合参》《勉斋先生遗稿》，其中《勉斋先生遗稿》被选入《四库全书存目丛书》。虽然郑满不是家族中考取功名和入仕为官的第一人，但在交游方面，同时期族中无人能出其右，与郑满有交情的名人不乏王阳明、姚镆、祝允明等文化名流，另有不少同僚名人。

在《灌浦郑氏宗谱》卷十四有关遗闻逸事的篇目中发现其“业名师适族子本宏公”的记载，“本宏公”即族人郑重。按辈分来看，郑满比郑重大，而实际年龄恰恰相反。郑重先后在邳州、南通州、南京刑部等地为官，为官之道谙熟于心，郑满以他为师，自然从小耳濡目染，“每晨候本宏公问业，值本宏公未起，即执卷就床侧，一一质之”。在郑重的帮助下，郑满从小养成了勤奋好学的习惯，可以说，亦师亦友的族人郑重是他成长道路上的第一盏指路明灯。

真正引领郑满走入仕途的是当时世称“弘治三君子”之一的刘大夏（1436—1516 年）。刘大夏为明朝中兴时的名臣，在成化（1465—1487 年）、弘治（1488—1505 年）年间政绩出色，“极具干练之才，被朝野上下公认为第一能人”，深受三任皇帝尤其是明孝宗的喜爱。而他在担任浙江左布政使时，与初出茅庐的郑满结下了不解之缘。史载满举于弘治壬子乡试，“以儒士赴省，布政刘忠宣大夏首拔入闱”。因郑满有器局观，又精通古今成败之事，所写文章极具远见卓识，刘大夏对他很赏识器重，连连称赞“吾不及也”，甚至到了“不敢以普通文士目之”的地步。刘大夏对郑满的价值取向、官场交友之道及政绩的取得都产生了深刻的影响。

明弘治年间，在“弘治中兴”的大旗下，不少杰出人物涌现，这在郑满的“人际圈”中也得到了显现。郑满于 1492 年乡试中举，而同一年，孙燧（1460—1519 年）、胡世宁（1469—1530 年）和王阳明（1472—1529 年）也纷纷前去乡试，高中而归，最终四人都成为青史留名的人物。尤其是王阳明，他同郑满有着相似的家庭背景、相似的成长经历，也让命运在冥冥中给两人制造了相遇的契机。

与郑满不同的是，在中举 7 年后，弘治十二年（1499 年），王氏高中进士，从此平步青云，因王氏多次“出入”京门，行踪不定，故两人相遇次数屈指可数。而在正德八年（1513 年）时，王氏带领弟子蔡希颜、朱守中、徐日仁等弟子游览浙东，在余姚附近的龙山永乐寺见到了回乡的郑满，双方一见如故，亲如兄弟，这段经历鲜为人知，至今只留下两首诗文《永乐寺同王伯安徐半理夜话二首》与《早秋即事二首次王伯安年兄韵》，为郑满记录所见所闻而作。

永乐寺同王伯安许半理夜话二首

曲曲江流小小山，禅房掩映茂林间。早潮晚汐舟来去，坐得清时不省还。

黄叶满山秋后雨，青灯一夜树声中。连床话到忘言处，寥廓长天阵阵风。

早秋即事二首次王伯安年兄韵

香销画永阅遗经，目转松阴影半庭。雨后碧天浑似洗，南窗遥见数峰青。

画静闲观山水经，白云晴日照空庭。半生寂寞凭谁语，惟有好山来送青。

从诗中看，当时两人坐而论道，相互之间探讨学识，阅览经书，时而共同欣赏美景，兴致颇高，甚至达到同床共眠、整晚谈天的地步。有关王氏和郑氏的这段经历也见于清代光绪《慈溪县志》中——“正德癸酉，阳明先生与王世瑞……流连信宿，赋诗于此，日仁因记其事”。

弘治、正德年间（1488—1521 年），郑满名声在外，周边诸多文人与郑满有频繁往来，其中最有名的要数慈溪人姚镆和甬上人李堂（1462—1524 年）。姚镆，字英之，慈溪人。弘治六年（1493 年）进士。在姚镆任礼部员外郎时，适逢郑满出任道州知州，遂撰写《赠同邑郑君廷美之任道州知州序》一文予之。在文中，姚镆首先肯定了郑满之前做官的政绩，认为其通过了上级严苛的考察；随即指出，道州不比临清州，“以俎豆雍容为职，未若州太守薄书案牍之烦劳”，借此让郑满心中有数，做好吃苦耐劳的准备。出于对郑满的关怀，姚镆为他治理道州提出了不少宝贵建议，如减免百姓徭役、降低百姓税收比率、裁决陈年的疑难案件等。这些建议后来都为郑满所采纳，而且落到了实处。因此，道州能在郑满任期内旧貌换新颜，与姚镆的提议是分不开的。

由于郑满自身并未考中进士，所任官职最高为知州，因此难以接触到士大夫群体中真正名誉全国的精英人才，所见遗集中也几无与京官交往的记载。除上述几人外，郑满还与当时江南四大才子之一的祝允明有过一面之缘。

十三世郑梁堪称清初半浦郑氏的巨擘，在他的影响下，郑氏家族逐渐达到辉煌和鼎盛。作为浙东学派著名人士之一，他师从黄宗羲，同万斯同、姜宸英等当时甬城著名文人关系密切，多为诗文相授。而且，郑梁官至高州知府，在官场中也有一定的影响力，许多士人也愿意与他结交。有关郑梁生平及交游资料，多集中在《灌浦郑氏宗谱》《寒村诗文选》等古籍中，内容较为零散。

自而立之年始，郑梁与鄞县万斯同兄弟皆师从明末清初的大儒黄宗羲。黄宗羲同郑氏家族交往已久。郑梁的父亲郑溱（十二世）与余姚黄宗羲、鄞县万泰均师从绍兴大儒刘宗周，后与黄宗羲同为明朝遗老。郑溱抗清失败后心存遗志，义不仕清，因此深受黄宗羲钦佩。但双方皆隐居，中断了往来，无缘再相见。丙午之年（1666 年）首春，万斯同、陈介眉、万贞一、范国雯等鼓棹姚江，访梨洲。据郑勋的《郑梁年谱》记载：“三十二岁，万管村谒黄先生归，谓公曰：‘先生见君文，甚喜，临别犹立江浒，望舟中大呼曰：贞一为我寄语禹梅（郑梁），读书自爱，他日不患为浙东一作者也。’”其年四月，公以古文谒先生于祝桥，有“斯文绝续，在子一人”之嘱。寒村先生郑梁，则在那年聆听先生黄宗羲的教诲之后，仿古人“尽弃所学而学之”的遗风，将拜师之前的旧作统统烧毁，而将此后的著作称为《见黄稿》。康熙六年（1667 年）、七年（1668 年），黄宗羲两次来甬讲学，创办起“甬上证人书院”。时郑梁听从父命，拜其为师，正式接受黄门思想教育，成为黄氏的得意门生。黄宗羲授郑梁以《子刘子学言》《圣学宗要》诸书，在《郑禹梅刻稿序》中说：“吾友郑禹梅，深于经术，而取材于诸子百家，仁义之言，质而不枯，博而不杂，如水之舒为沦涟，折为波涛，皆有自然之妙。其于震川，有不期合而合者矣。”“文章之在古今，亦有一治一乱……使禹梅之文大行于世，吾知又为一治，故余叙禹梅之文，不仅为禹梅言也。”在《寒村诗稿序》中有评价云："寒村之诗出，人皆笑之，即知之者，亦谓其在江门（姚贯）、定山之间，昶而不喜之，以其不似唐。"

康熙九年（1670 年），黄宗羲应郑梁邀请，前来半浦，终于再次见到了年近花甲的郑溱。此后在郑溱七十和八十大寿时黄宗羲又写寿文两篇祝寿。而对于其子郑梁，黄宗羲更是倾囊相授，多加照顾，因而郑梁的文风、政治倾向等受到恩师的影响，带有鲜明的黄门印记。全祖望在历数黄宗羲弟子之成就时，以"高州（郑梁）之文章"与万季野之史学、万充宗之经学、万公择之理学等相比列。

郑梁深受黄宗羲新潮思想的影响。在当时的封建背景下，黄宗羲提出了很多超越时代的理念和思想，因此后人称黄宗羲为"中国的卢梭"。比如，黄氏尊重女性地位，摒弃传统"男尊女卑"思想，肯定女性节义行为，褒扬妇女学习之风。作为弟子，郑梁亦深受影响，他认为，男女都是独立个体，自古治国齐家平天下的任务，皆是男子责任，女子无权参与的理念，本来就是不公平的，是可悲的。同时，他也主张妇女参与学习、写文作诗，并且认为圣贤之作《诗经》中都保留有大量的女性诗，因为女性的情感更加细腻，更有垂世的价值。在这点上，郑梁紧跟黄氏的脚步，走在了时代的前列。

郑梁对黄宗羲之崇敬终生不渝。黄宗羲去世时，郑梁方以高守出京，闻讣，"素车往吊，经哭其墓"。郑梁去世前，呼其子郑性至榻前，说："梨洲先生，吾学所以出也，而情犹吾父也，其殁也，吾昼见诸想象，夜见诸梦寐，无顷刻之间。"又说："吾有不了事二，其一则姚江黄先生墓文……"

同学中与郑梁经常在一起探讨学术的对象，主要有万斯同、万斯大、陈赤衷、李邺嗣、陈锡嘏等。其中，他与万斯同、万斯大和陈赤衷三人交情最深。

除同学外，郑梁还与一帮同乡好友接触，以姜宸英和裘琏为代表。

可惜的是，郑梁因其性格孤傲、不容世俗，屡受同僚排挤攻讦，仕途并不顺畅。

不过，从现存资料来看，郑梁同崔维雅、吴仲和、钱朗行三人是有一定交情的。总的来看，郑梁朋友圈里的人物主要还是以文人为主，且多为地方名士，这些良师益友对其文学创作、人生态度、学术思想产生过重要的影响。而郑梁在其中"穿针引线"，为黄学走出浙东做出了重大的贡献，也使郑氏名声在外。在官场上，他的影响力远逊于文坛，自身性格在一定程度上阻碍了仕途发展。不过，郑梁依然不失为清代郑氏家族交游第一人，在发挥自己能量的同时，也为后人郑勋等人打下了坚实的基础。

十七世郑勋在成长的路上得到了两类师长的关爱教导与提携，使得他一路走得较为稳当。一是其父的生前好友和文友，如县邑人顾桐，郡中董秉纯、卢镐、范永祺、黄定文，省中梁同书、余集、何琪等；二是年少在家读私塾时的有名望的任课老师，如鄞县蒋学镛、同邑陈同文等人。他还与曾任浙江学政、巡抚的阮元有诸多交往。阮元官至兵、户、礼部侍郎，体仁阁大学士。

然而，半浦郑氏家族到了清中晚期逐渐走下坡路，即便是郑勋交游时期，也不过是郑氏家族逐渐衰落的一段回光返照。从其交游对象的级别、范围、人数等方面来看，相比于郑满、郑梁的交游，已呈现出从高到低、从大到小、从多到少的衰落趋势。郑勋之后，再无族人能达到“三杰”的文化成就，亦无族人能恢复郑家往日门庭若市的荣光了。

交游给郑氏家族带来的积极影响是显而易见的，最主要的是家族名声的弘扬。但是郑氏依旧没能成为誉满全国的大家族。一方面郑家虽不断有举人、进士出现，但没有一个族人能够高中鼎甲，荣登大殿，官倾朝野，使得家族与政府和朝廷上层人员接触不多。另一方面，郑家虽爱好与文人交游，但交游时大多不能从思想观、价值观方面进行深入的交流。例如，郑满和王阳明及祝允明的交游，仅仅停留在单纯赏景和互赠诗文的层面，而类似郑梁与黄宗羲长期的师友之情，长期的学术探讨、辩驳较少。这些人为的因素，最终使得郑氏家族的影响未能传至全国，仅仅在浙东区域具有代表性。

半浦郑氏大多淡于仕途，在家乡过着隐逸生活。如，郑溱被授予县令，不赴；又被保举为按察别使，因政途被要人把持，遂辞职归乡，以读书授徒谋生；明亡后益以逸民自居。郑梁官至广东高州知府，因父病，遂弃知府印回家尽孝。郑性，清国子贡生，因受铨不赴，寄情山水，自署五岳游人。

四、擅藏书

浙东地区历来有崇建藏书阁之传统，这与浙东地区崇重实学的学风传统密切相关。郑氏家族除郑性所筑二老阁之外，郑珪筑有清芬阁，藏书近万卷，后世郑玉堂亦守此阁，并为之增入善本；郑梁玄孙郑勋筑野云居以藏古籍等。郑氏族人打理藏书阁之余，也产生了不少善于刊误的人才，他们参与了出版事业，为地方文献的整理做出了不小的贡献。以学问积累为目标的郑氏藏书事业，展现了浙东文化世家对于学问与致用的关注，也展现了浙东学者的乡邦文献意识。

第四节 家族影响

郑氏家族在科名、学业、仕途上都取得了相应的成绩，耕读传家，进士辈出，读书、著书、印书蔚为壮观，同时人口数量也在快速增长。民间继承家族文化一般靠家谱和家训。家谱的价值首先体现在对家族的追根溯源，并且还具有继承家族优秀传统的作用；家训是用以规范家人行为，调和家庭内部矛盾，处理和管理家庭事务，同时教育子孙如何生存立足，如何修身立德，如何传家、兴家与发家等的准则与宝典。

一、家族形象

郑氏家族崛起于科举，在科举之路上走过 500 年的艰辛与荣耀，通过科举以及科举带来的实质利益，半浦士子找到了实现自身学术价值的通衢大道，同时也推动了浙东地区科举文化与藏书文化的进一步发展。其中，郑溱、郑梁、郑性祖父孙三人一生致力于家族的复兴、家风家学的培育、浙东文化的弘扬，让家族成为地方上的文化世家，被后世族人当作“先贤”传颂。

慈溪县校士馆的创立则把郑氏家族的光辉形象推到了顶点。慈溪为浙东著名的科举胜地，但清道光之前，士子多在孔庙、县衙等地参加科考，如遇天气不佳，便无法按期举行考试。道光十五年(1835 年)，为解决慈溪县无专用考场问题，半浦举人郑一夔及其父亲郑廷荣捐银 3 万两，经过一年的努力，建造起占地面积近 8 000平方米、房 117 间的校士馆，民间俗称考棚，供慈溪县童生考试时专用。这在一定程度上推动了慈溪县科举事业的再度兴盛。渡口人家数百年来书香不绝，教育兴盛，今日仿佛仍能看到四方学者在渡口下船的身影，听到旧时学子琅琅的读书声。

二、家谱

现存半浦姓氏宗谱有《慈溪周氏半浦支谱》(天一阁)、《慈溪灌浦郑氏宗谱(佑启堂)》(国家图书馆)、《慈溪半浦郑氏宗谱(复训堂)》(河北大学/济南博物馆)、《灌浦郑氏宗谱(复训堂)》(天一阁)、《灌浦郑氏人物传》一册(河北大学)。

《半浦郑氏宗祠谱》，始修于清康熙十九年(1680 年)，郑梁作；《灌浦郑氏源流考》《灌浦山川记》《郑氏军灶述》，在浙东郑氏中影响较大。万斯大作谱序。

“明以前其源流终莫有考也。”清康熙初，随着家族的人口逐步兴旺，物质条件的日臻成熟，郑梁号召族人再次修谱。他仔细考察前人之说，明辨真伪，作《灌浦郑氏源流考》(以下简称《源流考》)一文以正本清源。

复训堂郑氏

清初郑梁考定郑毓为复训堂始祖，居半浦而遗世隐逸，此后复训堂一脉逐渐兴旺。毓生二子天叙、天秩，二子生七孙，此七孙即为复训堂七房创始人，他们按辈分皆为第三世，因此有“三世创七房”之说。此七房建立后，逐渐成为复训堂郑氏核心力量，各支长老左右家族内部经济、行政、司法、教育大权，后虽有族人脱离此七房独立，但终不成气候。

复训堂各房系杰出人物及其发展状况呈示如下：

善一房。创建人郑希圣，该支自五世后开始崛起，直至晚清。重要族人有郑子璋、郑子瑛、郑钟、郑胜、郑重、郑达、郑淡、郑塾、郑尚文、郑尚宁、郑尚经、郑卿、郑光弼、郑羽逵等。善一房族人在明初为家族安定甘愿戍边，郑胜、郑尚文等人在云南、贵州出生、定居。清初房人郑羽逵考取进士，此后该房逐渐衰落。

善二房。创建人郑希昊，重要族人有郑子琬、郑子朝、郑居节、郑居簧等。总体看善二房规模不大，为七房中最小一支，巅峰时期全房人丁不过20人。18世纪后该房衰落。

善三房。创建人郑伯实，重要族人有郑子璩、郑子琰、郑宗庆、郑宗敏、郑铉等。清乾隆至道光年间(1736—1850年)，该房衰微，人数锐减。根据家谱记载，因经商，大部分族人迁至省城杭州，另有少数族人迁至湖州长兴、宁波奉化、舟山定海、鄞州区石塘等地，甚至远至江苏常熟。族人郑永良则任广州府虎门守备，举家迁至广州不复回。19世纪中期后，该房事迹不见记载。

善四房。创建人郑希贤，重要族人有郑子蹂、郑子琮、郑德滋、郑德澄、郑德渝等。同善二房一样，善四房也是七房中规模偏小的一支，19世纪后该房衰落。

善五房。创建人郑希哲，重要族人有郑子琼、郑子瑶、郑德渊、郑文中、郑文亨、郑一兰等。善五房在建房初期人丁兴旺，希哲生5子，5子后代众多，时善五房与善六房并称“家族双雄”。清以后五房在家族中的地位逐步低于六房，但仍是家族的中坚力量。19世纪中期，五房在太平天国运动中受损最为严重，人员或死或迁，到20世纪初该房仅存不足20人。

善六房。创建人郑仲徽，是七房中实力最强、人才最多的一房。一世郑毓—二世郑天秩—三世郑仲徽—四世郑子强、子玳、子弼—五世郑孔明—六世郑满、郑养元—七世郑综—八世郑械—九世郑尚福—十世郑之玉、之璧—十一世郑启—十二世郑溱—十三世郑梁—十四世郑性—十五世郑大节、郑中节—十六世郑竺、郑辰、郑甲—十七世郑浩、郑勋、郑尔毅、郑邦彦—十八世郑乔迁、郑元祁、郑福森—十九世郑观法、郑彭龄—二十世郑鸿元。清以后，善六房逐渐掌握了整个家族的话语权，凡族内大事多由六房主持操定，修祠修谱等家族活动也是六房出力最多。

善七房。创建人郑叔厚，重要族人有郑子瑊、郑子玖、郑德新、郑廷访等。七房是所有房系中命运最为坎坷的一支，早年七房就是戍边的主力，男丁尽出，始祖叔厚卒于充军途中；子瑊逃回半浦，保存了七房的香火。六世之后，内部出现分化，部分族人迁居县城慈城和舟山等地，逐渐与祖地失去联系。清中叶后，该房部分支系开始复兴，自十三世到十八世，七房涌现多位地方基层官吏，位卑而功高。19 世纪后该房势力又日衰。

本支派排行字：明、省、善、淳、廉、振、纲、宜、尚、谦、雍、和、存、礼、节、肃、慎、启、观、瞻、孝、敬、敦、伦、懋、修、齐、立、本、严、绍、闻、光、祖、德、学、行、世、恒、兼、首、义、守、平、歌、家、膺、保、泰、长、俭、勤、民、所、宝。

佑启堂郑氏

佑启堂（矮笆祠堂）位于半浦东首。始祖郑性之（1172—1255 年），初名自诚，字信之，为 1208 年状元，官至南宋宰相。闽旧第“清风堂”为宋理宗皇帝御书，字径三尺。

佑启堂郑氏来源于福建。“佑启”，即开启、启迪之意。相传其先祖为南宋端平时期（1234—1236 年）参知政事郑性之（1172—1255 年），因早年家谱中曾云：“余家自闽（福建）分支，相传宋理宗朝，知枢密院兼参知政事，讳性之、字信之公始。”根据学术界公认的说法，郑性之生于闽清，卒于长乐，生卒之地皆为闽地。对照郑性之年谱，最客观、最有可能的情况是：佑启堂创建者非郑性之本人，而是其子辈或其族亲。嘉熙元年（1237 年）以后，由于其在官场上屡受同僚排挤，郑性之遂心生去意，辞去浙东安抚使等职务，不久告老还乡。人生最后十余年皆在福州，何时定居半浦？但早年致仕后，南宋宁宗、理宗两位皇帝对郑性之极为器重，常予以赏赐，郑性之得以广置田宅，其中一处即在半浦，称为“衍庆堂”，又名“矮笆”，郑性之去世后改称“谥房”。郑性之本人在临安和老家福州另有住处，极少在半浦居住，“衍庆堂”由其下属或是子辈打理。咸淳年间（1265—1274 年），在半浦遗留的后人将该房分东西两房，佑启堂郑氏诞生，后人追溯先辈，遂以郑性之为始祖，才有家谱中“佑启堂由性之公始”的说法。佑启堂发展模式同复训堂有相似之处，亦注重科举和家学传承。清道光（1821—1850 年）以后，当复训堂走向衰落之际，佑启堂却逆流而上，出过郑芬、郑廷荣、郑一夔、郑世璜等一批名士，他们捐资修桥、造路、建义渡、建县考棚，热衷于地方慈善事业。民国后该房族人逐步转型，多在沪杭从事工商业和金融业。

三、家风家训

郑梁在《郑氏人物传序》中说道：“家与国一也。国有人焉，则国成其国；家无人焉，则家非其家矣。”

家风是一个家族最宝贵的精神财富。好的家风应通过父辈们的言传身教，把正确的行为融入后代的心灵和修养当中，指引他们，从而使一个家庭兴旺发达，也推动着国家和社会健康发展。

郑氏长者素有好学传统，并望通过言传身教，来影响下一代。例如，进士郑重，年少时跟从叔父郑钟受《毛诗》。当郑重学有所成后，又以族侄身份严格教育郑满，最终郑满顺利踏入仕途。而初任临清学正的郑满，亦言传身教，在任所内自教侄子郑渭，先教《小学》《家礼》，后授《中庸》《孟子》《太极图》等，并告之曰："有志当世之务，性高亢，不能为世俗屈。丈夫当流芳百世，垂名竹帛。"又如，清康熙四十七年（1708 年）进士郑羽逵，5 岁时入郑氏私塾，6 岁时族兄郑梁中进士，随父往郑梁家里道贺，其父以郑梁为榜样勉之："读书不止为进士，要为圣贤，如族中南凡公通于理学，更较进士上一层，汝其识之。"南凡公即前述余杭县训导、广西太平府教授郑光弼。从上述两则案例来看，郑氏子弟读书的目的十分明确，从小就被长辈灌输读书成仕成圣的理想。而且，他们年少时读书都不用出村，在族人创办的私塾里就能接受良好的教育。为保证优质教育，家族屡屡花费重金聘请附近举人和秀才来半浦私塾教授。例如，聘请的宋家湾人宋日达，是康熙五十三年（1714 年）举人，曾给郑从风、郑禹平、郑诗石、郑安澜等人授课。此外清乾隆年间（1736—1795 年）家族曾聘请宁波名师、举人蒋学镛，杭州画家、进士余集，慈溪人贡生陈同文来半浦做塾师。以往学者研究科举家族时出现的父子相继、兄终弟接的现象，在半浦郑氏族人中也是很常见的，这在很大程度上得益于家族长时期崇教、重学的家风，以及自小接受名师培训所奠定的基础。

在古代，家规是国法的有效补充，对维护社会稳定、家族兴旺发挥了一定的积极作用，也是家族智育工作和德育工作的重要组成部分，主要涉及修身、治家、睦亲、教子、求学、交友、处世、积德等方面。纵览郑氏家族的宗规，有不少条例是鼓励子弟读书考举的。譬如，子弟未婚而身故者，按理不应入祠，但如果考取功名者，则"准附主寝室以为贤达劝"。此外，对于读书应试者，第二十九条家规规定按不同档次给予相应钱财资助："生童院试六百文，生监乡试三千文，举人会试六千文，贡生殿试者八千文，先行期一日司账，着祠祝分送以示鼓励。"上述家族条规，极大程度上推进了郑氏家族的兴学之风、科举之风和仕途之风，"学而优则仕"成为半浦郑氏族人最广泛的人生追求。

郑氏不少族人，在幼年都曾遭遇离父之痛。他们的成长，除靠祠堂每月发放孤钱之外，大部分由直系女氏或相近女氏负担。在养育过程中，这些"尚学"的女性，时常以诗书教育幼子，并请族人或者塾师讲课，并依据族规订立严格家规。郑满、郑子弼自小"动必以礼""性格端严""长于问学知识"。这些优良现象背后，与郑氏女眷从小关注和调养他们的心智是分不开的。连续数代人的不懈奋斗，成就了一个科举望族。他们以光耀门楣为己任，恪守族规家风，传承祖训，重视家学，赢得荣耀，为地方政府政治、经济、文化建设输送了大量的人才。半浦郑氏家训规定“子孙为学，须以孝义切切为务”，家家户户皆好藏书，有的家里藏书多达上万册。他们一直坚守独特而深沉的家族文化和藏书精神，尚儒、尚学、崇教、崇义。主要表现为忠孝节义、追求仁礼的道德精神，爱民惜时、清廉为官的仕宦精神，自立自强、开拓进取的商业精神，乐善好施、恩泽乡里的慈孝精神。

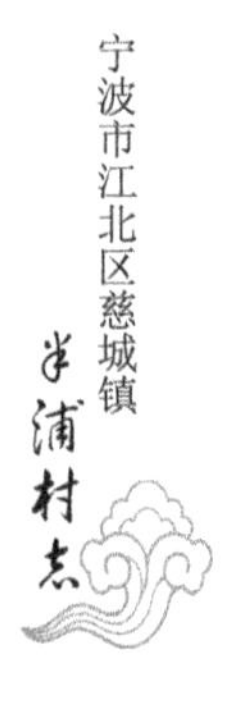

7 第七章　商贾文化

第一节　形成条件

半浦渡口位于浙东运河东段，是百里姚江的渡口之一，向来被称作慈溪的南大门、慈鄞要津。江面共计200多米宽，姚江上游的货物和客商在此上岸经营和转运。旧时商贾文人在此集散往来，无数繁华场景在此上演。随着半浦码头的设立，村内经济逐渐繁荣，围绕渡口形成了一个交易中心，即“渡头街市”。渡口一旁沿街两侧，逢双集市，商贾文化也随市兴盛。现今渡头街格局仍在，茶栈也依然可为商贾文化的见证。

一、渡口通航

宋《宝庆四明志》上记载的“鹳浦渡”，处于姚江转航慈江、姚江转航西塘河的重要位置之上。船行至半浦渡口有3条航路可以走：向北经小西坝、刹子港，过老夹田桥入慈江，继续向北行至慈城，向东可至镇海入海；向南经大西坝入西塘河，由望京门进入宁波城；向东直接走姚江进入宁波城，再往东经甬江入海。从这方古渡起航，往东不远处即小西坝，过小西坝就是刹子港、慈江，经此可至慈溪县城、余姚、绍兴，经大西坝则是进入宁波府城的水路捷径——西塘河。渡口是早期半浦聚落的核心和灵魂，吸引了航运、商业、服务业等各种从业人口聚居，沿着岸线铺陈开来数百米的长街。

半浦古渡

清雍正年间(1723—1735 年)里人郑时陛、郑性等捐置田 18 亩设立义渡,后遭庵僧盗卖。嘉庆年间(1796—1820 年)余北海、郑名臣续置田 14 亩,寻被义渡庵僧盗卖。清道光元年(1821 年)由郑氏家族试用训导郑尔毅、监生郑淦索、贡生郑元祁等 6 人,禀呈宁波府称:郑氏宗族世居南乡,濒临大江(今姚江),有渡为鄞慈往来要津,族人郑君选、郑名臣等此前发起捐资兴造渡船,但因经费不足,几经废弛。道光七年(1827 年),郑芬、郑一夔等捐置田 31 亩重建渡口,行人可免费渡船过江。而后芬、一夔均年老逝世,继由一夔之子郑显煌、芬之子郑显泰,复各捐己资,令集绅耆发动郑氏众族人。历经道光(1821—1850 年)、同治(1862—1874 年),陆续捐资以供义渡开支。于咸丰元年(1851 年)四月,郑显煜、郑显泰又捐资、捐地,重修渡亭,增添渡船,为船夫建屋,并重筑南北埠头,置夜航引渡的天灯,又立各行条规。郑氏家族的这一义举受到慈溪县官的表彰,特授宁波府慈溪县正堂加三级记录 6 次,又记大功 10 次,称其“好义可风”“设立义渡,广济行人,最为地方善举”。同治年间里人续有捐置,共田 110 亩、渡船 3 只,使义渡一直运转到 1949 年。后来因姚江两岸易生洪涝灾害,不利于农业生产,1959 年宁波市政府在江北湾头地区建成了姚江大闸,此后渡口行人日益减少。渡口为当地村民的出行带来方便的同时,为村子带来了经济的繁荣。最为繁盛的时期,这里行旅川流不息,3 只渡船日夜摆渡,接送来往的行人。半浦渡口因日夜繁忙,清代时便在江边添置渡口天灯,方便夜晚摆渡。每当夜幕降临,岸边那一座高 3.2 米的天灯石柱,格外耀眼,为路人、渡船指引方向。现今还存有渡口的台阶和天灯灯柱。

二、渡头街市

随着半浦渡口码头的设立,村内经济逐渐繁荣,围绕渡口形成了一个交易中心,即“渡头街市”,习称渡头街。它呈东西走向,长三四百米、宽 30 米的狭长地带,面积约 12 000 平方米。清末民初期间,街市形成一定规模,有 4 家米厂(铺),4 家制鞋店,2 家中药店,曾有坐堂中医师诊断开方,1 家医院,2 家货物较全的南北杂货店,还有石作坊、木器作坊、米铺、肉铺、药铺、豆腐店、成衣铺、榨油厂、理发店、供膳宿的小旅店、茶栈等,约有 40 家店铺。渡头街逢双集市,市上肉类、海鲜、河鲜、时令蔬菜瓜果、山货、杂货等商品应有尽有,品种繁多。方圆几十里前来赶集的人流如潮、人来人往、川流不息,是商业发展的旺地,商贾文化也随市兴盛。

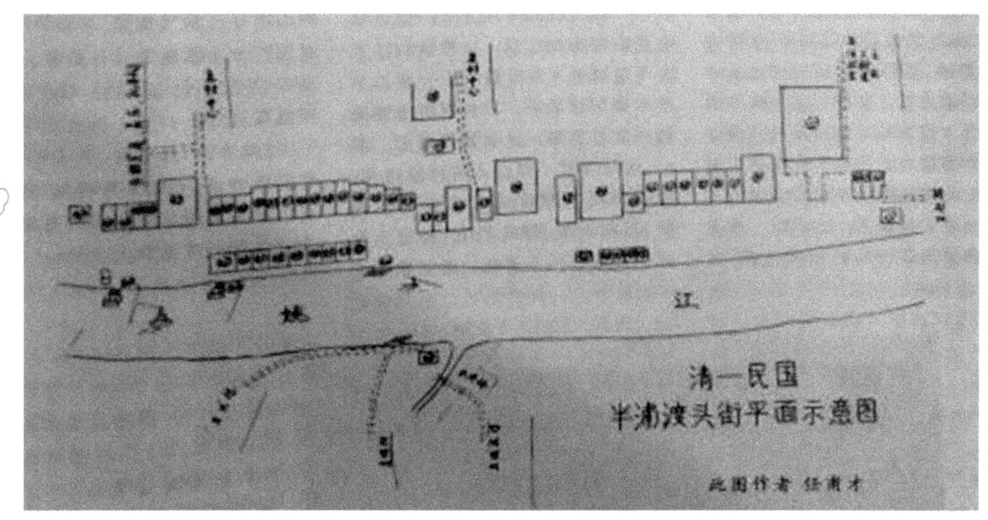

渡头街平面示意图

民国时期半浦码头设立，曾任上海四明银行宁波分行行长的郑德懋，于 20 世纪 20—30 年代创建余姚轮船公司，拥有小宁姚、新同兴、梅浦 3 艘机轮，其中小宁姚为郑独资。郑氏在渡头街西首开设了以柴油机为动力的轧米厂。又有孙衡甫、郑氏、周氏族人等组织成立山北轮公司，向英国购买小轮船（俗称小火轮）4 艘，在渡头街西段建设轮船码头、候船室，在姚江上开辟了姚甬航线，轮流定班行驶。从半浦起航，西至余姚、东至宁波市区甬江老外滩，以载客和货物集散，交通极为方便。孙衡甫还在渡头街西端干顺米铺内架设公用电话和私人专用线。渡口的繁盛使得公共生活充满生机，半浦渡口流动人口增加，促进了街市的繁荣。在黄包车还是城市短途交通工具的当时，半浦也时有黄包车出入。轮船码头的设立，使渡头街又增加了季节性的批发市场。

当时的商业街类似于草市，是本地百姓与商贾走卒定期进行物品交易的地方。渡头街双集市上，除了做茶叶交易外，沿街店铺主要以日用品售卖为主，有杂货店、药店、布店、鲜咸货摊等，是村落中重要的商品交易中心与公共生活场所。来往人流密集，建造的庙宇也适应市井需求。渡口街边的三星阁（建于 1811 年）供奉魁星，但也

半浦供销社

做成了过街楼的形式。坐于楼上观台，可边喝茶酒边看戏，向南俯瞰江景；楼下凉亭供行路人遮阳避雨或休息。

1937 年日本发动全面侵华战争。1940 年，时有日机在半浦上空飞过，渡头街已无集市可言。1941 年 4 月 19 日，日军在镇海登陆，整个渡头街呈现惨淡、萧条景象。

20 世纪 50 年代，水路交通日益衰落，而陆路交通日益发展。现今，渡头街只是作为一个地名而存在，只留下经过改建的原半浦供销社的几间二层旧楼房。

半浦渡头街的兴衰

任甫才

半浦南临姚江，北倚赭山，是百里姚江的渡口之一，向称慈溪的南大门，为慈鄞要津。村南有一条滨江的街市，习称渡头街，它呈东西走向，长约 300 米。清末民初期间，街市形成一定规模，有 4 家米厂(铺)、4 家制鞋店，2 家中药店，曾有坐堂中医师诊断开方，1 家医院、2 家货物较全的南北杂货店、2 家石作坊，以及肉铺、豆腐店、理发店、供膳宿的小旅店等。整条街市约有近 40 家店铺，如老字号、仁寿堂药店、永源药店、新兴理发店。

渡头街的兴旺

半浦渡口是姚江的一个主要渡口。南宋末年，状元副宰相郑性之(1172—1255 年)与赵夫人的一个儿子，在兵荒马乱的年代徙居半浦，主要原因可能是半浦渡口作为浙东运河的一个渡口，其水路交通便捷，又介于祖籍地福州与南宋首都临安(今杭州)之间。道光年间，诸生郑蕤妻范泗有《篆江晚眺》诗，曰“炊烟一带江村晚，隔岸人声唤渡多”，表明半浦渡口长期以来都是一个人来人往的渡口。

清咸丰元年(1851 年)，在渡头街中心位置重设义渡，使慈鄞要津的半浦渡口再次兴旺，吸引了半浦及其周边人员来半浦投资开店。这是渡头街的第一次兴旺。

20 世纪 20 年代，半浦同志公益会推荐德高望重的乡绅郑德懋(1867—1941 年)负责管理渡头街的集市，规定农历双日为渡头街的市日，提出赶集的摊主在 3 日内销售不完的剩余物资，可折价收购的优惠措施，促进了集市的兴旺，活跃了四明山区山货与平原地区物资，以及半浦村与邻村农副产品的交流，渡头街米铺的销售量成倍增加。街市的发展吸引了一些江湖行业，如玩魔术、卖膏药、大力士玩武术、小热昏卖梨膏糖、马戏团、大雨伞下拔牙等，其中马戏团可连演三四天。这是渡头街的第二次兴旺。

半浦乡绅郑德懋，曾任上海四明银行宁波分行行长，直至 70 岁退休，有一定经济实力。他于 20 世纪 20—30 年代创建余姚轮船公司，拥有小宁姚、新同兴、梅浦 3 艘机轮，其中小宁姚为郑独资。半浦渡口流动人口增加，促进了街市的繁荣。在黄包车还是城市短途交通工具的当时，半浦也时有黄包车出入。轮船码头的设立，使渡头街又增加了季节性的批发市场，如丈亭、三七市、二六市的杨梅，余姚的西瓜、甘蔗等瓜果，用轮船运到半浦码头，吸引周边瓜果摊贩前来批发成交。这是渡头街的第三次兴旺。

渡头街的衰落

渡头街的衰落始于1937年日本发动全面侵华战争之后。1940年，时有日机从半浦飞过，为防止日机对大众扫射，渡头街已无集市可言。1941年4月19日军在镇海登陆，22日慈城陷落，半浦也于22日前后陷落。整个渡头街呈现惨淡萧条景象。

20世纪50年代，在宁波筑姚江大坝，水路交通日益衰落，而陆路交通日益发展。现今，在渡头街已无集市，渡头街只是作为一个地名而存在。

第二节　商铺钱庄

半浦作为运河转运枢纽，在人口集散和货物转运中催生了古村的商贾文化。半浦码头日夜繁忙，渡头街市商肆夹道、楼台相望、闾阎扑地、闻名一方，出现不少从事茶叶、药业、钱庄业等的行商坐贾。此外，半浦周氏、孙氏等还在沪、甬、京、津等地经商，从事的行业以商业、金融业为主。

一、半浦茶栈

南宋殿前副都指挥使范文虎，后任元朝的两浙大都督、中书右丞，对茶叶十分看重，在车厩岙访得佳茗产地，就在史嵩之陵园设茶局开采上贡。每年清明前一天至谷雨，慈溪县令亲自进山监制贡茶，所采全为茶芽，采摘的人多为处于豆蔻年华的女孩。慈溪贡茶历史，《浙江通志》《宁波府志》《慈溪县志》均有记载，尹元炜的《溪上遗闻录》也载道，从元初到明万历二十三年(1595 年)为止，历时 300 余年，岁贡 260 斤。每年清明至谷雨，县令到车厩岙制茶局监制贡茶。明代慈溪县令顾言曾在县署设立石碑，谓《贡茶碑记》，记述贡茶盛衰。

半浦村曾设有茶栈作为茶商中转的仓库、休息客栈及处理茶事务的场所。清代，安徽、江苏、江西、湖北等地区的各类地方名茶运抵半浦茶栈后，再从渡口启运转出。渡口有 3 条路径进入村内，是典型的村口场所。

半浦茶栈

灌浦茶舍

郑世璜这一支的族人从事与茶叶相关的工作。据记载，1833 年，英国人从中国购买大量茶籽，聘请中国种茶、制茶技工去印度指导传经，后又移种锡兰(今斯里兰卡)。70 年后，印度、锡兰茶叶种植、售卖业在英国扶持下，蒸蒸日上。清光绪三十一年(1905 年)，清政府南洋大臣、两江总督周馥，派江苏道员、宁波慈溪人郑世璜，组成中国最早出国的茶业考察团，赴印度、锡兰考察茶业。

茶栈的堂厅曾张贴喜报、官报。在如今茶栈的堂前，仍留有很多官报的痕迹，

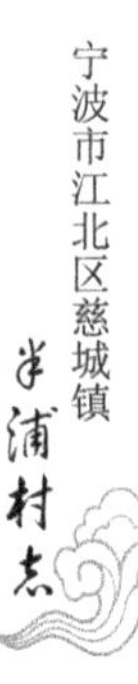

只有一张还依稀可辨——“贵府老爷郑福椿高中举人”。当然，岁月抹掉的只是墙上的字，史书上依旧可读。

茶栈主人在1951年前搬至外省，现在的主人是在1951年后进来的。因为年代久远，茶栈西侧已经被毁，但东侧和中间部分保存得很好，目前供半浦村村民居住，“其中一位村民有感于此，提笔写了‘半浦茶栈’四个字，挂在牌匾上，还弄了一间小茶室，供村民们喝茶、聊天”。

江北地名歌里唱到了半浦茶坊：“唱唱唱唱齐唱唱，燕子飞过钱塘江。乍山有座龙王堂，半浦渡头开茶坊……”

民国时期宁波为浙江省三大茶叶输出地之一，茶叶出口也成为宁波极为重要的贸易之一。半浦村不是茶叶产区，但半浦渡头街逢双进行茶叶交易；半浦茶栈为茶商中转茶叶、休息及处理茶事务的场所。全祖望、林则徐的茶诗，梅调鼎玉成窑紫砂名壶都传诵一时。半浦郑世璜是中国出国考察茶业的第一人，为推进我国茶业生产的发展做出了贡献。现今渡头街格局仍在，茶栈也依然是商贾文化的见证。

民国植茶公所围墙

二、药商

自明初始，江浙地区以“男耕女织”为基础的经济模式逐渐出现分化。

半浦郑氏经商活动历经明代蛰伏，在清代逐步走向鼎盛。郑氏家族最早有记载的民间商人为善一房十三世郑璎(1637—1710年)，他和他的儿子郑迁、郑适、郑逢是一房中为数不多外出经商的族人。按家谱中所说，郑璎“迁出半浦，移居南通州药铺生理，葬南通州”，其诸子亦先后继承父业，并葬南通州。半浦郑氏经商的另一支族人，为善六房十五世，是郑堪同一高祖下面的族弟，即郑锡鳌、郑锡爵、郑锡圭、郑锡龄兄弟四人。除老三郑锡圭在家留侍，照顾父母，管理家产外，其余兄弟三人赴杭州经营药业，开办大药肆，同心协力创业数十年。其核心人物为三兄弟中的老二郑锡爵(1754—1811年)。锡爵字允禄，从小好读书，家贫，不能走科举之途，便带领兄弟“服贾武林”，开办药材铺，不久即致富。从目前史料可知，此药铺经营至少历经3代，近百年时间。至他们孙辈郑养元时期该药铺依然开张，后郑养元请自己几个外甥来管理和经营。据记载：“(养元)久宦在外，为诸甥整理家政，秩序井然。诸甥无违言，又为经理其先世所设之肆，会计无不当。”除上述两个较大的商业团体外，善六房还有两位经商的杰出人物：郑焘和郑寅。郑焘在广东潮汕地区经营钱业前后30余年，是较有成就的钱业商人。他50岁后不再远游，布衣蔬食，俭约自守，整修旧居，扩建新房，并输饷，由太学生得布政使司理问职衔。他热心宗族事务，“凡地方义举为之，唯恐或后。先建支祠。社庙倾圮，首倡千金重修而拓大之。复欲增营祠宇（宗祠复训堂）未果，寻病终”。后命长子啸岚继承他的基业。在清咸丰、同治年间，善六房十八世又走出一位药业巨商郑寅（1829—1899年），名介福，字海如，号海曙。寅好读书，值家中落，遂不克卒业，后“客游武林、姑苏，家以日起”。他曾任杭州药业会馆总董事多年，热衷慈善事业，出资修缮药商祭神场所——杭州药王庙和民族英烈张苍水的墓园，建造杭州慈溪试馆等。

郑氏商人大都在少年时寒窗苦读却未能考取功名，转而从商。他们在外吃苦耐劳，努力经营，积累资财，最终的目的是衣锦还乡，光宗耀祖，求得祠堂上的一席高位。因此，他们大都乐善好施，多做义事——造书楼、修族谱、疏河道、修家庙、买义田、建义庄等，千金散尽，在所不惜，庇佑族人，造福桑梓，坚守郑氏家族传统道德标准，努力成为深得乡里四方敬重的儒商、官商、义商。

三、钱庄业

钱庄是专门经营存、放款和汇兑业务的机构。钱庄业是宁波地区最具特色的行业组织之一，大约兴于16世纪中叶和17世纪初叶的明朝，盛于清朝道光、咸丰年间。到了清末民初，宁波钱庄业迎来了黄金时代。据不完全统计，经营资本在6万块银元以上的大同行钱庄就有36家，小同行钱庄及现兑行钱庄更是不计其数。至今还有牌号记载下来的也有400余家之多。

在宁波开设的钱庄，都由有声望的大股东做背景。清代较大的钱庄股东有三七市董家、半浦郑家、镇海蟹浦十七房郑家等10余家。这些声势显赫的家族，都有雄厚的资金，他们开设钱庄吸收存款，进而经营各实业和投机业，在好多家钱庄中都有股份。

明洪武（1368—1398年）时，半浦郑氏家族光在慈北郑家浦就有海田3 000多亩。清康熙以来郑氏家族巨商辈出，在钱庄业、药材业、船运业等领域多有涉及，光在杭州、苏州、上海、广东等外地就开有多家商铺，为郑氏家族广泛交游提供了强有力的经济保障。

郑氏家族第一个历经康、雍、乾、嘉、道五朝的商业集团的产生，始于康熙年间的善六房十三世郑桔。郑桔（1666—1744年），字允卜，为善六房经商始祖。之前善六房族人均以耕读为业，至郑桔时，人多地狭，资产不足，为解决生计问题，“公遂客外服贾，而其家稍起”。随后，其长子第十四世郑愉（1703—1775年）亦随父经商。父子俩虽改变了生活困境，但也只是做到温饱，没有为子孙积累厚实的财富。然而郑愉生有四子，个个出类拔萃，在乾隆年间（1736—1795年）浙东地区富豪榜上名列前茅。在四人的努力下，以吴门（苏州）为中心、以钱庄业为产业核心的半浦

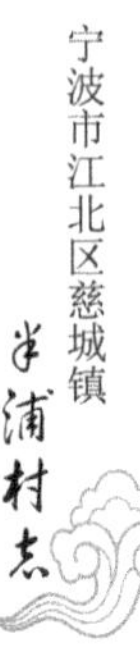

郑氏商业集团逐步形成。

四兄弟中的领头者为十五世郑瑾(1727—1811年),人称松亭公,他的经商成功之路富有传奇色彩。郑瑾少时家贫,在苏州地区学习经商之道,以学徒为生。一次偶然契机,郑瑾凭借自身的诚信赢得了苏州当地大族项家的信任。项家让郑瑾专门负责项家与郑氏合股的钱庄业务,郑瑾遂发家致富。据家谱记载,郑瑾为人慈祥,好周急扶困。相传镇海李氏家族与同邑胡氏家族的创业始祖"皆执役于公,后从公贷金,自行贸易",可见李胡两商人曾跟在郑瑾手下学习,又靠郑瑾的帮助走上成功之路。

四兄弟中的其余三人郑玮、郑珍、郑琊,也为商业集团的建立立下了汗马功劳。

郑瑾大弟郑玮(1729—1806年),字宏立,一字恒立,号晚圃。玮未随兄郑瑾去苏州经营,而是在家赡养父母,管理家族积蓄,"伯叔季(兄弟)皆理计然策,客于外,公独里居务本业,喜读书"。从某种意义上说,郑玮成了郑氏商业集团的后勤管理者。郑瑾二弟郑珍(1733—1808年),字成立,号竹邬,"自幼端重如成人,好读书。松亭公(郑瑾)服贾苏门,公年仅十三,即携往习懋迁。弱冠客济上(山东济南),持筹出纳,算无遗策。松亭公本善居积,得公左右之,业益隆起"。可见郑珍受大哥影响颇深,最终做出了自己的事业。郑瑾三弟郑琊(1735—1780年),字茂章,从小跟随郑瑾在吴门经商,成为郑瑾的左膀右臂。此后,郑瑾三子郑嘉堂、郑楚堂、郑季堂,郑玮四子郑耕堂、郑玉堂、郑书堂、郑礼堂,郑瑾堂弟郑琳三子郑月堂、郑渭堂、郑槐堂,等等,纷纷效仿父辈开拓打拼,庞大的郑氏商业帝国逐步形成。

在这些同辈的兄弟中,代表人物为郑瑾长子郑嘉堂、次子郑楚堂,郑玮长子郑耕堂、次子郑玉堂。嘉庆以后,此商业集团从商人员逐渐减少,走科举仕途的明显增多,一方面说明家族有了雄厚财力支持他们去考科举,另一方面也再次表明古时商人社会地位普遍较低。

近代之前,郑氏在传统的江浙钱庄业中具有一定的话语权,为两地商人存贷汇兑提供便利。但随着上海通商开埠,外国资本大量进入中国,如何与外国资本融合和拓展信贷业务,成为传统钱庄业的难题。经不住几次金融风潮的考验,大批老钱庄惨遭淘汰。由于技术和观念的陈旧,郑氏商人也在这一行业中失去了竞争力,却让以孙衡甫为代表的孙家登上了金融舞台。

清咸同年间,孙衡甫的父亲在郑氏富商家里做帮佣,闲暇时时而做"兑糖"生意,时而负责衙门打更工作。当儿子孙衡甫(1875—1945年)长大后,郑家主人见他头脑活络、手脚勤快,就有意对他精心栽培,出资送他去沪做生意。不久,孙氏成为沪上银行业商人。周氏为慈城德星桥周氏家族的分支,乾隆时入赘半浦郑家,后在沪上周家浦经商发迹。从客观上说,周、孙两家虽不像郑家那样出名,但也是典型的文化家族,以学问、人品、忠孝、节义治家。孙氏家族与本地"耕读世家"不同,尽管人口不多，但热衷于商贾。在孙衡甫这位近代著名银行家的影响下，孙氏家族逐渐走上了一条商业兴族之路。随着周、孙两家的强势崛起，郑氏在半浦的地位被动摇了，而不远处黄山王氏家族的持续兴盛，则给了郑氏加倍的压力。

孙氏当初被郑家人器重，带到上海久源钱庄任职，后在困顿下，孙毅然决然地投入新兴金融业——银行业中，投资四明银行，并在清末新政背景下创办泰来面粉厂。在他的奔波张罗下，此时的孙氏家族摇身一变，以新兴家族的面目出现，为世人追捧。而王氏家族以王治本、王惕斋、王藩清、王汝修为代表，抛弃固有的祖宗成法，以更积极的面貌迎接新式文明，甚至出国去日本考察和交流。通过与日本维新人士的接触，他们扩展眼界，为王氏家族争取了改革利弊的好时机。虽后来家族还是因近代工业化、城镇化衰落，但直至清末，王氏依旧是地区上的大家族。同故步自封、满足于自身小圈子的郑氏家族相比，王氏家族衰落速度远慢于其。

随着社会发展，由异地入迁半浦古村者日益增多。周姓是较早入迁半浦的大族。其后，孙衡甫与郑氏家族先后在沪甬一带经商，之后孙成富商，善于义举公益性活动，和郑时卿等人组织山北航船公司。在渡口右侧一箭之地，前后分两次造码头和候渡室。从半浦起航，东达宁波老外滩，西至余姚，以载来客和集散货物，轮流定班行驶。从此，半浦渡周边的泥土味在空气中又掺杂了阵阵柴油味。孙家又在渡头街西侧干顺号米铺内架设公用电话的私人专用线路，这是半浦渡口继兴不衰的动力。

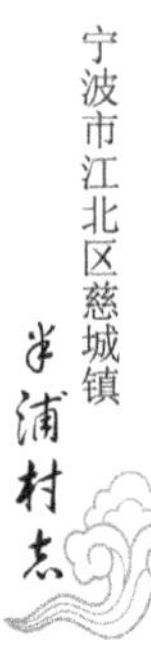

第三节　慈善义举

半浦郑氏、周氏、孙氏子弟有的科举上榜、仕途顺畅，有的商业实业事业有成，都拥有了相当的财富。他们除了买田、建房、建祠堂家庙外，更热心地方上的公益事业，为乡亲谋福祉。

一、义庄

古代义庄多为家族式慈善机构，资助子弟接受教育。中国历史上大家庭为团结本族成员，维护本族本乡公益而设置的田庄称义庄，一般由族内官宦乡绅倡议并出资，通过捐献或购买田地作为义田，所得地租用于祭祀、兴办书塾学堂、资助应举考试、接济孤寡贫困、救援灾伤病残、补助嫁娶丧葬等项。义庄创始于北宋范仲淹，此后各地望族多有置办，明清时遍布全国。

据清代光绪《慈溪县志》载，清时全县共有义庄 9 所，其中东乡 2 所(骆驼桥盛氏、更楼严氏)、西乡 3 所(西门外冯氏、石步叶氏、上新桥董氏)、南乡 3 所(石米湾陈氏、半浦郑氏、罗江罗氏)、北乡 1 所(观海卫胡氏)。

《慈溪县志》云："郑氏义庄在南乡十二都二图(半浦西南)。嘉庆二十年里人郑珪创始，其子耕堂、玉堂、礼堂，孙尔毅、尔楠踵成之。捐银五万七千五百四十九两，建义庄一所，置田一千零一十七亩。对郑氏族人，贫者得以养，贫而鳏寡、孤独、疲癃、残疾者，生、劳、病、死、教无所不包。"

《慈溪县志》上有半浦郑氏义庄记，为文者有潘世恩、李宗防、朱兰等人。潘、李皆曾任浙江学政，潘官至清军机大臣；朱是十六世郑养元的姐夫，官至礼部侍郎。

潘世恩记曰："庄以义名，慈水郑晚圃封翁，推己及人，以赡宗族，有志未逮，而子若孙相与继述成之，传于后嗣，垂诸久远者也。庄之中置田若干，乃即灌江之阳。为屋若干，为廪若干，为塾若干，屋以奉翁栗主，其庑则司田之丰啬者居之，廪以备盖藏，塾以课其族之子弟，教养兼尽，出纳有经。呜呼，利溥泽长矣！……毅祖起家耕读，乡里称善人。诸父服贾四方，积有盈余，则奉以为翁寿，翁愀然曰：'尔无为是念，先世自元季以来，卜而居此，服畴食德，户口盈千，皆始祖安仁公所自出。其间生无以养，死无以葬，举子不能育，育而不能教者，水源木本，怆恻于怀。尔欲博老人欢，盍此类而施之，俾吾子姓，无虑失所。一岁极之千百，岁以为常，寿莫寿于此矣。'诸父志之不敢忘。越乙丑毅祖弃人间事，诸父念翁之不克覩厥成，则经营愈亟。创始于嘉庆二十年，落成于道光三年，建置苟完，规条既备。"

内阁学士兼礼部侍郎朱兰在《郑氏义田记》中云："嘉庆二十年慈溪职员郑珪仿宋范文正公置义田以赡族，事未集而卒，其子耕堂、玉堂、礼堂，孙尔毅、尔楠继之。

越八年，得田1017亩有奇，置义庄慈溪城南十里之半浦镇，立义仓、义塾于其中。道光四年有司以闻，诏建坊，旌其门。明年，复赐耕堂以下，级有差。”

郑玮，半浦郑氏十五世祖，字宏立，号晚圃。其祖为桔，字允卜，生于康熙五年（1666年）十二月十五日辰时，卒于乾隆九年（1744年）十一月初七酉时。他创捐传贮银，修辑宗谱，貤赠儒林郎，从祀崇报祠。父郑愉，字美兴，生于康熙四十二年（1703年）二月廿二日辰时，卒于乾隆四十年（1775年）三月廿四日，捐传贮银，重建宗祠，增置祀田。郑玮生于雍正七年（1729年）七月十三日子时，卒于嘉庆十年（1805年）四月十五日酉时，国学生，诰赠奉直大夫，创建义庄，钦旌义行，给帑建坊。配裘氏，诰赠宜人，生四子：耕堂、玉堂、书堂、礼堂。

郑尔毅，字会期，号果亭，别号木斋，半浦郑氏十七世祖，生于乾隆五十五年（1790年）十月廿八日酉时，卒于咸丰七年（1857年）闰五月十五日申时。由廪岁贡生，授训导，历署遂安、汤溪、桐庐、云和、于潜县学教谕，绍兴府学训导，议叙州判。承先志建义庄、置田赡族，悉资经理。居家后见义勇为不辞劳瘁，乡党赖之。尤留心先世故典，见闻所及靡不搜罗，著有《奇零集》。清代郑梁在《郑氏人物传》中云：“其先世以贾业起家，富甲乡里，而于承先启后诸义举，有志未遑也，尝储公项以待后人。厥后支派益众，意见不同，有言其利而思瓜分者，君力阻之。且亟谋于众，次第举行以成先志。如改建宗祠，增置祀田，君尤著者焉。”

鄞县人董澜的《郑氏义庄记》提到，划拨义田，设立义庄，在当时聚族而居，依邑而治的年代，郑氏之善举诚为开风气之先。以私田而供养全族的鳏寡孤独，量其岁之所入给济茕独，又以其余为膏火之资，赡嫁娶，助葬资，贫者得以养，贫而鳏寡孤独者不至于无告。除此之外，郑氏还延请塾师以教族中之无力读书者，普惠族人，遗泽后世。

二、义渡

郑氏宗族世居半浦，南首有渡口为鄞慈往来要津，族人郑君选、郑名臣等此前发起捐资兴造渡船，但因经费不足，几经废弛。后在举人郑芬（芸书）、郑一夔（侣皋）努力下，义渡逐渐恢复。道光二十年（1840年）郑尔毅的《挽宗弟足人》诗，同治七年（1868年）闰四月勒石《义渡碑示》（在半浦渡口南岸），《慈溪县志》中郑芬（郑一夔从兄）条目，光绪三十年（1904年）“岑荫山庄碑”《慈溪郑足人先生墓祠记》（在鄞县四明山村，曾孙郑德后敬书），民国二十六年（1937年）《慈溪半浦地图》（标有郑廷荣田号），都记录着半浦郑廷荣、郑一夔父子俩的信息。

咸丰元年（1851年），由教谕郑显煜（佑启堂二十五世）、廪生郑显泰（佑启堂二十五世）两人秉承其先人为半浦渡口捐助义田的善行，重举义捐大旗，发动士绅训导郑尔毅（复训堂十七世）、监生郑淦廪、贡生郑元祁（复训堂十八世）、生员郑养元

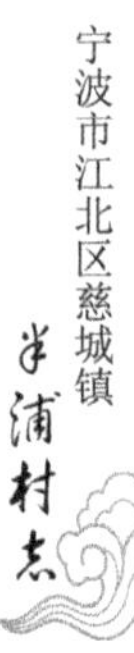

(复训堂十六世)等人筹集资金,捐助田地,备造渡船 3 只,在渡头街中心位置重设义渡,并重筑南北两岸埠头、船夫住屋,在姚江两岸渡口各置天灯。雇工分撑,昼夜轮流,以利行商往来。

三、义学

今慈城校士馆,民间称考棚,是科举制度中童生参加县考的场所。慈溪虽是地理小邑,却是文化大县。清政府对县儒学分小学、中学、大学,据清代光绪《慈溪县志》载:“慈溪向系大学。”清道光十五年(1835 年)之前,慈溪县每次县试的童生多达七八百人,但无专用考场。每当县试,县衙的厅堂、房间、檐廊、过道,都成为县试场所。若遇风雨,更使童生无法展卷作考,带来诸多不便。又《慈溪县志》载:“郑一夔,字足人,一字侣皋,道光十一年(1831 年)举人,官丽水教谕。邑中义举多与焉,承父怀清志,倡建校士馆,费三万金。议叙加运同衔,朝廷以‘乐善好施’旌之。”道光十五年(1835 年)始,近 8 000 平方米,房屋 117 间的校士馆,历时一年后竣工投入使用。

整组建筑,坐北朝南,为中国传统的中轴对称布局:中轴线上由南向北,为比较典型的清代三进两院建筑。前进为大门和仪门,仪门是主考官迎接上级官员的地方。大门前有一照壁,东西两辕门;大门西侧建小屋六间,东侧建有三间土地祠。仪门西侧建有门房四间。第二进分左右两廊文场为考屋,中间为考生进入考棚的入口,俗称为“龙门”。考屋的门和窗结构都一模一样,共有六十九间,每三间筑地墙道,外留一方小天井,仅正南面出入和采光通风,整个考棚能保证有充足的光源,还可避开风雨之苦。每间考屋都有考桌四张、凳子四条。考试时,这十来平方米的空间要被分成四格,每格坐一人,看起来就像是一排排鸟笼式的建筑,称号舍。可以想象当年莘莘学子云集于此,在这一间间狭小的考棚里伏案提笔、展卷应试以求功名的盛况。

主厅大堂五间为主考官评阅试卷、面试考生、接待上级官员的地方,左右各有偏房四间。后进有天井一个和二堂五间,为同考官、监考、提调等官员的工作室,还建有朝南挑试所五间,是考生交卷、考官封卷的地方。西建黄(震)文洁公祠,东建韩(愈)昌黎祠,东西两侧分别建有厨房与卫生设施。校士馆的创建,是慈溪县科举史上的盛举。

1921 年,孙衡甫热心家乡公益事业,在半浦村创办半浦小学,旨在让孩子们接受更好的教育。半浦小学有校舍二幢,是民国年间的中西合璧建筑,现挂有“江北区文物保护点”的牌子。

半浦有一块“孙君义行碑”,系县人冯幵(君木)于 1929 年 2 月立。碑文记述衡甫先生徙居半浦已二代,在半浦“首治路,鹳之浦(半浦)纵横五里许,北抵县城十里，东圪小西坝五里，敷土甓(砖)石，皆坦坦成大道”。其在村内外治路10千米以上，“次浚港浦(姚江)支流，凡大都(条)一千三百七十丈”，对“岁久填阏(淤)的河流一一直渫(泄)”，疏通村内河流，约有4.5千米。“先后费银整币四万版(元)有奇。”“于是行者居者畊(耕)作者幸其往反之便，而饮汲灌输之备以饶也”，治路浚河后，村民的生活和农作大受其益。

此碑对孙衡甫的义行给予了高度赞扬：“君以济民居多，初非有疆土之责，赵义旧勇，独能举其乡之路政、水利以一身，负之而趋，非为名高也。殖利于一家，而环吾家者举萧然，不获蒙其利，此宜仁人长者之所不忍，而亟图有以自靖者矣。乡之耆老感君风义，谋立石道周，属余为文刊之，以永乡人无穷之思，式是石焉可也。”

半浦村民风淳朴，人们和睦相处，团结互助。古时候村里有重大事情，由村里一些德高望重者共同解决，或与地方官府协商解决。例如，雍正三年(1725年)郑性捐田39亩，知县张淑郡与之设义学(见清代戴椿:《德润书院记》)。而郑足人除了建校士馆外，还修砚闸、修路、造桥，带头出巨资与乡人一起在慈城为朱贵立祠庙，并年年祭祀。他还创立民团，以对付侵略军，保卫乡里等。更值得敬重的是郑足人复寄书于家，勉嗣君辈力学。郑中节(郑性之子)善诗文，捐地700余亩，给郡城(今宁波月湖书院)。20世纪20年代初，由孙衡甫、周亨宜、郑式宜、郑时卿、郑莘源等诸公发起组织成立的“半浦同志公益会”“半浦旅沪同乡会”专门从事地方上的公益事业，筹办并处理义渡、义市、消防、治安、学校、义庄、交通、水利等公共事业，除各自出资支持外，还通过“半浦旅沪同乡会”融资。一桩桩的义举善行璀璨如星，点缀着这一方星空，使得这个古村虽经几百年沧桑却仍然熠熠生辉，为后人所景仰。

8 第八章 民俗文化

第一节 生活习俗

民俗来自生活，是指一个社会群体在长期的社会生活中逐渐形成并世代相传、较为稳定的文化事项，可以简单概括为民间流行的风尚、习俗。吃、穿、住、行、用的习俗，能够集中体现地方的生活习俗，而生活习俗又是当地民俗的重要组成部分。

一、婚丧嫁娶

贺岁 四时之序，首重元日，晨兴设香烛，男女着礼服，拜上下神祇，陈果饵酒馔。悬遗像以奉其祖先，往来称贺，尽五日乃止。家中具春盘，以相延款。男子出拜宗族、亲戚、邻里，诣之。

试周 婴儿周岁，在其面前陈列多种器玩，如小刀小枪、胭脂花粉、文房四宝等，任其拿取，谓从拿物中可卜测性情志向。是日，外婆家和亲友向婴儿馈送食物、银钱、饰物，主人宴请来客。

拜堂 新娘花轿到男家时，鸣鞭炮、敲锣打鼓，敲悬于帷内的铜喜鹊，花轿停在堂沿，轿夫开轿门，一盛装幼女上前行礼后，“送娘子”取镴壶中香粉在新娘脸上补妆称“添妆”，然后携新娘出轿立于拜位。童女退立一旁，一全福妇女用秤杆微叩新娘头部，再用秤尾自下而上挑去方巾，置于床顶。陪郎请新郎立于拜位。主婚者位于上，司仪主持婚礼，新郎新娘上香拜天地，拜祖宗后对拜，童男开始“读祝文”。拜堂后，陪郎两人捧花烛引导新人踏地面布袋入洞房，布袋共五只，每行一袋，“送娘子”即移置于前接之，称“传代入房”。入房后新人并座床沿，饮黄糖圆子汤，礼厅中主宾同时进食，以示团团圆圆。饮后新郎出房，“送娘子”服侍新娘换妆，然后新人再一次向父母和长辈跪拜。礼毕，“送娘子”捧茶盘向长辈敬糖茶，新郎介绍长辈称呼，长辈置红包于茶盘作“见面钱”，亦称“茶”钱。

孕妇禁忌 旧时孕妇禁忌甚多，忌坐地袱、看别人砌灶、食生姜、看蛇、拿吊着的饭篮，尤忌跌跤。

丧礼 当地丧礼尚多近古。初丧，亲友临吊皆襚以被，红表杂色，里布帛随宜，着以薄绵，亲戚谓之重被，朋友谓之情被。丧家七日一致祭，至七祭而止。凡有已嫁之女者，女必于七祭中虔备祭仪。代设一祭，丰俭随宜，谓之赙荐。其第五祭先一日，亲昵者，或馈金者，谓之五七团。临出柩则馈以祭品，奠仪、楮仪、锦幛、挽联、诔辞，各随其宜。

出殡　出殡，俗称“出丧”。大户人家于灵柩上盖红毡条一幅，上罩蓝布材套，四角扎白花球，顶中立一纸扎头朝天的鹤，称“独鹤朝天”。赞礼高喊：“主师升堂。”主师持神主牌起立，面向灵堂，孝子跪拜四次，主师连念死者称衔三遍，于“全”字先朱点，再用墨改。点主毕，在神主牌饰红绸“魂帛”。然后抬柩出门，孝子在门外，向棺跪进三杯酒，抬棺人接酒，一一泼洒于抬杠，称“醮杠”。当孝眷棺旁号哭时，高呼“醮一杠”，哭声骤停，下跪肃听醮杠人念醮杠词。边念边以酒洒向杠头、杠腰、杠身。随之抬棺上路，孝子起步。轮番击打，放爆竹称“引路炮”。散纸钱称“买路钱”。随后童子执“引路幡”，有纸扎如仆婢状的童男童女，次为“魂桥”，内站捧神主的女婿。再是“像亭”，上悬遗像，案陈果品、香烛；后为挽轴队，最后为灵柩。孝子、孝孙、孝侄披麻戴孝，扶二尺长的“孝竹棒”，扶棺躬身而行，其余亲友随后。灵柩遇过桥，孝子先过桥跪迎，待灵柩抬过桥后再扶棺而行。随着殡葬制度的改革，现在是先用灵车将逝者运至火葬场火化，回来后再出殡，送至公墓地。

二、时令节庆

送岁　岁除前数日，各以牲馐果饵馈送亲友，谓之馈岁。除夕，各具牲醴，祀神。以酒馔祀其先，既而召亲邻或聚家人合饮，谓之分岁。明烛烧香，或炽炭燔柴，长幼坐以待旦，谓之守岁。先期预备品物，为新岁之用。罢市数日，蒸米为籽，新岁复炊而饭之，换桃符，写春帖，易门神，谓之从新；烧生盘，爆竹花，谓之辟邪。

过端午　农历五月初五日，也称“端阳”。各家各户挂菖蒲和艾叶，贴“端午老虎”于门壁。姑娘用香粉、棉花、彩绸制成六角、鸡心、粽子、老虎等形状的香袋，用五彩线挂在左手胳膊处，称“长寿线”，又称“缠手绳”“长命缕”等。用线将菖蒲根串成人形，涂以雄黄，挂在床沿或帐钩上，称“菖蒲剑”。室内喷雄黄酒以驱邪禳灾。以酒加雄黄涂在婴儿额上书“王”字或涂手足臂间以避祟。各家烧苍术、白芷以祛蚊，俗称“熏蚊烟”。中午饮雄黄酒（有毒忌饮），吃蜒蚰螺炖蛋，以为可清凉解毒，“轻汗微微透碧纨，明朝端午浴芬兰”。端午节还兴龙舟竞渡，传说是为了纪念爱国诗人屈原。明代诗人边贡在《午日观竞渡》一诗中写道：“屈子冤魂终古在，楚乡遗俗至今当。”在浙江，历经千年演化，裹粽子、吃粽子、赛龙舟等端午习俗依然多彩纷呈。

祓高秋　祓高秋是过立秋节的一种仪式。高秋，即立秋；民间在立秋节吃西瓜，吃薄脆饼与萝卜籽一起捣碎的粉末，以为可以祓除暑热，抵御秋寒。

起屋　起屋又称“建房”。建造房屋不但是一个家庭的头等大事，同他们的财、物等能力相关，而且一般认为建造新居，关系到家庭兴旺和子孙昌盛、风水吉祥。

从唐朝流传到中华人民共和国成立前的建房风俗，有很多讲究。在整个建房过程中，民间有选地、选材、选日、立柱、上梁、落成、庆贺等习俗。一般方位的选择是坐北朝南，以利通风采光，历来有“左青龙、右白虎、前朱雀、后玄武”的讲究。东边是青龙，青龙怕臭，屋基东首不能有粪缸、猪厩、污水、臭坑、垃圾仓等，否则会青龙远避，影响紫气东来，对居家不利。西面是白虎，白虎伸手，西邻的廊墙不能超过东邻的山墙。房屋地基选好后，掘第一铲土叫“动土”，动土是象征性的，却要举行庄重的仪式，首先请风水先生排动土日期。动土一般由两个人参加，一是建房主人，另一个是事先选好的亲友或经验丰富的长者。动土前在屋心中央摆三牲、焚香烛、祭祀土地神。屋主叩拜，年老者在旁边祈祷，“四平八稳、万事大吉”“阿拉造屋哉，土地爷爷在旁边保佑”。祈祷后开始动土，屋主在前头用铁锄头，分东南西北四址方位掏土，长者跟在后边往土里撒米和茶叶，并根据四址方位，口念“四周诗”：城区一带为“东到东海边、西到曹娥江、南到大岚山、北到下海头”；马渚一带是“东边到宁波、西通绍兴府、南到大岚岗、北到大沽塘”。选定日子开工，请石匠、木匠、泥水匠，开工定磉、砌墙、立柱。

在整个建房中，民间旧时最重视上梁，盛行一套喜庆、隆重的上梁仪式。一般提前请风水师择定日子。上梁吉日选定后，诸亲好友都要送礼庆贺，少不了“馒头”，称“上梁馒头”，出力帮工。立柱上梁日，在附近左邻右舍显目墙壁上，红纸张贴“某时辰某某避冲”。上梁仪式开始时，两旁边正柱上张贴喜庆对联“立柱正逢黄道日，上梁喜遇紫微星”，正屋大梁栋梁上挂“紫微拱照”红布横披，其他梁桁上披红绿布幅，上书祈福文字，祈吉祥如意；屋主供三牲、三茶、六酒、五素菜、两碗饭，供大发馒头、元宝等供品，点燃大红香烛、焚香，开始祭祀，燃放“步步高”“满地红百子”爆竹。鹿亭山区放铳，四明山敲锣鼓。祭礼结束，旧时泥水匠老师傅为大作头，木作头配合，大作头把祭酒边洒边浇边念《上梁歌》：“浇梁浇到东，下代儿孙做国公；浇梁浇到南，文武状元出此中；浇梁浇到西，下代子孙坐金殿；浇梁浇到北，下代儿孙做都督；浇梁浇到栋梁中，东家养了四条龙——青龙盘酒缸，黄龙盘谷仓，白龙盘米缸，乌龙盘灶缸。”正梁敲进两边榫头，栋梁徐徐上升，再唱《酒浇梁歌》：“日出东方一点红，东家坐在华堂中；紫微星斗云头过，上梁时辰没算错；上梁上到青龙头，后代子孙封皇侯；上梁上到青龙腰，后代儿孙做阁老；上梁上到青龙尾，后代子孙中进士；上梁上到青龙边，后代子孙买大田。”梁上好后，大声吟唱：“人丁兴旺，四季发财。”梁上长串鞭炮开始燃放，鼓乐齐奏，四周围观邻居蜂拥而上，作头师傅向四周抛下“大发馒头”。上好正梁，接着钉椽子、盖瓦片。晚上大摆“谢师酒”，新屋内要摆“上梁酒”，主家除给作头师傅“上梁红包”外，按桌向工匠、帮工、贺客劝酒道谢，分送“上梁馒头”“上梁手巾包”，还要给四邻分送“上梁发财馒头”。正堂放至亲送来的发财树、万年青。

第二节 生产习俗

民间习俗同样也来自生产劳动，是人们在劳动生产过程中产生的一些具有普遍意义的习惯性行为或倾向。这类习俗伴随着物质生产的进行，多方面地反映着人们的民俗观念，在历史上对保证生产的顺利进行有一定的作用，一般具有一定的广泛性、流行性，但亦存在一定的地域性、时代性或民族性。

一、农事习俗

稻草神 传说稻花仙姑育成了谷神，谷神又育成了米神，稻神的灵魂留在稻草中，故民间历来有“救命稻草”的说法。丧葬中，子孙戴稻草冠、系草绳、穿草鞋、“跨火马(燃烧的稻草)”、烧草船以驱赶野鬼。民间以为田间稻草人既可吓唬鸟兽，又可驱散鬼怪。崇拜稻草神的习俗一直传承至今。

行青苗会 如遇病虫害，一般农家会在田中央倒插粪缸、扫帚驱逐稻瘟神，把谢年时的饭干撒在田里，意为神灵享用过的供品能驱杀害虫。考究人家则在田头插竹筒，把关牒塞在筒内，祈祷后烧掉，意为烧死了害虫。在早稻结花时，为祈求稻不出虫子，村民会在前安仁庙请除蝗菩萨，抬起到各地游行一圈。此俗 1949 年后渐渐消亡。

吃脆瓜 天热时，八月收割稻谷时，如果天不下雨，村民就抬着渡头庙的“稻花娘子”去各地游行吃脆瓜，抓到青蛙和蛇为好。

挑宝担 村里田种下之后，农民要举行自发的行会，男子要“抬阁”。扮相各为“三国人物”。庆典游行中，青壮男子有的会挑一种特殊的担子去参加表演。这种担叫宝担。宝担十分漂亮，挑宝担的人像接力赛一样，先到的放火铳庆祝。

二、工商习俗

拜师学艺 拜师是手工业、服务业和娱乐业等多种行当的职业民俗。旧俗中，手工业和商业都要拜师，拜师学艺先经过亲朋好友介绍引荐，然后择日行拜师礼。通过仪式与授技授艺者结成师徒关系，终身执礼，情同父子。三年满师，师父授徒弟工具一副。师傅去世，为徒者执弟子礼。

商店开业 商店开业时，店主要择吉日，拜财神，祈求发财。规模较大，实力较雄厚的商店，开张时放鞭炮，挂招牌，宴请宾客，以招揽生意；小型商店或夫妻店，张贴写有店号的红纸，放一阵鞭炮，即开张营业。挂“青龙匾”，为民间传统的商业广告形式。各行各业商铺店肆，店堂的格局大都类似，即一个当街的曲尺形柜台，临街面的柜台上陈列商品；另一面柜台的里端，则大都竖着一块“青龙招牌”，长方形，黑底金字，内容大都与行业相关。例如，酒店多题“太白遗风”“刘伶停车”“杜康佳酿”等；米行多题“食为民天”；水果店多题“南北果品”“四时鲜果”等；酱园店多题“调和鼎鼐”。

各商家十分重视元宵节，上灯前都要在门前张灯结彩。元月十二日上灯，清晨要请职工吃汤团；十八日落灯，晚上则吃年糕，即所谓“上灯圆儿落灯糕”。其间，商家都有“争接青龙”的风俗。就是在元月十二日，各龙灯都要到城隍庙参赛，挂红点睛，俗称“龙灯开光”。随后，各路龙灯飞舞，分别到大街小巷及富商巨贾家去舞龙灯、开利市。各店家为了“接青龙”，都要争相迎人。舞龙者则高举龙头，在招牌上兜一圈，然后绕着厅堂、店铺，盘旋飞舞一番。有的舞龙者，还边舞龙灯，边吟吉利语。如：“天下太平万年长，青龙飞舞到店堂：一祝店家生意好，财源茂盛达三江；二祝店上多利市，生意兴隆四海旺；三祝东家身健康，多子多孙财满堂。”舞龙者唱得店主高高兴兴，赠予他们香烛、点心和酒资红包后，才离去。

商家店铺营业时禁忌甚多。例如：店员在店堂门口不可打呵欠、伸懒腰、手托门枋等，一般认为这些会把生意赶跑。店员站柜台，背不可朝外，背朝外为大忌，对顾客不礼貌。扫店堂，只能往里扫，不可往外扫，意谓金银财宝扫进门。

第三节　民间信仰

民间习俗保存着民间实践经验、民间信仰、民间艺术、风土人情等各类民俗文化遗产，在人民生产生活中起着巨大的作用。半浦古村保留了其他地区不少已消逝的传统风俗信仰，是先民对天人、群己、义利等关系的约定，有着自身特定的文化内涵。

一、祭祀

宗族祭祀　分为“祭家祠”和“祭祖堂”两种形式。祭家祠为合族共祭，一般在清明举行“春祭”，冬至举行“秋祭”。此外，就是大年夜的“谢年祭祖”。

祭祖以追念祖宗远德为核心内容，因此它的形式大同小异。比如：挂祖宗画像，烧明烛高香，祭牺牲供品。吹唢呐迎族长太公，鹅头、鱼头朝族长太公，由族长太公动第一筷（清明、冬至祠堂办饭 8—10 桌。入席者如长辈、贡献者、管事）。其实这是对家族成员的一次检阅，即进行认定和褒贬。祭祀结束后，“分饼”。此时就是小孩最兴奋、最快乐的时刻了。半浦祠堂有正月初一分吉饼，清明分麻糯，冬至分馒头（或铜板）的习俗，但在分配方式、数量、对象上，各祠堂、各年代略有不同。同族的人分糖饼按照辈分的高低，最长的拿 48 只，普通的拿 2—8 只。“吉饼”是一种碗口大小、上面常有芝麻的烘制酥饼（半浦几处祠堂分的吉饼，基本上都在瑞芳定制）。当它代表家族元老的某种吉祥的祝愿时实际上已经化为家族的吉祥物，在清中叶以前大多只给男性，所谓“丁口”。清末尤其到民国以后，有些家族，在族规中开始写明包括女性成员。

以半浦《郑氏宗规》为例。丁饼每人 1 股，每股 8 枚。娶妇之家，报明姓名生年，编折入饼 1 股。生女于出嫁之年报明婿家姓名，给花粉饼 1 股。妇卒报明月份日期，给报信饼 1 股。孀居之妇，上无叔伯同居，下无子孙可依者，每年给恤嫠（寡妇）饼 1 股。

元旦筵席上祭饼 98 枚，统归宗长承领，房长各 2 股，执事各 1 股，司账、司册各 2 股，总册、总理各 4 股。

子姓寿至七十给老年饼 1 股，由七十而八十而九十而百岁，照股减半递加。如其遇覃恩（皇恩）鹰冠带者照股递加。读书入学者给神衿饼 1 股，由入学而贡生，而举人，而进士及京外任，依次递加。

同时，对于家族需要倡导的业绩或行为，除用“加饼”的方式给予荣誉褒扬，在元宵、冬至、春秋大祭时，均准与胙（祭祀时供过的肉）。读书应试者，各给卷费。生童（童生）院试有六百文，生监（生员、责生、监生）乡试有三千文，举人会试有六千文，贡生（贡士）殿试者有八千文。先行期一日，司账着祠，祝分送以示鼓励。当然对违反族规者也有不准入祠，永停馒饼等处罚。

祭祖图

在中国传统的民族文化里，宗祠文化是一项不可忽视的姓氏宗族文化。中华民族的姓氏文化源远流长，全世界任何国家的姓氏文化都没有像中国这样延续数千年来都没有间断。随着社会发展、时代变革、人口流动，一定程度上其发展受到了阻碍，但作为一种文化，其一直植根于百姓骨髓，还是默默地在中国大地蔓延生息。

二老阁祭祀 该祭祀有一整套礼俗、礼义、礼制、礼规：每年农历春秋季节第二个月（二月、八月）的第一个丁日行祭，全羊、全豕各一，邀黄氏诸孙及同社弟子皆与祭，严格俎豆（礼器、器皿），及家居祭祀，皆依古祀，巫觋不得入其门。祭祀当日，学者渡孝女江，抵四明。供桌上摆放着各色祭品。随着"祭——奠——者——就——位""执——事——官——就——位""陪——祭——官——就——位""效——宣——就——位"，通赞的一声声高诵，祭祀者身着汉服，手执笏板，以古礼向他们的祖先、师长表达尊崇之意，盥官在一旁捧盆执巾，祭官和陪祭官先后净洗双手，以示对祭奠先祖、师长的诚意。敬献鲜花以后，祭官和陪祭官跪在"神主"前，上三炷香，并把一尊酒奠于供桌。接下来，读祝官高声诵读二老阁奉主告文："于维先师，学绍蕺山，慎独之宗。赖以益宣，昔来甬上，寔主讲坛，学者云集，先子与焉，见知悦服。如孔门颜弥留之际，一语谆虔，特祠奉祀，百世勿迁。念我先祖，出处相联，采薇及蕨、志节完全以配先生。于仪无愆，阁名二老。百尺岿然，先子侍立，俨若生前。小子不才，越廿余年，拮据甫成。今日吉蠲，奉主而入，以妥以安尚飨。"最后，在"俯——伏——拜——兴"的高唱声中，祭官、陪祭官以及参祭者向黄宗羲、郑溱、郑梁行四跪拜礼。

二、节会

东太平会　在20世纪初叶，浙东宁绍等地，庙会极盛，每座祀庙春祈秋报。春设牲敬神，演戏、唱书娱神，祈求境内风调雨顺、国泰民安、五谷丰登。秋收后报赛，庙神出殿巡逻境内，有的还举办赛会活动。

当年半浦村的"东太平盛会"，有赭山、杨陈、黄山、洪陈等地的队伍参加。据传由洪陈渡一位泥瓦匠始发人，与各村推选操人，研究行动路线时间、会阵地点、先后程序等，再由各村负责人承办，落实具体活动的内容分项指挥，提前集训，届时诚信守则，集中行动。参会人数动辄上千，没有报酬，粮食自备。

出巡队形依次是：神（东岳大帝、关公）人抬、月镜（铜制）人提、马二匹（上骑童男童女）、穿红色背心男汉子两名（必须身强力壮）、炮担若干、沙船（旱船，是队伍主角）、抬阁四台、各种响器（如锣鼓、丝竹、吹打）、大幅红布（六人牵引）、大令旗若干、蜈蚣旗若干、彩色小旗若干、扮猛兽若干、扮大小鬼若干、舞狮队、舞龙队（白、黄、蓝等各色龙）、三百六十行扮演队（人数不限，可随时插队）、高跷若干。

会器中最大的是大令旗，旗杆高5米左右，需要2人扛，4人撑，4人拉旗绳，3人拖旗角，一面大令旗在行会过程中需要十几个人轮流扛。最精彩的是踏高跷，分3尺、8尺（高度），绑在腿上奔走如飞，并能做出翻杠、跳舞、打飞脚等惊险动作。最好看的是抬阁，又称"彩阁"，实为一批由数人扛抬的超小舞台。抬阁共分上、中、下3层，将6—8岁俊俏孩童装扮成戏曲人物，底盘由八名彪形大汉抬着，抬阁的四周用纸扎成龙、凤、鹤、祥云、水花等彩灯。巡游时彩灯内点燃蜡烛，衬映着穿着鲜艳服装的儿童，远远望去，如天仙下凡。在吹打演奏配合下，边行进、边表演，毛竹的抬杠上下波动，高台上孩童表演十分惊险；最好听的是器乐演奏；最热闹的是铳炮；最可怕的是人扮的恶禽猛兽如狮、虎狼，大小鬼如十殿阎王。最珍贵的是月镜和纱船，月镜长1米、宽70厘米，画面山水、人物用铜制成，纱船均用香樟木雕琢成花卉、八仙、戏剧人物，造型栩栩如生。

观众多数聚焦在该村主要路口，观望每村的队伍经过，除老弱病残外几乎全家出动。看得不够过瘾的，特别是年轻人，会奔跑到阵地观看各项技术表现。当然这样的大型集会，难免也会出现一些不和谐现象，穿红背心的汉子当起纠察人员，要求大家遵守会规、互谅互让。

水龙会　半浦是一个自然与人文各擅的古村，村内古建筑在显示出传统的建筑艺术和独特的审美价值的同时，还保存了许多消防设施。例如，前安仁庙设避雷针防火，利用戏台藻井、磉盘、石墙、石门、包柱工艺避火，造马头墙封火，以及村里保障消防水源，等等。

清末民初，一个自发性民间组织——半浦“安潜会”宣告建立，地点在半浦街上三星阁，成员来自各阶层，资金自筹，设备自置(水龙由孙衡甫、周季欢赞助)，头儿自选，志愿服务。半浦安潜会虽是民间自救组织，但纪律严明，分工明确。负责人为陆先生，有义务救火兵 30 余人。消防设施有水机子(压龙)，手龙，包括令旗(会旗、帅旗、大督旗)、火旗(水口、担水员号旗)、铜锣、水枪(龙头)、吊桶、水桶、扁担、大木桶、水带、挠钩、太平刀锯斧、扛索、竹梯、灯笼、应急包扎药箱、号帽(竹编、铜质)等物。

1931 年秋，上新屋附近，一位老婆婆洗脚时倒翻煤油灯，火引上蚊帐失火，村民敲锣(乱号，各家自备锣也会配合)喊火灾位置。救火兵四方云集，即刻赶到，四人抬起水机子(由身体强健的泰记、成丰、五丰、穗丰 4 家米厂师傅担任)飞奔而至。照明由水管工接拆，拔火衢由木工、泥工担任，交通由渡工负责，大督旗(蓝底白字)指定放水龙的位置，水口旗(蓝底白字)指示水源。一时，司龙者、司苗者、司筹者、司烛者，所司何事，分工明确，一望而知。最勇敢的是上高者，备有梯子、挠钩等用具，以备拆屋。还有救护者，备有大索大杠，可攀援而上，救护被火围困之人。经过半浦安潜会组织奋力扑救，扑灭火灾，像之前每次救火成功后一样吹号一声，间鸣锣一下，称为“太平锣”，最终保住大型建筑物——祠堂。

“夏至逢辰是分龙”，每年农历五月二十半浦会过传统的分龙节，有演习救火之俗。以演习或比赛名义，进行“洗龙”与“试龙”，可对搁置已久的器材设备进行全面检测，确保完好有效，比救火结束的“例行保养”工作严格得多。

现在尽管安潜会已退出历史舞台，但它曾为保一方平安发挥了巨大贡献，并不会随着时间的流逝而被村民淡忘。

9 第九章 乡 贤

第一节 人物小传

一、郑溱

郑溱(1612—1698年),字平之、启子,号兰皋,别号秦川,善六房十二世,慈溪半浦人。崇祯十三年(1640年)列为副榜。生而颖慧,弱冠游庠,穷研六籍,手披口诵,著作等身。与黄宗羲、万泰同学刘宗周之门。时愍帝心厌科目,思复祖制,储材国学,因诏副榜尽贡入监,以六曹诸务及骑射试之。入太学一年,祭酒以十八人上荐,溱与焉。授县令(正七品)不赴,又被保举为按察副使(正四品),后因政途被要人把持,只得辞职归乡。清代光绪《慈溪县志》载:"监国之难(明亡入清),闻报就缢,迫父命而至。自此终身不复言仕,埋身江上读书授徒,以奉其亲。"自此郑溱终身不复言仕,隐居乡里,五十年不入城市,有"头不顶清(朝)的天,脚不履清(朝)的地,五十年不入市"传说。兵荒后,饔飧不继,处之怡然。友人中有做地方官的去见他,终被谢绝。

明亡清兴后,郑启、郑溱父子以耕读授徒为生。清顺治十三年(1656年),郑溱在《书带草堂记》中对其生平有所记述:"是堂也,南望鹳江,环流如抱,每于林木参差中,见夕阳古渡晨烟,征帆往来其间。静夜闻拽舟声,许许然若可计数。"草堂南面姚江,北峙赭山。白天,姚江潮起潮落,船只东来西往,夜深人静时,隐隐约约能听到纤夫拽舟的呼号声,给郑溱以无限的遐想。"自丙戌以来,世代鼎革,始决计幽处其中,课种二十亩以为养,不足设塾代耕。"

郑溱晚以著作自娱,年八十六而卒。殁后葬于黄墓山。以耕读授徒为生,一生纂述等身,著有《易象大旨》《三坟衍义》《诗经萃华》《正统萃华》《书带草堂诗选》《书带草堂文集》《文选》等。郑溱是慈溪郑氏文化世家的主要成员,子为郑梁,孙为郑性。

二、郑梁

郑梁(1637—1713年),字禹梅,又字百祥,初号香眉,继号踽庵,后号寒村,别号半人,晚年改名风,自号风人,慈溪半浦人,郑溱之子。少力学不倦,长从黄宗羲学,得闻刘宗周蕺山绪论,是甬上讲经会、甬上证人书院的重要发起者和组织者之

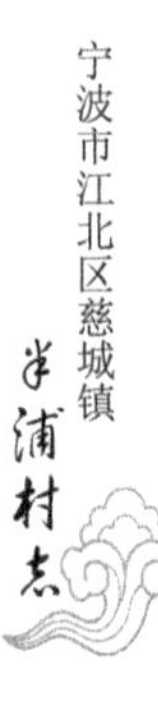

一，清代浙东学派第二代传人，与李邺嗣均以文学著称，以诗名世，代表作《寒村诗文集》。

康熙二十七年(1688年)郑梁中进士，入选翰林院庶常馆为庶吉士，散馆为户部湖广司主事(正六品)、员外郎(从五品)、刑部山西司郎中(正五品)；三十三年(1694年)充文武会试同考官，后拔多佳士；三十四年(1695年)调任广东高州知府(从四品)。

郑梁在致仕回乡途中，购得一座形似老人的石块，立于丈七间前的庭院中，名丈七间为石叟居，为其读书之室。后郑梁患中风右体半身有疾，遂改名风，故自号半人、半生。其于半浦居室东侧构一亭，以左手书"石叟居"与"半生亭"匾额，设半生亭为游咏之所。

一次赴京考试途中，其作《早发沭阳》诗："立春早起沭阳程，衾薄空舆梦不成。溪水无桥牵马渡，晓星如月照行人。"有"晓星如月照行人"佳句，一时传咏，郑梁遂有郑晓行之雅称。"自脱朝衫换幅巾，只应营道想前身。俪然出处行藏外，谁识完人是半人。"晚年因右体不遂，郑梁以中宪大夫(正四品)致仕。郑梁兼善画，以左手书画，作品苍劲秀丽，颇以独创自喜。北京市文物局与宁波天一阁，收藏有郑梁山水画与行草。《中国美术家人名辞典》谓其"以篆刻名，山水幽闲清旷。晚年右臂不仁，以左手刻印作画，更饶别致"。光绪《慈溪县志》卷三十一亦称其"左笔作书画，苍秀胜于右笔"。

河姆渡芦山寺的法堂内，原有郑梁左笔对联：日绕长林开此牖，春回众壑护禅枝。薝葡堂(法堂)的匾额，出自郑梁的手笔。正厅署匾"祖印重光"，系甬上名士黄斐题，为清康熙年间(1662—1722年)耐堂禅师所立。柱联云：日绕长林开此牖，春回众壑护禅枝。(邑人冯恺琦题郑梁左笔书)

郑梁性嗜书，"家藏书甚富，与范氏天一阁相埒"。家有石叟室、丈七间等为藏书、读书之室。其右瘫后著有《寒村杂录》《半生亭诗文集》《息存编诗文》等。其殁后由其弟子与故友数十人相与编校，刊为《寒村诗文选》36卷。据不完全统计，郑寒村的全部诗作约为2 000首。

郑梁诗文、书画俱佳的优良学风，深刻影响了他的后代。其子郑性作诗有天赋，受到当代名人黄宗羲、万言、姜宸英等人赞扬。其孙郑大节，承先人之志，能诗文，善书画，以山水著名，用色淡雅，名传一时。其曾孙郑甲年少多才，工诗文书画，山水人物俱佳，精历数，好鼓瑟。在《中国历代人名辞典》中有郑梁、郑性、郑甲的条目，在《中国历代画家人名辞典》中有郑梁、郑大节、郑甲的条目。

郑梁临终时与子郑性谋建"二老阁"，设父溱与梨洲先生(黄宗羲)神位于其中，岁时以祀。阁未建而卒。

三、郑性

郑性(1665—1743 年),字义门,号南溪,慈溪半浦人,郑梁之子,清代著名藏书家。康熙五十九年(1720 年)岁贡,因受铨不赴,终身布衣。其立志走游五岳,自署"五岳游人",漫游四方,五岳历其四。郑性与其父郑梁均为黄宗羲的学生,而其祖父郑溱与黄相交甚笃。郑性一生推崇南雷黄氏之学,表彰不遗余力。家固有藏书,复将黄宗羲经水火散乱之"续钞堂"藏书,用船运到半浦修整补缀,两家藏书合计5 万余卷。并遵祖父郑溱之志、父亲郑梁之遗命,于康熙六十年(1721 年)建二老阁(所居之东)以庋藏之,并立祠于家,雍正元年(1723 年)竣工。

郑性工诗文,其"所作诗能就目前景色冲口而出,无虚伪做作之弊",与李暾、万承勋、谢绪章并称为"四明四友",合刊有《四明四友诗集》存世,著有《南溪偶刊》《南溪北游诗》。

四、郑世璜

郑世璜

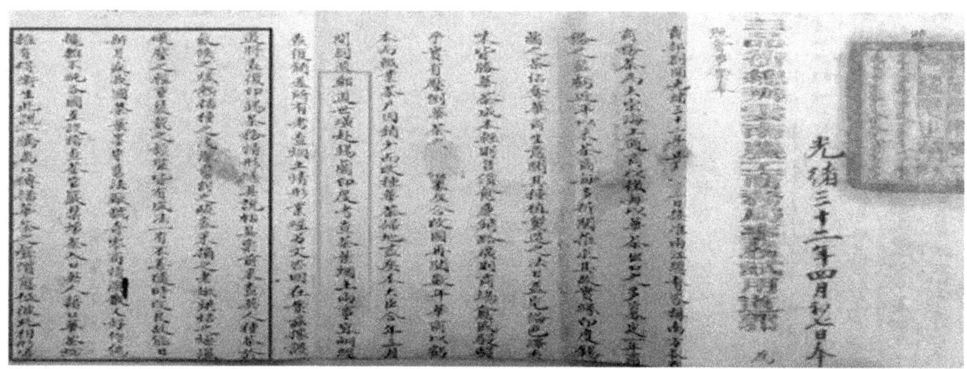

《郑桐日记》,光绪三十二年(1906 年)八月十五日

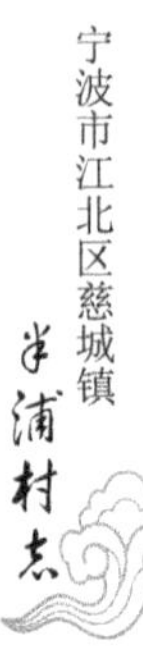

郑世璜(1859—? 年),字渭臣,号蕙晨,灌东郑村(今属慈城镇半浦村)人,中国茶业出国考察第一人。光绪五年(1879 年)己卯科举人。初授江西宜黄知县,后为从二品的江苏补用道。光绪三十一年(1905 年)由清政府派遣赴印度、锡兰考察茶叶,著有《乙巳考察印、锡茶土日记》。日记载明,郑世璜于光绪三十一年(1905 年)农历三月二十三日,"奉南洋大臣两江总督周制军檄,赴锡兰、印度考察茶土事宜,并谕抵印后,往谒议约全权大臣唐少川星使,顺道考查印度晒盐收税诸法"。四月初九郑乘法国客轮从上海出发,同行 8 人,分别为:浙海关英人副税务司赖发洛;翻译沈鉴少刚,江苏青浦人;书记陆溁澄溪,江苏武进人;茶司吴又严,浙江嵊县人;茶工苏致孝、陈逢丙,安徽石埭县人;仆从二人。经香港、安南(越南西贡)、新加坡,于四月廿五日抵锡兰;六月十九日离开锡兰,六月二十七日抵达印度。他在锡兰、印度考察近 5 个月,于当年八月廿七日回到上海,最后一日记载:"往返川资费用,竭力撙节,核实开支库平银八千四百五十二两六钱七分八厘云。"

"(光绪三十二年)十五日,郑世璜来拜门。郑号蕙晨,浙江慈溪县,己卯科举人,二品衔,江苏补用道,年四十七,曾赴印度、锡兰考察茶政,人明干有为。"(清总理衙门大臣那桐《那桐日记》)1906 年 8 月 15 日郑世璜回国后分别向周馥和清政府农工商部,呈递《考察锡兰、印度茶务并烟土税则清折》《改良内地茶业简易办法》等禀文,结集为《乙巳考察印、锡茶土日记》,在清末、民国时期曾广为印发。1906 年,当时影响较大的上海商务印书馆《东方杂志》,先后两次刊登《郑观察世璜上两江总督周条陈印、锡种茶、制茶暨烟土税则事宜》《郑观察世璜上署两江总督周筹议改良内地茶叶办法条陈》。《中国通史》则在第十一卷《近代前编》记载:"光绪三十一年,清两江总督派郑世璜去印度、锡兰考察茶业,回来后,力主'设立机器制茶厂,以树表式'。"

在上奏建言的同时,郑世璜积极行动,1907 年,由他管辖的江南商务局,在江苏南京紫金山麓的霹雷涧,设立江南植茶公所,在钟山南麓灵谷寺一带垦荒植茶,即今日雨花茶之前身。植茶公所是一个茶叶试验与生产相结合的国家经营机构,也是中国第一个专门的茶研究机构,被视为茶科技的发端。可惜该机构在辛亥革命后停业。

郑世璜的《乙巳考察印、锡茶土日记》,已被列为历代重要日记之一,2006 年入选学苑出版社 200 册《历代日记丛钞》第 156 册。

五、孙衡甫

孙衡甫(1875—1945 年),又名遵法,慈城半浦人,中国著名银行家。其早年在宁波一家烟土行当学徒,1906 年任仑余钱庄的账房;1907 年,在上海参与创办泰来面粉厂,是其大股东;1908 年,投资四明银行;1909 年,到上海大升钱庄中做信房;

1910 年，任浙江兴业银行上海分行营业主任，不久升任经理。1911 年四明银行改组，他临危受命，出任濒临倒闭的四明银行（旧中国主要商行之一）总经理，经过 10 年拼搏，力挽狂澜，使四明银行偿清历年积亏，并在宁波、武汉、南京等地设立分行，发行的钞票在沿海、沿江城市广为流通，跻身于全国 14 家著名商行之列，还在信孚、恒隆、恒来、益昌等钱庄拥有股份。1931 年其被选为四明银行董事长兼总经理。

孙衡甫接手四明银行后，积极整顿组织、开办四明储蓄会，扩大业务，在他的精心经营下，四明银行迅速发展，存款最多时达 4000 万元，成为 20 世纪二三十年代全国著名的商办银行之一，是新式银行的典范。1935 年，上海金融业发生存户挤兑风潮，孙得到中国通商银行及一些钱庄的支持，四明银行安渡难关，但由于四明银行在发行钞票时不注意建立准备金，投资了房地产，造成资金呆滞，发生挤兑，四大家族官僚资本乘机加以控制。孙衡甫无法应付，于 1936 年 6 月以病为由辞去总经理一职。1937 年 2 月，四明成为“官商合办”的银行。孙衡甫被取消股东、董事资格。中华人民共和国建立后，“官股”由人民政府接管。1952 年 12 月四明银行与其他行庄合并组成公私合营银行。

1920 年版四明银行拾圆纸币

孙衡甫除经营四明银行、四明保险公司外，还投资了上海浙江银行、统原银行、明华银行、苏州信孚银行、苏州电气厂、宁波永耀电力公司、穿山轮船公司、上海童涵春国药号、镇江贻成新记面粉公司、长江煤矿公司、上海宁益银团等，任股东、董事、董事长或总经理。此外他还大量进行房地产投资，建造里弄房屋 1 200 幢，利用报纸、杂志及四明行址、房产做广告；出任四明储蓄会会长、全国公债委员会委员、中国企业银行发起人、董事长；并先后兼任上海明华商业银行总经理、垦业银行董事长、通商银行常董、国民商业、浙江商业储蓄、苏州信孚商业储蓄、杭州浙江商业储蓄银行董事、上海各银行联合会准备会委员等职。其中，泰来面粉厂始建于1906年，孙衡甫是其最大股东，面粉厂的建立是近代民族工业发展史上的经典之作。2010年，泰州市政府拟将泰来面粉厂改造成泰州老工业展览馆。永耀电灯公司是1897年孙衡甫在宁波城区战船街创办的。1915年2月开始发电，向城区江厦街、东大街、甬江大道主要商业区和少数居民提供照明用电。到1936年，永耀电力股份有限公司共有股金法币252万元，有发电机组8台，总装机容量9 664千瓦，用户9 000余户，灯头10万盏。1945年抗战胜利后主要设备有1 600千瓦、3 200千瓦、3 300千瓦汽轮发电机各1台以及650千瓦汽轮发电机2台，总容量6 367千伏安；固定资产总值国币96 930万元，最高负荷3 500千瓦。1949年，永耀电力股份有限公司装机容量为8 220千瓦，发电量达957.06万度，成为民国时期宁波城区工业与民用电力的主要来源。其解决了宁波的电力供应，是宁波城区工业与民用电力的最大来源，为宁波早期现代化提供了强大的动力保障，为中国近代工业现代化的发展做出重大贡献。

孙衡甫雕像

孙衡甫不仅在中国近代工业、金融保险和房地产业上做出了贡献，而且还是一位热心公益的慈善家。1921年，他在家乡慈城捐资建造了半浦小学，这幢欧式风格的二层小楼如今依然完好地伫立着。他还修建了慈城至半浦的道路，深得乡人的称赞。此外在1936年，他还为重建宁波灵桥捐款出力。

1944年1月24日孙于上海病逝，享年70岁。

纪念已故金融家孙衡甫先生

郑效荣

孙先生衡甫，又名遵法，其先鄞籍，二十世祖味莼公迁居慈溪南乡鹳浦村，遂为慈溪半浦人(现该地属宁波市江北区)，中国著名银行家。

孙先生1875年3月6日诞生，于1944年1月24日逝世，享年70岁。孙先生早年在宁波一家烟土行当学徒，后到上海钱庄当账房。1910年入浙江银行上海分行任营业主任，不久升任经理。1911年四明银行改组，出任总经理。1927年后为董事长兼总经理。1935年上海金融业发生存户挤兑风潮，孙先生得到中国通商银行及一些钱庄的支持，四明银行终于安度难关。1936年冬四明银行改组为官商合办，孙先生遂告退出。他从37岁至62岁共25个春秋，在四明银行总行担任要职。

这家银行对于融通“宁波帮”商人的资金，支持他们所办的企业起了重要的作用，如对三北轮船公司的借款为数甚巨。可见孙先生是一位名副其实的第一代“宁波帮”金融家。

孙先生还投资民族工商业建设。根据现已收集到的资料，孙先生在20世纪初为家乡宁波投资商办永耀电力公司；孙先生还投资了浙江长共煤矿；福泰纱号大股东俞福谦与孙先生合伙，开设益昌、敦余等钱庄。在当时帝国主义列强侵略中国，在华开厂办矿、设立银行，推销洋货的时代，孙先生为发展民族工商业、抵制洋货积极尽力。可见孙先生是一位爱我中华的工商界人士。孙先生一贯热心于地方公益事业，曾为家乡办半浦小学。在20世纪30年代，该小学的校舍和设施及师资属第一流，四周的村民子弟都来半浦小学读书。学校成立至今已有60多年，校友遍布海内外，约有2 000名，常有外地校友来探访母校，有的摄影留念。现在校大门内仍保留着《孙君义行碑》，记载着孙先生除办学校外的主要公益事业的功绩等：修筑道路、建造桥梁和凉亭以及水利建设。碑文中写着“于是行者居者耕作者幸其往返之便”“而饮汲灌输之备以饶也”，还写着“以永乡人无躬之思”。该碑为冯于记，曾熙书，孙仲渊刻石，半浦同志公益会同人立。

孙先生在20世纪30年代还为宁波老江桥由浮桥改建固定式灵桥捐了一笔可观的款。新桥建成共耗资70余万元，工商界人士认捐了一部分经费，认捐最多的有孙衡甫先生和徐庆云先生，两位各捐5万元。孙先生还会参与宁波旅沪同乡会活动。综上所述，可见孙先生热爱家乡、造福桑梓，做出了积极的贡献，历史已为其做了记载。

总之，孙衡甫先生是第一代的“宁波帮”主要成员之一，是一位著名的金融家，是一位爱中华、爱故乡的工商界人士。在孙先生逝世50周年之际，值得我们家乡人民纪念，学习他的创业开拓精神，学习他的热爱故乡、为民造福的精神。

孙衡甫与永耀电厂

郑效荣

宁波发电厂的前身，就是商办宁波永耀电力公司，创立于1914年12月23日。

永耀电厂设在宁波市北门外北斗河畔。最初资金为银元13万元，其中3万元是拿和丰纱厂附设的战船街电厂全部生财作价投资的，10万元是永耀创办人筹集的。企业性质是股份有限公司，采用董事集权制，董事长为虞洽卿，董事有周仰山、孙衡甫、刘鸿生、张廷和、史悠风、戴瑞卿等人，聘请周仰山为经理，张鸿卿为工程师。

上海工商界中的名流，如朱葆山、叶澄忠、虞洽卿、刘鸿生等，都是宁波人或宁属六县人。宁波的三七市董家、半浦郑家、镇海北乡十七房郑家、洋墅徐家、柏墅方方家、小港李家、腰带河头秦家等家族财团，都在上海占有很大潜在势力。这些在上海的甬籍同乡，他们在事业发展上虽然把宁波放在次要地位，但宁波人有特殊的乡土观念与家族观念，因此对家乡工业也是比较热心支持的。例如，永耀电力公司就有虞洽卿、周仰山、孙衡甫、刘鸿生等上海著名老板的投资。

孙衡甫与新式金融、工商业

俞信芳

孙衡甫是"宁波帮"中著名的金融家、实业家。他为四明银行的振兴立下了汗马功劳。

孙衡甫，名遵法，光绪元年正月二十九(1875 年 3 月 6 日)生于浙江宁波慈溪半浦村的一个贫寒的家庭，行五，为季子。《孙君义行碑》说："其先鄞籍，二十世祖味莼公徙居慈溪南乡鹳浦村，遂为慈溪人。"味莼公即孙衡甫之父。当地耆老说，味莼公是挑兑糖担到半浦来的。兑糖，是清末民国间收破烂的一种交换形式，即以麦芽糖兑换尚可利用的废弃物。又有人说，味莼公曾是衙门里打更的更夫。总之，因家境贫寒，孙衡甫从小没受过系统的文化教育。1906 年，孙衡甫在一家烟行做学徒出师以后，去上海仓余钱庄任账房。

仓余钱庄，1906 年创办于上海北市，于 1909 年闭歇。孙衡甫转入大升钱庄当信房。至此，孙已经进入钱庄的高级职员行列。1910 年他应邀进浙江兴业银行上海分行任营业部主任。由于他工作勤奋，善于处理各种棘手事务，后被提升为经理。

四明银行(四明商业储蓄银行)，光绪三十四年(1908)创办于上海，是继浚川、浙江兴业等银行之后的第三家商办银行，又是把"储蓄"二字写入行名的第一家银行。四明银行另一个显著的特点是，纯由"宁波帮"合资创办。由袁鎏等出面奏请清政府批准，创办发起人有袁鎏、朱佩珍(葆三)、吴传基、李厚祐(云书)、方舜年、严义彬(子均，严信厚之子)、叶以章、周晋镳、徐蓉官、虞洽卿等人。资本额定为 150 万两，先期征集 75 万两，以周晋镳为总董，陈熏为总经理，虞洽卿为协理，虞又是当时的实际负责人。四明银行于当年 9 月 11 日在上海江西路 34 号正式开业。1908 年 9 月 12 日《申报》报道说："8 月 16 日晨 8 点，四明银行悬牌上市甚为热闹，前来道贺绅商络绎不绝，气象恢宏，为商界中之特色。""开市之时，储蓄柜存款尤形踊跃。"银行经营存款、贷款、贴现、汇兑、发行银行各票等大宗买卖。存款又分定期、活期、嘱托三种；贷款分抵押、保证、往来、信用四种；贴现分本银行未到期票之贴现，各钱庄未到期票之贴现，各国金银元、银圆钞票之贴现；汇兑分押汇、信汇、电汇。第二年，四明银行由孙衡甫盘进。据传，孙因为买中航空奖券得银元 10 万元发财，遂有资本盘进四明银行。其实孙此时已经事业有成。四明银行创办之始，就享有货币发行权;发行货币面额有一元、二元、五元、十元四种。但四明银行开办之后,因经营不善,连年亏损。

银行于1911年4月进行改组,董事会邀请正在担任浙江兴业银行上海分行经理的孙衡甫任总经理。孙接任以后,先从内部整顿入手,健全组织,配备了一批跑街先生。有时,孙自己亲自外出活动,兜揽工商业存款及社会游资,以扩大储蓄业务,用零存整付、整存零付、整存整付、存本付息、学费储蓄、婚嫁储金、礼券等繁多名目,吸收存储。民国二十二年(1933年)4月拨款50万元,在南京路创办四明储蓄会,储蓄业务进一步扩大。经营中,孙声称"银行决不因一时需要而增加钞票发行",又说"争取存款,不在存款利率高低,而在银行信用厚薄",宣扬稳健的经营方针。当时,在上海经商的"宁绍帮""广东帮"及印度商人纷纷把款项存入四明银行,四明银行拥有的存款总额,由1926年的2 000余万元,到1930年增加到4 000余万元,存款总额迅猛上升,四明银行的信誉也逐日提高,以至该行开出的本票,获洋商认可,准许至仓库直接提货。孙把四明银行从经营困难、濒临破产的困境中拯救出来,成为14家著名商业银行之一;他自己也被公认为上海金融界的重要人物。同时,在经营中,孙深知广告的作用,除了在报纸杂志上刊登以外,还充分利用行产、房产大做广告。例如,四明银行在汉口、宁波都设有分行,行屋非常考究。汉口分行行屋高耸,是中华人民共和国成立前汉口最大的大厦。宁波的行厦,也是中华人民共和国成立前宁波最考究的建筑物。四明银行所拥有的房地产,都是以"四明"或与之相关联的字样命名。例如,今天的上海淮海路上的"四明里",延安路上的"四明村""福民村"等;在汉口、宁波等地的房地产,也都冠以"四明里""四明坊"等名字。四明银行在上海愚园路拥有"四明别墅",在天目路有"长兴里",唐山路有"元吉里"。林森路支行(今淮海路)、民国路(今人民路)南市支行、南京西区支行及北京路总行的行屋,均为四明银行的房产。房产最多时,达1 200幢左右。据该行1931年的营业报告称:房地产和营业用房地产共值270余万元。这样,就造成一种印象——"四明银行有着许多房地产,是稳固可靠的",这又推动了储蓄额的上升。另外孙运用发行钞票的权力,把发行钞票看作筹集资金的重要手段之一,于是大印钞票。最多时,发行量为1.2亿元。

孙衡甫领导的四明银行能顺利发展,原因具体表现在这样几个方面:(1) 外贸银行松弛了活动力。《论今日在华之外国银行》称:"近年大宗存款,固不多见,即零星存项,亦渐趋于本国银行;是故今日之外国银行,其收集我国之存款已不若昔日之盛。……故论今日之外国银行,观其营业以外之活动,较昔尤加发展;若论实际上之经营,则交易渐不如前。所可喜者,近年本国银行,日月盛,国人之崇拜外国银行者,已有舍彼就此,此亦银行业之曙光也。"(《中华民国史资料·人物传记》第18

辑,冯伯准、宋紫云撰《孙衡甫》)(2) 民族工商业抬头。1913 年全国进口货总额为 5.7 亿余两,次年为 5.69 亿两,1915 年竟跌至 4.5 亿两,约减 1/5;而"一战"到来时,皆超过民国二年之额。1914—1918 年这 5 年当中,注册成立工厂的,较其他时间为多。中国的企业家承担起了责任;国外对原料和食品的需求又因为战争的爆发增加,则又刺激了中国的出口贸易的增加。(3) 世界市场白银价格上扬。在纽约市场上 1914 年每盎司白银的价值为 0.563 美元,至 1919 年已上升到 1.121 美元,银价上扬。这也引起了中国银两的升值,从 1914 年的 0.67 美元升到 1919 年的 1.39美元,价格上升一倍多。这对中国以白银为货币单位的市场极为有利,即购买力提高了一倍。这些有利条件刺激了中国的工业、农业的发展。金融业首先在这些发展中得到好处,而四明银行经理孙衡甫正是在这股暖流中发展了事业。他所领导的四明银行在不到 10 年时间内恢复了元气,不但抵偿了历年的积亏,而且还获得了盈余。

四明银行于 1921 年迁到北京路新址。在业务发展、盈余增加的前提下,股东们也得到了股息。1922—1927 年,每年发给股东股息;1927 年春,又从积余的余利项下,拨出现银 75 万两,分给各股东。徐寄庼的《最近上海金融史》报告称:1925 年当年四明银行拥有房地产值 63.7 万两;纯利润为 5 万余两,本金 150 万两,收益 32.82%。1928 年营业报告显示,当年房地产值有 50 万两;纯利润为 648 798.187 两,本金 150 万两,收益率为 43.25%。

1931 年 5 月,四明银行董事会改选,一致选举孙衡甫为董事长兼总经理。同年,四明银行分别向财政部、实业部注册。

四明银行宁波分行成立于宣统三年(1911 年),为宁波第一家商办的商业银行。行址设在鼓楼前,由总行拨给营运基金 20 万元。1935 年 5 月 30 日,行址迁到江北外马路 57 号新址。同年 2 月,附设四明储蓄会代理处。历任经理有孙宗樸、孙祥簋、张莼馥、俞佐宸等。1936 年 11 月设灵桥办事处;1937 年 3 月又设鼓楼办事处。此时,孙已去职。在宁波分行建立的初期,通过天益、元益等钱庄推行钞券发行,银行逐步开展以存款、汇兑为主的各项银行业务,参加钱庄的过账,统一奉行钱业过账制度,扩大与工商业的往来,并参照钱庄方式发放信用贷款。至 1933 年四明银行宁波分行拥有各项存款 100 万元,为甬上各银行之首。

四明银行分行除了宁波、汉口以外,在南京、重庆、成都、西安都有设立;在上海南京路、南市、西区、林森路及苏州、杭州、绍兴、兰州、郑州设立了支行;在宝鸡、平凉等地设立了办事处。

1935 年,废两改元,四明银行资本总额也重新确认为国币 225 万元。

1931 年 4 月 2 日,由俞佐庭等发起,创立四明保险股份有限公司,共 1 万股,每股 100 元。四明银行投资占该公司股款总额的 1/5。孙衡甫兼该公司董事长。董事有俞佐庭、范松夫、陈卿和、徐委威、胡锡安、谢瑞森；监察人为葛昌政、徐仲麟。总公司设在上海南京路 390 号，经营火、水、汽车、邮包、船舶等保险业务。同年在宁波设立分公司，地址在江北岸外马路四明银行内，经理张莼馥，经营火、水等保险业务。该公司在甬上同行中信誉较高，保险年收入在 1.5 万元左右。

第二节 人物简介

一、军政人物

郑云龙(1757—1832年) 官至广东连州直隶州知州(正五品)。其子郑邦彦于1833年扶其柩归葬半浦,并于1842年回乡扫父墓。1833年返京时,族之文士绘《灌江纪别图》并题赠满幅,郑邦彦亦赋诗告别,《三星阁》应是其中之一。"暂归人似客,望远不胜愁"抒发了一个长期在外谋生者的无尽乡思。

郑养元(生卒年不祥) 生活于清末道光、咸丰、同治的内忧外患迭兴时期,其诗《避难江北岸赋此志感》与《无题》反映了当时国难、家难的一些点滴。1862年8月18日,太平军第二次占领慈城,郑养元避难于宁波江北岸,其长子郑康可能于第二天(19日)作为索取钱财的人质被太平军从半浦抓到慈城,21日太平军从慈城北门退往慈北。据传郑康可能于20日被太平军杀害。

杨裕发(1905—1992年) 又名杨梦雁,1905年出生于宁波慈城半浦村。1918年其到上海河南路老杨庆和福记银楼当学徒;1922年12月,加入中国社会主义青年团。1924年开始从事工人运动,同时转为中国共产党党员;1925年5月和1927年3月,先后参加过震惊中外的"五卅"运动和上海工人第三次武装起义;1927年3月,奉中共上海区委和上海总工会的派遣来宁波工作。"四一二"反革命政变以后,他在宁波党组织遭到严重破坏的紧急关头,应中共宁波地委的请求留在宁波,先后担任过中共宁波县委书记和中共浙江省委委员,大力进行党组织的整理和对敌斗争。1949年5月,上海解放前夕,杨裕发不仅自己不去台湾,还动员一批职工留在上海,保护好财产和资料,迎接解放军接管。1985年,上海总工会在成立60周年之际授予杨裕发"五卅老人"的光荣称号。

二、其他各界人物

郑邦彦(?—1846年) 字瞻华,号蓉舟,十七世。顺天府大兴县廪贡生,自幼随父郑云龙居京师,工于诗,著有《梦陆诗存》《梦陆杂存》等。

郑大节(1705—?年) 清代藏书家,字临之,号簳坨,晚号补牢翁,溱之曾孙,梁之孙,性之长子,慈溪人。17岁补定海县庠生,一赴省试即弃去。善山水,暇则鼓琴作画,以诗酒自娱。有《簳坨遗稿》《四明诗汇》等。

郑中节(1709—1768年) 字发之,号诎斋,溱之曾孙,梁之孙,性之仲子,大节之弟。幼承庭训,务为有本之学,性倜傥负气节,读书不屑章句。终生不仕,好山水之游。早岁游秦中,有《游秦草》。

郑元祁(生卒年不详) 字绍京,号杏卿,郑勋子、六房十八世。廪贡生,著有

《有怀轩诗文集》《咏史诗汇编》等。

其诗《六十自述》云："那堪搔首问穷通，贫老偏遭患难中。记否岁残思访雪，忆曾年少志乘风。家贫客至茶当酒，米贵人多粥佐餐。独坐浑忘更漏尽，窗虚拟听数钟声。迂拙从来不世宜，况兼疏懒更支离。梳添鹤发犹贪饮，捻断虬须强学诗。半生潦倒尚忘疲，走马京华已十年。半载光阴归矮屋，四十年事业等浮沤。"

郑元祁系郑性的直系后裔。郑元祁大致出生于1790年前后，中老年时处于内忧外患年代。幼承家学，嗜学能诗。然其先后参加乡试7次，至60岁时，仍无所为，穷困潦倒。

郑甲(生卒年不详)　字孚春，号雪桥，精历数，工诗文书画，能琴，以家难抑郁。年二十四，尽焚所作而亡。《中国历代人名大辞典》《中国历代画家人名辞典》《浙江古今人物大辞典》中有其条目，有诗文《溪上旧闻》《野云居诗文稿》《雪桥居士遗稿》《闲情草》等。

郑乔迁(1811—1852年)　字耐生，大节之曾孙，浩之子，浙江慈溪人，居鹳浦。县诸生，工科举，旋弃去。为人矸絜，不为世悦，人恒怪而笑之。时时学为古人之文，出以示人，人益怪而笑之。有《藏密楼文稿》4卷，冯登府序。

郑福森(生卒年不详)　字春荣，号啸岚，十八世。贡生，晚年益肆力于诗古文辞，著有《爱莲吟》。

其诗《谒朱公祠》云："二月勾芒正在东，将军御敌尽精忠。未除鬼子犹余恨，统率兵丁无限功。矢石身亲惟报国，箕踞世守功平戎。巍巍祠建西山下，咸仰千秋气象新。"箕踞为古人一种不拘礼节的坐法。

郑福森大致出生于1835年前后，经历了1840—1842年的中英鸦片战争与1861—1863年太平军在宁绍地区的活动。他在《五十述怀》中感叹"豺狼当道，民不聊生"，秋闱屡试不售，功名无成。故居继志堂，1862年"遭楚炬"(以汉楚争霸喻故居被太平军烧毁)，1867—1875年重建，诚如陈谦夫先生所言："天下事有成立，千日不足；毁之，一旦有余。"郑福森的宅居毁之，只需一两个小时；而重建，耗时5年准备，9年才建成。

郑保华(1905—1952年)　字亚男，是民国时期在法学界有较大社会影响力的法学家、法律家、教育家。郑保华是半浦人，从东吴大学法律学院毕业后，留校任教，同时在上海开设律师、会计师事务所。早年先后求读于宁波效实中学、上海复旦大学商科和东吴大学法律学院。1933年获东吴大学法律学院法学硕士学位，成为中国第一批法学研究生，也是当时中国法律教育的主力军之一。在东吴大学法律学院学习与工作期间，他翻译了国外多篇法学名著文章，如《法系概览》《心证要旨节译》等；在此期间他编写的《社会法律化论》作为民国时期重要法学文章，入选由法学大家吴经熊、华懋生先生合编的《法学文选》。他编著有《遗产税暂行条例释义》和《法院组织法释义》，撰写过《英美民法与吾国民法关于夫妇财产关系之比较》《票据法上一部付款之研究》《我国民法应于离婚外明白设置别居制度议》《论遗产之分割》《苏俄民法与我国新民法关于总则编法例及权利主体之比较》《法治之基础》等论文。

郑道中(1934—)　1947 年在半浦小学毕业后到上海做工。1949 年 7 月参加中国人民解放军西南服务团，进军西南。1950 年 7 月由重庆市团工委派驻磁器口廿四兵工厂青工组任组员，当年秋任中共中央西南局秘书处机要科科员。1952 年加入中国共产党。1954 年夏调任中央办公厅机要室科员，后任组长。1974 年夏任中央联合接待室接谈员，后任副处长。1983 年起在中办国办信访局工作，为信访事业做了大量工作，做出不少贡献。曾任副局长、党委副书记、中央办公厅党委委员、国务院办公厅党委委员，1992 年 6 月任中办国办信访局政务专员（正局级）。担任过宁波经济建设促进会北京联谊会常务理事、北京百年风云文化艺术中心副主席和中国地区开发促进会常务理事兼秘书长等职。1994 年 10 月离休。

郑良芳(1930—)　高级经济师，教授。1949 年 9 月在上海参加中国人民解放军第二野战军西南服务团，进军大西南，同年加入新民主主义青年团。1950 年4 月转业到中国人民银行西南区行计划处工作，1953 年毕业于中国人民大学。1954 年加入中国共产党，年底调到中国人民银行总行计划司工作。1978 年调到北京市委财贸部工作。1980 年调到中国农业银行总行办公室、政研室、调研部、研究部、体改办工作，曾任副处长、处长、副主任、主任等职。1983 年被中共中央农村政策研究室聘为特约研究员，1985 年起历任中国农村金融学会常务理事，1990 年被中国金融学会选为理事、副秘书长，后相继被中国人民银行研究生部、西南财经大学聘为兼职教授，被林业部、农业部聘为特邀研究员，被中国管理科学研究院金融发展研究所聘为高级研究员。长期从事银行计划、金融研究工作和农村金融体制改革工作，承担完成中央农村政策研究室和中国农业银行总行领导交办的一些研究课题，以及组织推进农村金融体制改革工作。发表研究报告及论文 200 多篇，有5 篇论文被中国人民银行总行金融研究所编入《金融研究报告》，上报中共中央和国务院有关部门，有 1 篇调查报告被国务院办公厅转发全国，有 6 篇论文被中国金融学会、农村金融学会评为优秀论文。主编《农业银行企业化模式与案例》一书，参与《激荡中国农村变革》《中国商业银行实务全书》《中国合作经济概观》等书的编著工作。1997 年 3 月，向母校半浦小学捐赠 1 万元奖学基金，2003 年 12 月又将奖学金增至 2 万元，现由共青团宁波市委青基会代为管理和使用。

郑瑞庭(1930—)　电镀专家。早年在上海杨庆和银楼学艺。1951 年起任上海医疗器械厂表面处理技术员。1958年调任公安部第一研究所，任表面处理工程师，从事技侦器材的表面处理技术研究工作。兼任北京电镀协会对外联络部副部长、老专家委员会委员，北京电镀技术交流站技术交流部委员。著有《电镀实践600例》一书，并在有关专业期刊上发表过有关表面处理方面的文章近200篇。1991年后应聘于多家单位任表面技术顾问。

郑保勤(1937—) 生于慈城半浦村，1955年9月考入北京大学东方语言文学系，1960年6月毕业。此后，在新华通讯社国内任编辑、主任编辑、高级编辑(研究员)，在平壤分社任翻译、助理记者、记者、首席记者，1997年12月退休。现是新华社新闻研究所研究员、北京大学韩国学研究中心特约研究员。著作有《隔海相望的近邻——韩国》《简明东亚百科全书》等。

三、客籍名人

王守仁(1472—1529年) 明代著名的思想家、文学家、哲学家和军事家。幼名云，字伯安，别号阳明，浙江绍兴府余姚县(今属宁波余姚)人，因曾筑室于会稽山阳明洞，自号阳明子，学者称之为阳明先生，亦称王阳明。

弘治五年(1492年)，王守仁与郑满、孙燧、胡世宁一同参加乡试，高中而归，最终四人都青史留名。弘治十二年(1499年)王守仁中进士。正德八年(1513年)他游览浙东，在余姚附近的龙山永乐寺见到了回乡的郑满，两人一见如故，郑满为之留下了《永乐寺同王伯安徐半理(夜话二首)》和《早秋即事二首次王伯安年兄韵》两首诗文。历任刑部主事、贵州龙场驿丞、庐陵知县、右佥都御史、南赣巡抚、两广总督等职，晚年官至南京兵部尚书、都察院左都御史。因平定宸濠之乱军功而被封为新建伯，隆庆年间(1567年—1572年)追赠新建侯。谥文成，故后人又称王文成公。

王守仁(心学集大成者)与孔子(儒学创始人)、孟子(儒学集大成者)、朱熹(理学集大成者)并称为孔、孟、朱、王。王守仁的学说思想王学(阳明学)，是明代影响最大的哲学思想。其学术思想传至日本、朝鲜半岛以及东南亚，立德、立言于一身，成就冠绝有明一代。弟子极众，世称姚江学派。其文章博大昌达，行墨间有俊爽之气。有《王文成公全书》。

黄宗羲(1610—1695年) 字太冲，号梨洲，亦号南雷，学者称“梨洲先生”“南雷先生”，余姚通德乡黄竹浦人。明末清初思想家、史学家和教育家，与顾炎武、王夫之并称明清之际三大思想家。青年时期即发奋好学，经史百家无所不窥。学识弘博、融通百家，史学造诣尤深。《明儒学案》和《宋元学案》是其在思想学术史方面之最大成就。在哲学和政治思想方面，更是最先从“民主”的立场来抨击君主专制制度者，堪称是中国思想启蒙第一人。

清兵南下，其同其弟募兵抗清，官南明鲁王政权里任左副都御使。明亡后，专

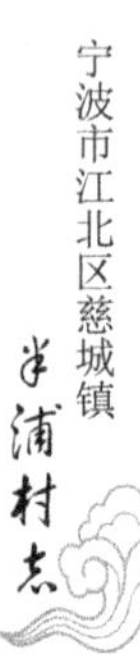

心著述，先后主讲绍兴证人书院、余姚姚江书院，康熙六年（1667 年）复举证人书院。他为浙东培养了大批人才，成为清代浙东学派的开山祖，鹳浦的郑梁就是他的得意弟子。黄宗羲富有强烈的民族气节，对明朝的灭亡，怀有“梦中失哭儿呼我，天未招魂乌降筵”的悲痛心情，多次拒绝清政府的征聘。朝廷请他参加修明史，他固辞不去，但对修《明史》却情有独钟，把治史看作“经世之业”，曾派遣自己的学生万斯同、万言及儿子黄百家，带着家藏明代史料到京城明史馆，且都是以布衣身份不食朝廷俸禄而参加修史的。他在送别万斯同的诗中写道：“四方声价归明水，一代贤奸托布衣。”黄宗羲“学问极博，思想深邃，著作宏富”，其中著名的有《明夷待访录》《明儒学案》《宋元学案》《行朝录》《思旧录》《明文海》《南雷文定》等。康熙三十四年（1695 年），年八十六而卒。

梨洲先生是半浦郑氏好友，半浦郑氏也为其主要著作出版做出了努力。根据郑梁遗语，郑性建二老阁以祀二老，并收藏梨洲先生遗书 3 万卷。

陈赤衷（1627—1687 年） 字夔献，号环村。康熙六年（1667 年）到余姚黄竹浦拜黄宗羲为师，返回甬上后，与陈锡嘏、郑梁等创办甬讲经会。著有《环村集》等。

万斯大（1633—1683 年） 字充宗，别字褐夫，因患足疾而自号跛翁，浙江鄞县（今宁波市鄞州区）人。清初著名经学家。与其弟万斯同等俱师事黄宗羲，为黄氏之高足弟子。著有《经学五书》《宗法》等。

万斯同（1638—1702 年） 字季野，号石园，门生私谥贞文先生，浙江鄞县（今宁波市鄞州区）人，清初著名史学家。从兄同受学黄宗羲，学主慎独，专意古学，博通诸史，尤精明史。康熙十七年（1678 年），浙江巡抚荐应博学鸿词科，力辞不就。崇尚气节，也以明遗民自居，绝意仕途。晚年双目失明，仍口授答问、讲学，卒于明史馆。著有《明史稿》《历代史表》《纪元汇考》《群书辩疑》《石园诗文集》等。

全祖望（1705—1755 年） 清代著名史学家、文学家，浙东学派重要代表，字绍衣，号谢山，学者称谢山先生，浙江鄞县（今鄞州区洞桥镇沙港村）人。乾隆元年（1736 年），荐举博学鸿词，同年中进士，选翰林院庶吉士，学识渊博，对史学贡献尤大。曾主讲于浙江蕺山书院、广东端溪书院。上承清初黄宗羲经世致用之学，博通经史，在学术上推崇黄宗羲、万斯同，于南明史实广为搜罗纂述，贡献甚大，其著作极为丰富，达 35 部、400 多卷，且大多数学术著作用力极深。其主要著作有《鲒埼亭集》《困学纪闻三笺》《七校水经注》《续甬上耆旧诗》《经史问答》《读易别录》《汉书地理志稽疑》《古今通史年表》等。

全祖望与南溪（郑性）为至交，对南溪敬重、对半浦二老阁有特殊感情。从他所撰的《二老阁藏书记》《五岳游人（郑性）穿柱文》《梨洲先生（黄宗羲）神道碑文》《南溪家园》及续修的《宋元学案》都能看到点滴。

谢振定(1753—1809 年) 字一斋,号芗泉。乾隆庚子进士,改庶吉士,授编修。负经世才,尚气节,能古文辞。虽为仕官,然在学术上造诣非凡,有《知耻斋集》《清史列传》传于世。史载谢振定曾多次外出,遍访民间古籍。在他来到浙江时,听闻郑勋为地方藏古大家,修筑二老阁,与天一阁齐名,颇有兴趣。派人寻访得其祖上郑梁《寒村集》一册,看后大为赞赏,认为颇有南雷先生遗风,进而邀郑勋相见。嘉庆二年(1797 年),双方相见于浙江天台南屏,谢氏问起有关二老阁的情况,得知二老阁虽遭火焚,但在郑勋维持下,仍存精华。这一行为得到了谢氏的极度肯定。在他看来,天下人藏书,或“琳琅以为观美”,或“读矣而不能心通其意”。而郑勋能坚持不坠,虽有部分书籍亡佚,仍能扬先人之清风,实乃“书虽亡而实未亡”。后为表示感谢,谢氏特写《赠郑君书常序》。现存郑氏宗谱中,极具纪念意义。

阮元(1764—1849 年) 字伯元,号芸台、雷塘庵主,江苏仪征人,乾隆五十四年(1789 年)进士,从此走上仕途。他在浙江先后担任学政、两任巡抚,抚浙约 10 年;在任期间,除吏治军政之外,又集合浙江文人,编书撰述不辍。尽管他官重位高,被尊为三朝阁老、九省疆臣,但他同时又是清中期著作家、刊刻家、思想家,被誉为“一代文宗”。阮元在浙任职期间,与郑勋交往密切,尽管地位相差悬殊,但有共同的爱好,并不妨碍正常友情。郑勋在嘉庆五年(1800 年)刻印先祖秦川府君遗作《书带草堂集》,请时任浙江巡抚阮元写序。其云:“是编者率多未餍之思,然君家世泽积厚,其流必长。君之诣,止于是者,非天靳之也。盖将待勋之,绳其绪而昌大之也,勋其勉乎哉。”不久郑勋刻印先父《野云居(诗文)稿序》时,又请阮元作序,阮元对郑氏家族大大地褒扬了一番,认为慈溪鹳浦郑氏为浙东文献世家,自遗献秦川(郑溱)以来,代代都有惊人之作。后阮元在浙东巡视期间路过半浦,在地主郑勋陪同下,还专程考察了郑氏义庄。

林则徐(1785—1850 年) 字元抚,又字少穆、石麟,晚号俟村老人、俟村退叟、七十二峰退叟、瓶泉居士、栎社散人等,福建侯官县(今福州市闽侯县)人,清代后期政治家、文学家、思想家,民族英雄。

林则徐是嘉庆十六年(1811 年)进士,历官翰林编修、江苏按察使、东河总督、江苏巡抚、湖广总督等职。道光十九年(1839 年),以钦差大臣赴广东禁烟时,派人明察暗访,强迫外国鸦片商人交出鸦片,并将没收鸦片于虎门销毁。该事件被认为是第一次鸦片战争的导火线。战争爆发不久,林则徐被构陷革职,发往新疆戍边。道光二十五年(1845 年)重获起用,历任陕甘总督、陕西巡抚、云贵总督等职,加太子太保。道光三十年(1850 年),林则徐在奉命镇压拜上帝会起事途中,病逝于潮州普宁。获赠太子太傅,谥号“文忠”。有《林文忠公政书》等作品传世。

半浦当地人认为,林则徐是半浦女婿。林则徐一生遍历地方,治绩卓著。虽在

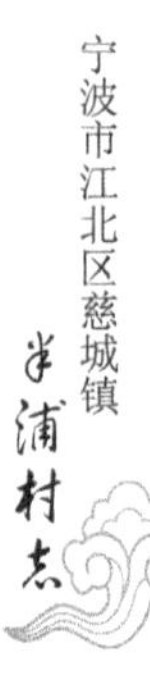

两广抗击西方入侵，但对于西方的文化、科技和贸易则持开放态度，主张学其优而用之。他至少略通英、葡两种外语，且着力翻译西方报刊和书籍。他主持编译的《四洲志》及魏源编撰的《海国图志》，对晚清的洋务运动乃至日本的明治维新都具有启发作用。

应修人（1900—1933 年） 原名麟德，字修士，后更名修人，笔名丁九、丁休人等，慈溪县半浦乡（今属江北区慈城镇后洋应家）人。小学毕业后，他去上海福源钱庄学习，后任账房。1919 年"五四运动"中，发起组织"救国十人团"，始在《少年中国》《文学周刊》等发表诗作。次年任中国棉业银行出纳股主任。1921 年，发起组织上海通信图书馆，倡导青年读书运动。次年 4 月赴杭，与冯雪峰、潘漠华、汪静之结成湖畔诗社，编辑出版《湖畔》诗集，为国内第一个新诗社。1923 年 12 月，与冯、潘、汪合出《春的歌集》，突起于诗坛，人称"湖畔诗人"。1924 年以后，应修人在中国共产党人的直接影响下，思想发生了突变，自觉地加入了红色革命诗歌的方阵，写下了《雪夜》《黄浦江边》等抒发反帝爱国之情的政治抒情诗。1925 年初去上海，主编《支那二月》文学月刊，发表了许多新诗，均以赞美自然、爱情、母爱为主题，得到郭沫若、郁达夫、叶圣陶、朱自清的好评。在"五卅运动"中加入共产主义青年团，任支部书记，不久转为中国共产党党员。次年底，受遣进广东黄埔军校，任中尉会计。1927 年"四一二"政变后，至武汉国民政府劳工部工作，7 月赴苏联进东方大学（中山大学）学习。1930 年回上海，在中共中央军委工作，加入"左联"，以革命根据地的故事为题材，创作了思想性、艺术性都很高的儿童文学作品《旗子的故事》《金宝塔和银宝塔》等，表现了苏区人民对革命政权的无比热爱和信任。后任中共江苏省委秘书长、宣传部长。次年调中共中央组织部工作。1933 年 5 月 14 日，因抵抗国民党逮捕，坠楼牺牲。早年诗作多反映反封建礼教，感情真挚，风格清新。著有《金宝塔银宝塔》《修人集》等。

应修人

应修人烈士事迹简介

应修人，1900 年生于浙江省慈溪县赭山应家河塘村（现居宁波市半浦公社后洋应家）。修人在私塾里读了几年书后，就到邻近的杨陈小学读书，一直读到 14 岁小学毕业，后到上海。

1914 年，他在福源钱庄做学徒。三年学徒期满，仍留在该处做账房工作。修人买了些新书刊，如《新青年》《少年中国》等，晚上和几个青年共同阅读。这时，他已喜欢写诗了。1919 年 5 月 10 日，在北京爆发了反帝反封建的"五四"爱国运动后，各地人民群众纷纷联合起来，罢工、罢课、罢市，反对北洋政府卖国运动，反对“二十一条”不平等条约，要求惩戒卖国贼。各界联合会的基层组织是“救国十人团”。5月12日，福源钱庄由修人发起组织“救国十人团”，大家推修人为该团书记。新文化运动提倡白话诗的写作，对应修人有较大的影响。当时他已在上海的中国棉业银行任主任，边工作，边读书，边试写一些新诗。在得知杭州第一师范学校的学生汪静之等也致力于新诗的习作后，他设法同他们取得了联系，经常通信往来，交换诗稿，成了未见面的诗友。1922年3月底，他应邀第一次来杭州。4个人在西湖游玩一星期，4月份在上海由修人自费出版书物，即称《湖畔》。诗社范围渐渐扩大了，因为他们的诗“都带着些清新缠绵的风格”，人们能“从他们的作品里得到有力的安慰，仿佛忧郁的人看到活泼的小孩儿得到无上的喜悦一般”（朱自清语）。所以，这些新颖诗作吸引着很多读者。在当时，特别是在青年学生中风行一时。有些青年文学爱好者相继加入了他们的圈子，如魏金枝、谢旦如、楼适夷等。这些精美、玲珑的册子广为流传。除上海、杭州外，北京、武汉、长沙等地的书店都有代售，连中山大学的图书馆里也存有诗集。应修人同志也是一个出色的书籍收藏家。他还在当学徒的时候，就酷爱读书。3年期满，他共收藏了290多本书，集中放在了一个木箱子里，上面写了“修人书箱”4个字，专供同事中爱好读书的人借阅。当时他每月的薪水有70多元，开销中，买书的钱占了很大一个数字。他不仅自己订购和阅读《新青年》等进步刊物，也介绍给其他人看。同行中买书看书的人也渐多了起来，他倡议把每个人的书集中起来，在“修人书箱”的基础上，建立起一个进步的图书馆。他在上海天津路44号找了一间房子，作为图书馆的馆址。允许读者通过邮递借书，对外正式称谓“上海通信图书馆”。

1925年，除在中国棉业银行工作外，他在业余时间仍做上海通信图书馆的工作，并自费创办了小型期刊《支那二月》，任主编，共出版4期，负责编辑出版《上海通信图书馆月报》。他积极参加了轰轰烈烈的“五卅运动”，并代表上海通信图书馆参加了“上海学术团体对外联合会”运动。该会主办发行的《公理日报》除坚持不懈地促进文化运动的开展外，还是应修人同志进行社会活动、革命活动的重要阵地。当时设在馆内的“共进会”是共产党的一个外围组织，恽代英、杨贤江、应修人、郭沫若、郑振铎、钱俊瑞、叶圣陶、郁达夫、楼适夷、汪静之、李俨、魏金枝等都曾是“共进会”的会员。应修人同志负责图书业务联系，筹措资金，团结进步青年，工作卓有成效。在这期间，该馆内成立了共青团支部，应修人同志是第一任团支部书记，同年7月、8月间，他和团支部的几个骨干又被吸收参加了中国共产党，并与当时商务印书馆内的党组织建立了密切联系，使上海通信图书馆成为党团联系群众的桥梁。

1927年，年初的三四个月，他在广州黄埔军校担任会计工作，4月8日他被派到广州中山大学去邀请鲁迅先生到黄埔讲演。7月15日，共产党决定派遣一部分干部去苏联学习，应修人是其中之一。关于他去苏联学习还有一段趣闻哩！那时到苏联去是秘密的，漏了风声，有杀头的危险。应修人一则不便于讲明，二则担心父母不准他去苏联，就事先暗中准备好了衣服行装，放在一个箱子里。等预定的时间到了，他骗父母说，有一个朋友要出门，向他借只箱子，他去送人。这样他拿着箱子就走了。出门之后他顺便到邮局给父母家寄了一封信。晚上搭乘"列宁号"离开。第二天中午，母亲已把午饭做好等着儿子回来吃饭，一直没等着。她感到很奇怪：为什么送一个朋友送这么久呢？当父母正在着急的时候，邮差送来了修人同志给父母的道别信。拆开一看，说他要去苏联读书，在苏联莫斯科"孙中山大学"学习，3年以后才能回来！是年应修人与曾岚同志结婚，回国后他俩双双从事革命工作。

1930年8月，应修人同志回到上海，在中央军委工作。1931年调上海临时中央组织部，先后同伍豪(即周恩来同志)、陈云、瞿秋白等同志工作过。在这一段时间里，除编印出版纪念柔石、殷夫、胡也频、李伟森、冯铿五烈士的专刊《前哨》，创作童话《旗子的故事》和《金宝塔银宝塔》外，主要从事对敌政治斗争活动。

"一·二八"事变后不久，鉴于应修人的组织宣传才能，他从临时中央组织部被调到江苏省委担任秘书并兼负出版小报的编辑工作，不久任省委宣传部长。

1932年底，沪东区英美烟厂浦东新厂叶子间童工160多人要求增加工资得到胜利。厂家不甘心，采取加快车速，实施减班的办法使工人的工资实际减少一半。工人又酝酿罢工来反对减班。应修人同志是分工领导沪东区工作的。1933年4月底，他和沪东区委联系，号召杨树浦三厂盒子间工人首先行动，反对改班头。5月11日的斗争刚刚开始，三厂的工人就同警察发生了冲突，有几个工人遭到了拘捕。12月又有20余人被捕或受伤。13日晚上，应修人同志在省委开完紧急会议回家，立即起草秘密传单"援助英美烟厂罢工工友!"，准备同敌人做最后的斗争。

第二天，应修人同志为了援助罢工工友，不顾个人安危，到处奔走。下午4时许，他根据预先的计划到昆山路花园七号四楼去联系工作。这时，因叛徒出卖，屋子已经被特务占据，埋伏在内。应修人同志敲门进去。当他跑到二楼，发现有疑，刚要回头，就遭遇特务。因为他身上带有昨天起草的亲笔传单和密码工作小条，就抗拒搜查，只能同敌人拼斗。应修人身后临窗，寡不敌众，被敌人推下窗子而牺牲。这地方是昆山路通往海宁路的一个小弄堂。这是1933年5月14日下午发生的惨案，应修人同志当时只有33岁。

应修人同志牺牲的消息传出后，激起了各界人士的极大愤怒。上海文化界、北平文化界、中国民权保障同盟等纷纷抗议，发表宣言。

应修人由于从事繁忙的革命工作，又过早地被敌人杀害，短暂的一生中只留下诗歌、散文、童话等100多篇。虽然在文艺上没有达到应有的高度，但他的鲜血像火炬一样，照亮了人民的眼睛，鼓舞着革命人民奋勇向前。他与同时期的柔石等五烈士一样，是“我以我血荐轩辕”的革命艺术战士。

应修人烈士，是中华民族的英雄，在地下工作斗争中，在敌人面前和刽子手的屠刀下，不屈不挠，具有不惜自我牺牲的英雄气概和热爱人民、忠诚于党的事业的高贵品质。这些光辉灿烂的业绩，过去、现在、将来对人民都有深刻的教育意义。他永远活在我们心中，永远是我们学习的榜样。

应修人同志让自己的生命，死而对人民有益，以自己宝贵的生命，去迎击风霜，战胜顽敌。像他那样，在生死关头，在需要献力的严重时刻，狠斗顽敌，拒不投降，严守党的秘密，毫不畏惧地慷慨献出满腔热血和宝贵青春，去筑起共产主义的万仞大厦！真正的英雄以无畏牺牲战胜了死亡，在烈火和热血中获得了永生。

烈士的鲜血，浇灌着苏醒的土地。

战争的号角，吹散了漫天的乌云。

人民决心“继承应修人，建设英雄乡”。应修人生前的理想，正在不断变成今天的现实。金黄大麦铺满了大地，雨露滋润的水禾正在茁壮成长，英雄家乡群众为两个文明建设跨步前进。

第三节 人物名录

一、科举名录

半浦村历代进士、举人名录如表 9－1、表 9－2 所示。

表 9－1 半浦村历代进士名录

姓名	登科年份	官职
郑岑	郑岑，景泰五年(1454 年)	山东右参政
郑重	成化十一年(1475 年)	高州知府
郑卿	嘉靖三十五年(1556 年)	兵部观政
郑梁	康熙二十七年(1688 年)	高州知府
郑羽逵	康熙四十八年(1709 年)	安县知县
郑锡文	道光十二年(1832 年)	归德府知府
郑缤	光绪三年(1877 年)	内阁中书

表 9－2 半浦郑氏家族举人表

族人姓名	房系概况	考取时间
郑岑(1420—？ 年)	非复训堂支系	景泰元年(1450 年)
郑钟(1419—1480 年)	善一房六世	天顺年间(具体不详)
郑韬(1435—1497 年)	善五房六世	成化元年(1465 年)
郑重(1440 — 1529 年)	善一房七世	成化四年(1468 年)
郑铉(1442—1524 年)	善六房六世	成化七年(1471 年)
郑满(1465—1515 年)	善六房六世	弘治五年(1492 年)
郑润(不详)	非复训堂支系	嘉靖四年(1525 年)
郑尚经(1505—？ 年)	善一房九世	嘉靖四年(1525 年)
郑卿(1527—1559 年)	善一房十世	嘉靖三十四年(1555 年)
郑来聘(不详)	善五房十二世	万历十九年(1591 年)
郑明佐(不详)	善六房九世	万历三十四年(1606 年)
郑梁(1638—1713 年)	善六房十三世	康熙八年(1669 年)
郑羽逵(1683—？ 年)	善六房十四世	康熙四十七年(1708 年)
郑际良(不详)	佑启堂	嘉庆二十一年(1816 年)
郑芬(不详)	佑启堂	道光二年(1822 年)

续表

族人姓名	房系概况	考取时间
郑锡文(1811—1858年)	善六房十七世	道光八年(1828年)
郑铦(1810—1871年)	善六房十七世	道光十一年(1831年)
郑一夔(不详)	佑启堂	道光十一年(1831年)
郑溥(1820—1890年)	善六房十八世	道光二十年(1840年)
郑沅(1822—1861年)	善六房十八世	咸丰元年(1851年)
郑绚(1830—1871年)	善六房十九世	咸丰八年(1858年)
郑缤(1838—1882年)	善六房十九世	同治六年(1867年)
郑世璜(不详)	佑启堂	光绪五年(1879年)
郑福椿(1833—1910年)	善六房十八世	光绪十一年(1885年)
郑佐霖(不详)	佑启堂	光绪十四年(1888年)

资料来源:清代光绪《慈溪县志》卷二〇、二一,民国周苇渔编《灌浦郑氏宗谱》卷三、卷四、卷一六、卷一九、卷二一。

二、英模等名录

烈士名录如表9-3所示。

表9-3 烈士名录

时段	姓名	生卒年	牺牲时间地点	职务	备注
清朝	郑沅	1822—1861年	咸丰十一年三月初三日(1861年3月26日)率军进剿朱山周圩捻军,于安徽老山南遭捻军伏击溃败被杀	官至正五品的安徽泗州直隶州知州	后"以知府阵亡例议恤",赠从三品的太仆寺卿虚衔
中华人民共和国成立后	郑祥雁	1930—1954年	1954年5月18日在浙江东海海面与敌作战时牺牲	在解放军1082大队703小队任副班长	1949年4月28日参加中国人民解放军

三、历代名人画家名录

半浦历代名人画家名录如表9-4所示。

表9-4 名人画家名录

姓名	生卒年	籍贯	擅长	出处
郑子朝	1378—1445年	慈溪半浦	工诗赋,善草书	慈溪县志
郑镛	1426—1499年	慈溪半浦	工书法,善楷书	郑氏家谱
郑达	1445—1504年	慈溪半浦	善书,精草书	慈溪县志

续表

姓名	生卒年	籍贯	擅长	出处
郑熟	1488—1566 年	慈溪半浦	通经术，善篆书	郑氏家谱
郑承浩	1603—1681 年	慈溪半浦	能草书，精八分，善篆刻	慈溪县志
郑梁	1637—1713 年	慈溪半浦	工书画、篆刻	中国美术家人名辞典
郑大节	1705—1780 年	慈溪半浦	善画，善书法	慈溪县志
郑甲	1747—1770 年	慈溪半浦	善诗文，工画，能书	慈溪县志
郑宸	1747—1808 年	慈溪半浦	工书，精行、楷	慈溪县志
郑筠	1767—1792 年	慈溪半浦	善书法，精楷书，又善画	四明书画家传
郑勋	1773—1836 年	慈溪半浦	工诗、古文及书法	慈溪县志

10 第十章 艺 文

第一节 诗文著述

一、著述书目

据清代光绪《慈溪县志》记载，郑姓在县志艺文中有诗文的，明朝 8 人，清朝 22 人，共计 30 人。以下按人名年代顺序列出书名。

明朝

(1) 郑子朝，半浦复训堂二房四世。著有《半古文集》。

(2) 郑满，半浦复训堂六房六世。著有《勉斋遗稿》三卷、《诗经讲义》、《三礼合参》。

(3) 郑渭，半浦复训堂六房七世。著有《家传》《家规》《舒情稿》《隐川稿》。

(4) 郑溰，半浦复训堂善一房八世。著有《灌江郑族真源》《天然洞集》《闲吟集》。

(5) 郑梓，半浦复训堂六房九世。著有《续家传》一卷。

(6) 郑尚经，半浦复训堂一房九世。著有《南江文集》。

(7) 郑光弼，半浦复训堂一房十四世。著有《易绎》《书绎》《诗会》《礼纂》《春秋绎》《四书绪言》《永孝编》《孔庙礼乐考》《宁海县志》《解韬集》一卷。

(8) 郑溱，半浦复训堂六房十二世。著有《易象大旨》、《三坟衍义》、《诗经萃华》、《书带草堂诗选》十二卷文选二卷、《正统萃华》、《明诗二选》、《广思录》。

清朝

(1) 郑梁，郑溱子，半浦复训堂六房十三世。著有《勉斋家传》一卷、《郑氏人物传》一卷、《女僧灵源传》、《曾弗人传》、《同野论学要语》、《读书杂记》、《香眉焚余集》、《初变集》、《俭论》、《见黄稿诗删》五卷。《文》一卷、《五丁集诗》诗五卷文二卷、《安庸集诗》诗一卷文二卷、《玉堂集》一卷后集一卷、《归省偶录》一卷、《还朝诗存》一卷、《宝善堂集》二卷、《白云轩集》二卷、《南行杂录》一卷、《高州诗集)二卷、《寒村杂录》一卷补二卷、《半生亭诗文集》一卷、《寒村诗文集》、《寒村诗文选》三十六卷、《寒村诗选》二十一卷、《寒村文选》八卷、《息存编诗文》四卷、《四大家诗钞》、《跛翁传》、《初变集》、《郑氏遗事略》、《四明四友诗集》六卷。

(2) 郑羽逵，一房十四世。著有《怀远堂集》《粤东游草》《东林杂咏》。

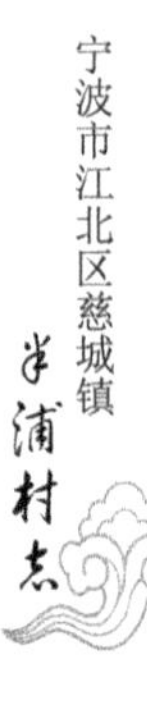

(3) 郑性，郑梁子，半浦复训堂六房十四世。著有《二老阁书目》、《仅真集》一卷、《南溪梦呓》一卷、《南溪瘖歌》一卷、《南溪不文》一卷、《南溪偶刊》四卷，订《黄梨洲先生明夷待访录》一卷、《黄梨洲先生南雷文约》四卷。

(4) 郑景会，郑梁从子，半浦复训堂六房十四世。著有《剑鸣集》、《醉愁集》、《柳烟集》、《鹧鸪集》、《海门集》、《绮霞阁骈文》四卷。其妻俞安平著有《平泉山庄诗稿》。

(5) 郑大节，郑性子，半浦复训堂六房十五世。著有《箨坨遗稿》。

(6) 郑中节，郑性子，半浦复训堂六房十五世。著有《游秦草》。

(7) 郑锡元，半浦复训堂六房十五世。著有《圭堂脱稿》。

(8) 郑竺，郑中节子，半浦复训堂六房十六世。著有《溪上旧闻》二卷、《野云居诗文稿》二卷。

(9) 郑甲，郑中节子，半浦复训堂六房十六世。著有《雪桥居士遗稿》一卷、《闲情草》。

(10) 郑辰，郑中节子，半浦复训堂六房十六世。著有《四明志征》(一作《句章摭逸》《溪上遗闻录》)十卷、《句章土物志》一卷、《十二古铜钩斋诗文集》十卷、《句章诗话》、《使粤草》、《郑氏一家言》。

(11) 郑养元，半浦复训堂六房十六世。著有《观稼园诗稿》，1860 年纂修《灌浦郑氏宗谱》二十卷。

(12) 郑勋，郑竺子，半浦复训堂六房十七世。著有《郑氏征献录》《梨洲年谱校补》《简香日录》《二砚窝读书随笔》《二砚窝偶存稿》《左传乐府》以及《二砚窝诗存》三十八卷、《文集》六卷，编有《诰授中宪大夫先寒村公年谱》一卷。

(13) 郑邦彦，半浦复训堂六房十七世。著有《梦陆诗存》《梦陆杂存》《吟草》。

(14) 郑尔毅，半浦复训堂六房十七世。著有《畸零集》《清芬阁诗钞》。

(15) 郑乔迁，郑大节曾孙，半浦复训堂六房十八世。著有《藏密庐文稿》四卷。

(16) 郑元祁，郑勋子，半浦复训堂六房十八世。著有《咏史诗汇编》八卷、《有怀轩诗文集》。

(17) 郑福森，半浦复训堂六房十八世。著有《爱莲吟稿》。

(18) 郑际良，字初民，一字巨木，号少梅，半浦矮笆人(疑是半浦佑启堂人)，1861 年举人。著有《约园一家言》。

(19) 郑芬，字芸书，号小谷，半浦佑启堂二十四世。1822 年举人，著有《诵清室诗文稿》。

(20) 郑敏熙，字敬伯，诸生。著有《听秋心馆学吟草》七卷。(半浦复训堂六房十八世有郑敏功、郑敏勤、郑敏德、郑敏则，故郑敏熙疑是半浦复训堂六房十八世。)

(21) 郑彭龄，半浦复训堂六房十九世。1923 年纂修《慈溪灌浦郑氏宗谱》二十四卷。

(22) 郑润，进士郑岑侄，慈城人。著有《东泉先生年谱》一卷。

郑氏著作还有《寒村举业偶存》一卷、《雪窦唱和诗》一卷、《初夏唱和》一卷、《江亭唱和》一卷、《野云居诗稿》二卷、《野云居文稿》一卷附录一卷、《寒村七十祝辞》一卷、《守高存言》一卷等。

二、诗选

挽毅斋[①]郑观文[②]二首

其一

[宋]刘克庄[③]

嘉定名尤重，端平眷最浓。子虽曾摄相，公自要明农。

尚意宣麻拜，俄惊斩板封。白头西府掾，无复奉从容。

注：①毅斋：为郑性之立号，初名自诚，因避理宗讳而改名。②观文：宋代观文殿学士的简称。③刘克庄(1187—1269 年)，南宋诗人、词人、诗论家。官至工部尚书，升兼侍读。宋末文坛领袖，特授龙图阁学士。

其二

[宋]刘克庄

卷服辞三事[①]，深衣[②]立一儒。羞扶孔公[③]杖，宁入洛英[④]图。

鉴已云亡[⑤]矣，梁其不坏乎。纷纷[⑥]扫门[⑦]客，曾拜董陵无。

注：①三事：三公之位，谓丞相。②深衣：《礼记·深衣》："古者深衣，盖有制度，以应规、矩、绳、权、衡。"③孔公：指孔子。④洛英：洛阳耆英会。⑤云亡：死亡。⑥纷纷：繁忙。⑦扫门：表示迎宾诚意。

毅斋郑祠蒿领客

[宋]高翥

群玉堂前春昼阴，主人领客步清深。上方图画无真赝，东壁诗书有古今。

手转玉玑看测日，指挥金井试为霖。山翁不作蓬莱梦，但愿时来洗此心。

赭山寺落成同祝枝山[①]访洞上人[②]

[明]郑满

夹双江又夹双峰，五百年来少旧踪。晓径雨收溪过鹿，春岩云起树横龙。

畏人禅子[③]初飞锡，盖世词豪[④]共策筇[⑤]。肯许渊明[⑥]来入社，清宵拟听满山松。

注：①祝枝山(1460—1526 年)，祝允明，字希哲，号枝山，以号行。长州(今苏州)人。弘治(1488—1505 年)举人。官广东兴宁知县，迁应天府(今属南京市)通

判。工书法，名噪一时。诗文清奇，与唐寅、文徵明、徐祯卿并称吴中四子。著有《怀星堂集》等。《江北梵宇》赭山禅寺记，正德丁卯(1507年)长至日(夏至)，祝枝山曾经莅寺寄住，书醉翁亭记，署“枝山道人”。②洞上人：明时曾住持赭山寺。③畏人禅子：让人敬畏的僧人。④词豪：文豪，指祝枝山。⑤策筇：扶杖游览。⑥渊明：陶渊明。

余姚瀑布茶

[清]黄宗羲

檐溜松风方扫尽，轻阴正是采茶天。相邀直上孤峰顶，出市都争谷雨前。

两筥东西分梗叶，一灯儿女共团圆。炒青已到更阑后，犹试新分瀑布泉。

注：又名《制新茶》，描写了全家到四明山采茶、炒制，凌晨煮山泉品新茶的艰辛和快乐。

寄新茶与第四女

[清]黄宗羲

新茶自瀑岭，因汝喜宵吟。月下松风急，小斋暮雨深。

勾线灯落芯，更静鸟移林。竹光犹明灭，谁人知此心。

山居杂咏

[清]黄宗羲

数间茅屋尽从容，一半书斋一半农。左手犁锄三四件，右方翰墨百千通。

牛宫豕圈亲僮仆，药灶茶铛坐老翁。十口萧然皆自得，年来经济不无功。

东江眺感

[清]郑溱

江涛曲折自扶桑，风动烟波更浩茫。耶许声清喧拽坝，蓬帆影碧飐来樯。

铁炉冶器贲饔膳，木厂登杉拟栋梁。可惜天荒腾米值，渡头肩贩日蹡蹡。

烈风渡西江

[清]郑溱

山夹江风烈，涛来浪逆生。舟随天影动，岸赖石头撑。

疑有蚪潜舞，看无鹜泛平。遥怜浮海客，日日望洋征。

寒食过花屿湖

[清]郑溱

湖光虽不食，山色翠如纂。花开何处岩，野草香来暖。

兰若集村妆，随意结游伴。春生涧水滨，曳步情亦散。

别墅半飘零，中有旧交馆。叩谈相见希，饮我泉双椀。

往事叹浮云，形容病且懒。窗前竹作篱，门外松涛满。

家人夜制新茶

[清]郑溱

高冈茗草并兰生，制茗当如兰馥清。彻夜经营调火候，全家揉焙到天明。

老夫倦睡两三觉，小鸟唤呼千百声。起瀹天泉香入口，建溪顾渚浪垂名。

注：与黄宗羲诗标题相似，内容亦大同小异，同在四明山茶区，同样是用山泉烹茗尝新，两地相距约10千米，黄宗羲的隐居地在化安山双瀑附近。

立夏日辽舍收茶

[清]郑溱

春尽寒过暖气蒸，绵衣才卸葛衣承。雷声隐隐平林绿，日影咙咙乳雀应。

花到夏来开易落，人于老去醉无朋。深山一雨茶芽长，收焙还夸七碗灯。

注：辽舍为鄞县古村名，现属鄞州横街镇，已更名惠民村。地处深山，海拔500多米。据说原名獠猞，寓意常有野兽出没，还用过暸舍、聊沙等村名。中华人民共和国成立后为纪念在解放战争期间英勇牺牲的当地村民郑惠民，始用今名。

谒墓

[清]郑梁

不惮西江雨又风，乱流来拜墓门东。舆穿松路沾兰臭，屋覆桃阴缀薛红。

地以亭名怀祖德，碶因石立叹天工。年年一至今头白，爱买鹅黄只眼中。

辽舍采茶

[清]郑梁

其一

手制名茶冠一方，龙潭翠与白岩香。犹疑路远芳鲜减，辽舍山中自采尝。

其二

鲜茶出箩蕙花香，剪取旗先摘去枪。猛火急揉须扇扇，半斤一夜几人忙。

其三

炒青渐向镬头干，灶冷灯昏仆已鼾。壁外乳泉流不绝，一声鸦过报更阑。

注：诗句描写了辽舍山茶的优异品质和采制茶叶的艰辛。龙潭、白岩均为附近的山名，与辽舍一样，古时多有野生茶。

画长松呈梨洲先生

[清]郑梁

峨峨千丈松，挺生蓝溪侧。种自新建来，根从蕺山出。

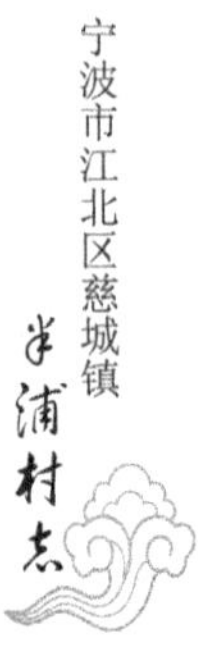

耸身立云表，枝柯散八极。众芳仰广荫，攀援各努力。
中有幽兰姿，细草愧弱植。瞻望徒殷勤，高卑不相及。
松枝忽下垂，一朝承颜色。何以报长松，馨香保贞德。

丈七间偶题

[清]郑梁

窄窄低低丈七间，与君不可谓无缘。三千里外船能到，八九朝来雨更连。
闭户但知芳草意，焚香自对绣鱼天。乡邻还往情都废，烽火从教动海边。

注：清代《慈溪县志》卷四十四“居址”：丈七间“县南半浦郑梁读书之室”。

寒食花屿湖

[清]郑梁

篮舆轧轧雾蒸蒸，出郭逾冈又转塍。湖已犁田忘甲子，山犹扫墓集云礽。
征君风节知谁继，老我波靡恐不胜。惭愧松楸无别事，一年柯叶一年增。

花屿湖道上

[清]郑梁

清明时节此常过，雨打今朝又总么？一出城来香载道，自踰岭后水鸣坡。
山妆倚女花容少，陌路逢人酒意多。莫道来华易零落，即今湖亦不扬波。

花朝晚渡鹳浦

[清]郑梁

下陈往返路迢迢，港断舟停已及宵。破幔疏帘舆代步，残壶賸榼仆分挑。
神灯闪烁三过庙，僧磬丁冬九里桥。晚渡原来好风景，兹行端不负花朝。

江皋信步

[清]郑梁

庭院深深春昼长，出门信步但闻香。烟迷芳草江云翠，风落松花涧水黄。
僧寺雨前茶早熟，农家晴日种初忙。东君如欲留人住，故遣啼鹃到池塘。

云湖观梅

[清]郑梁

朝来访到云湖寺，想像规模在昔年。松盖竹龙无处觅，千山十里暗香连。

赭山寺雨中即事

[清]郑梁

山寺晓钟施食后，松窗春雨读书天。闭门竹影泥墙角，欹枕鸠声石磴边。
两岫闲云三径草，一沟流水半林烟。呼童拔火煎茶外，磨墨研硃理旧编。

半生亭自题

[清]郑梁

除死未曾今得半，有生何者尚求全。可怜书卷都无份，賸喜花香不断缘。
筑就亭方二丈地，栽来树遍四时天。晨昏定省慈亲外，长日宁唯似小年。

穴半生亭北墙为独园即事漫赋

[清]郑梁

半生亭北穴墙围，病羽新迁树一枝。门不设来容日涉，帏无下处尽时窥。
先蔬后果迎天气，东竹西花恰地宜。温国当年名独乐，太欺草木未能知。
屋里园方二丈强，四围花药遍依墙。于中石板堪行住，也可茅檐盖雨旸。
野外山间何所别，眼前生后不须量。小春翼鼓鳞翻处，红叶蜂颠蛱蝶狂。

李寅伯、张德符、柴上林坐半生亭待煮苣熟，赋诗见示，次韵奉和

[清]郑梁

积雨连朝气乍收，朋来问疾近何由。黄鱼和栗投难报，新苣逢雅客可留。
味正好如秋仲月，烹偏迟似月亏秋。杯盘草草形骸忘，夜夜高吟傍小楼。
注：李瞰，字寅伯；张锡璁，字德符；柴梓庭，字上林，号渔山。

雨坐大椿堂

[清]郑梁

文山红叶隔江横，咫尺胡为看不成。秋老霜迟观未改，晓来雨急路如生。
无端禁足新参座，相向愁眉久困城。稍喜僧题留满壁，难安韵脚逼人清。

归家即事

[清]郑梁

暂得离城市，归家事转清。移花乘细雨，插种急新晴。
浪暖鱼儿出，烟浓杏子生。村居无俗客，随意听禽声。

登楼

[清]郑梁

久不登楼望，江天别样清。朔风寒有色，西日照多情。
木落山余骨，村空水作声。倚窗看未倦，林月一轮明。

晚村

[清]郑梁

一卷残经对好风，会心多在晚村中。已凭沟浍污流竟，自觉烟云色相空。
古墓欹倾耕犊上，野桥低小钓航通。年来渐洗名根净，惟许前溪鸥鹭同。

雨坐大椿堂

[清]郑性

不将耒负不经横，盖得闲堂懒习成。独坐寻常诗句少，客来旦晚雨云生。
秋潮江涨玻璃窟，霜叶村环锦绣城。咫尺不能乘兴去，蓬莱几度水流清。

出花屿湖，忽失康敬山同东门榅山，须之途次

[清]郑性

游人出花屿，塍陌雨霖零。一骑忽相失，三兜别自行。
过桥频踯躅，得树且消停。终究来同道，须知物可成。

访南溪入鹳浦生雨即赋南溪家园书带草堂

[清]全祖望

吾家先宫詹，湖上集群公。峨峨施都督，裘带泰芳踪。
将军不好武，雅歌酬诗筒。书法犹入神，滇海红云红。
佳节殉亳社，良不负阿翁。可怜故里第，书画随飘蓬。
犹余残竹林，髣髴溯清风。所幸佳宅相，尚贮墨妙浓。
阶前老书带，葱翠一百弓。于今已三世，春秋享祀丰。
吁嗟此书带，故国遗臣封。莫视作小草，行与乔木同。

二老阁

[清]全祖望

奎芒萃黄竹，篤生有魁儒。一阳在黍谷，出自九死余。
膺滂①陪党籍，文陆②共简书。晚归双瀑院，残经理蠹鱼。
招邀遍江东，鹳浦尤其渠。秦川故观察，同声和于于。
扁舟时过从，素心不可渝。江村拟汉阴，庞马③足并驱。
高州绍坠绪，报本时瞿瞿。有子承先志，杰阁凌太虚。
春秋仲丁日，少牢荐香醑。百年嘘薪火，二老降履絇。
试看午夜分，五纬④临前除。

注：①膺滂：膺，李膺；滂，范滂。二人于东汉建宁二年(169年)均遭党祸。②文陆：文，文天祥；陆，陆秀夫。二人均殉节南宋。③庞马：庞，庞统；马，司马徽。④五纬：金、木、水、火、土五大行星也。二十八宿随天右转为经，五星左旋为纬。

半生亭

[清]全祖望

峄阳孤桐根，垂老枯其半。生意犹融融，清音不可乱。
吾怀寒村老，彩毫凌霄汉。远承蕺山传，先登南雷岸。

高州投绂归，一臂忽以绊。蟹螯尚可持，所失衔杯便。
闲情写云烟，左笔资清玩。益复自欿然，望道如未见。[1]
斯人不可作，旧德伤汗漫。江潮滚滚流，斜阳入绛幔。
剩余东天竺，绕亭白华粲。

注：①《句余土音》注："高州临终，自谓全无是处。"

石叟居

[清]全祖望

石窗通万山，石楼临绝谷。其北为翠碣，石叟所小筑。
石叟有砚山，朝朝写蛾绿。何须千峰秀，只此一拳足。
五马抵高州，旁午逢寒玉。嫣然一笑粲，会逢我所欲。
陆郎郁林船，多载不为黩。又况叟不多，三五孤峰矗。
遂成小洞天，微云淡枯木。仰看大者宫，俛临独者蜀。
班班高丽盆，凝乳堪果腹。石存即叟存，下拜不嫌数。

注：清代光绪《慈溪县志》四十四卷载，郑梁自粤归，携英石一座，俨然人影。因耳所居之东轩置之，曰石叟居，郑梁于康熙三十九年(1700 年)作《石叟居记》。

大椿堂(五)[1]

[清]全祖望

南溪侍半翁，手种灵椿树。意美足垂芳，心闲因得句[2]。
绵绵不朽人，令德永终誉。形逝神长留，奚止八千度。
年来愈穹窿，弥天饱霜露。千枝蜜色萱，池塘发香雾。
椿以怀严君，萱以荐慈祜。更有万岁藤，相依如茑菟[3]。
夜月度廊腰，交柯相回互。南溪亦老矣，不杖犹飞步。
吾疑此寿藤，即以绥遐祚。风雨共晨昏，为君慰孺慕。

注：①清代光绪《慈溪县志》四十四卷载，大椿堂"县南半浦，郑性于所居之北建大春堂"。郑梁以左笔题额，康熙四十六年(1707 年)《大椿堂记》载："大椿堂者，郑子义门建，奉其尊人太吏寒口先生起居游息之所也。"②《句余土音》注："用高州题楹语。"③《句余土音》注："椿树下有藤缘之而上。"

西江书屋(六)

[清]全祖望

新东藏书家，首推天一阁。其后淡生堂，牙签最审榷。
于今有鹳浦，善在精且博。我观古著录，诸家亦棼错。
藏书不择书，糠秕混精凿。藏书不读书，庋置怜寂寞。

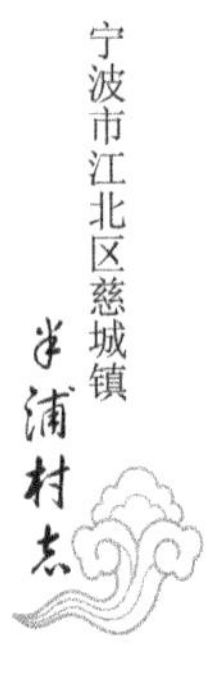

读之或不善，丧志空作恶。南溪真书仓，万选钱在索。
收拾南雷书，门墙幸有托。反疑过高妙，一切弃糟粕。
我生苦謏闻，渔猎久荒落。何时得假馆，疑义相弹搏。
直溯西江波，以济枯鱼涸。

一隅阁（七）

［清］全祖望

南溪志游山，五岳造其四。聊复留有馀，衡阳未之至。
归来厌华堂，一隅成小憩。壶公以壶栖，巢父以巢置。
人生苦局龊，耳目限于地。莫夸云梦宽，适增夜郎愧。
南溪具神勇，芒屩百两敝。退之所回车，游行心不悸。
壮观历天涯，老倍添奇气。小阁低于艇，此中正无际。
我来阻淫雨，登阁消清秘。遥望五岳云，茫茫生遐跂。

舟次半浦再哭五岳游人兼东两嗣君

［清］全祖望

薤露凄凉江上来，寿宁堂下几徘徊。大椿倏已随朝露，带草依然染绿苔。
为幸荆花重合秀，不教菌蠹得成灾。夜台此足怡先志，纯孝原非仅致哀。

仲春仲丁之半浦陪祭梨洲先生

［清］全祖望

黄竹门墙尺五天，瓣香此日尚依然。千秋兀自绵薪大，三径劳君盼渡船。
酌酒消寒欣永日，挑灯讲学忆当年。宋元儒案多宗旨，肯令遗书叹失传。

晦木先生集藏半浦郑氏予欲录其诗入甬上寓公集而求之书阁未得雨窗寂坐大觉无赖率赋长句索主人和之

［清］全祖望

鹧鸪山人金石心，鹧鸪山人冰檗吟。九十年前甬江上，曾顾日影弹清琴。
广陵散幸不终绝，残喘踉跄虎口寻。忧患以来饶著述，三易六书何森森。
化安哀瀑存声响，犹疑剑出重泉深。妄人之口不足信，附会谬语诬旷林。
谁言奇哥行不得，我应一洗萁豆音。竭来江村索遗集，二老阁前寒芒临。
白云千重封四库，但闻骤雨声淫淫。登楼乂手空咄咄，书带萧寥苦雾侵。

灌浦郑氏秋丁祭黄子

［清］全祖望

黄子泽五世，于今已一丝。阁下木樨花，秋来放几枝。
嗟我仅私淑，未得揖让于其时。

鹳浦有感

[清]冯金澎[①]

鹳浦门楣[②]自昔雄，稠居一带茂林中。襟江曲抱潮还汐，夹水分流西复东。
面对岐峰[③]来凤舞，背临赭岫[④]俯龙宫。地灵自是多人杰，不独长沙刺史公[⑤]。

注：①冯金澎，字骏声，号屿斋，慈溪人。诸生。著有《自得楼诗稿》。②门楣：门第。③岐峰：半浦南临姚江，隔江为鄞州区的岐山。④赭岫：半浦的西北是赭山，故称"背临赭岫"。⑤长沙刺史公：指汉贾谊。

寄题二老阁

[清]谢闾祚

昔年二老阁同登，一字留题尚未曾。到此语言原是赘，任他顽儒亦能兴。
江回九曲波澜阔，山接群雄气象增。竹浦寒村幽寂甚，师门家学两承绳。

注：谢闾祚，字悦如，号涛山，镇海人。乾隆七年(1742年)进士，官甘肃镇原县知县，罢官归里二年，起授四川宁远府经历，谢不赴。著有《并日楼诗文抄》。

谒寒村先生，将归次日，喜姜友棠至，复留半生亭坐月限韵

[清]柴梓庭

江亭夜坐多，苦无一片月。昨宵半朦胧，长歌先后发。
石叟何多缘，一宿情未歇。十里来诗人，八年滞京阙。
此夕天破荒，青光直破骨。明月几时圆？霜花各点发。
风雨半沉埋，利名半汩没。对此诗思清，不觉酒肠滑。
主人陈壶觞，童子持肴核。一醉想华胥，逍遥入月窟。

注：姜宸萼，字友棠，慈溪人，姜宸英从弟。

端午前一夕半生亭坐雨

[清]屠可播

惜别经旬久，相逢夏日长。榴花含口雨，翠竹暗斜阳。
霉润苍苔滑，风生茛芙香。三年曾蓄艾，莫可疗愁肠。

半生亭晚步

[清]郑竺

林香风静暮春时，绿影婆娑漾碧漪。最是晚来容我独，闲亭寻得两行诗。

谒安仁庙

[清]郑辰

丛祠向在鹳江边，沿傍村墟八十年。此日榱题非昔尔，旧时风景尚依然。

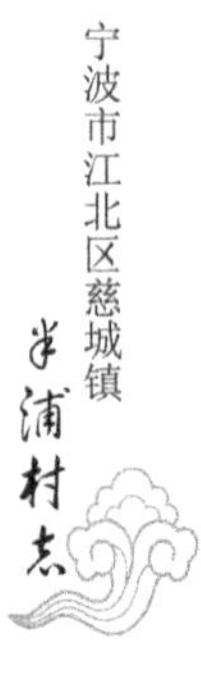

明山西极开平楚，大海东来迸百川。里社四时风月好，渔罾商艇尽诗篇。

大里黄公墓

[清]郑辰

采芝自昔傲封侯，遗碣苍崖不可求。姓外黄州终毕肖，名高太尉早安刘。
渔榔响破商山月，樵斧声传大里秋。知己有人千载后，碧云相望霭松楸。

注：余高祖秦川公亦葬于此。（指郑溱）

谒前安仁庙

[清]郑邦彦

里社归来廿七年，泫然风景故依然。游踪历历儿时记，祖德峨峨往事传。
为读穹碑详址界，喜看乔木护榱椽。他时补作还乡记，癸巳初冬月下弦。

同寅伯过鹳浦，夜半渡江，义门烧烛以待，已成长句

[清]谢绪章

日月匆匆易迈征，栖迟不是匿身名。我于酬俗缘都谢，君为娱亲话款迎。
歧路初愁泊何所，深更欢见韵先成。今宵又得酕醄醉，只此行藏乞其评。

注：谢绪章，字汉倬，号北溟，谢兆昌之子。清诸生。康熙时镇海谢绪章（北溟）、慈溪郑性（南溪，字义门）、鄞县万承勋（西郭）、李暾（东门，字寅伯），号称四友，各以诗鸣，尝合刻《四明四友诗集》（《清稗类钞》载），有《北溟见山集》存世。

拟白香山西湖留别

[清]郑一夔

主恩三载住杭州，西子湖边乐未休。傍水人家全负郭，夕阳烟树半遮楼。
前番记梦劳红袖，此去盟心问白鸥。剩有酒痕除未尽，拟将重浣一襟秋。

二老阁

[清]郑元祁

百年高阁擅清华，遗泽于今尚在家。插架书多防蠹蚀，缘墙藤古爱龙拏。
寰中省识乡名旧，江上追寻隐迹遐。一瓣心香谁是继，自嗤私愿抱无涯。

注：郑元祁，字绍京，号杏卿，半浦人，慈溪贡生。著有《有怀轩诗文集》《咏史诗汇编》。

晚渡鹳江

[清]郑竺

清江深难测，远水接天碧。晚霞断欲飞，夕阳低渐没。
物色各相宜，余亦有所适。众鸟宿高枝，孤舟载明月。
悟处每自知，兴来向谁说。

晚渡鹤江

[清]王仁廉

晴川如镜柳如丝，放棹江村薄暝时。远树云低随岸转，片帆雨重过江迟。

野桥流水添新涨，墟里孤烟起暮炊。坐久不知天色晚，归鸦啼上最高枝。

注：王仁廉，号洁甫，黄山人，贡生。著有《思补居诗稿》，咸丰同治年间在世。

至鹤浦视郑念若病临别感赋

[清]冯开

相见复相别，难为宿昔情。才能谋一面，或恐了今生。

欲语转声咽，认人犹眼明。无言堪汝慰，制泪出门行。

注：郑念若，郑光祖，字念若，半浦人，作者之友。

登三星阁

[清]郑邦彦

杰阁登临晚，寒村古渡头。暗潮生极浦①，落日送孤舟。

水市鱼虾贱，江皋②桔柚秋。暂归人似客，望远不胜愁。

注：①极浦，远浦。浦，水滨。②江皋：江岸。

春夜寄雅宜庵诸友

[清]郑际良①

绿遍茅庵带草香，同俦②诗思满江乡。柳塘得句酬春水，花坞披书对夕阳。

隔岸云山开画景，当窗明月照文章。愧余橐笔③依篱下④，孤馆挑灯引恨长。

注：①郑际良，字初民，一字巨木，号少梅，清慈溪人。嘉庆二十一年(1816年)举人。②同俦：同辈朋友。③橐笔：持橐簪笔的简称，语出《汉书·赵充国传》，后指文士的笔墨生涯。④依篱下：寄人篱下。

雅宜庵即景

[清]尹嘉年

小阁远尘市，清心对梵王。一湾篱作界，三面树为墙。

过雨看村碧，因风闻草香。境幽无俗事，翻觉日舒长。

注：尹嘉年，字孟再，号少桥，清慈溪人。诸生。著有《培荆草堂诗稿》。

满江红·书慈溪郑母张孺人节孝事

[清]张玉珍

今古娥眉，推第一、荣扬节孝。仓皇处、难痊夫病，还愁姑老。

玉笛正吹连理曲，瑶琴忽转伤心调。剩呱呱、七日试哀啼，遗孤貌。

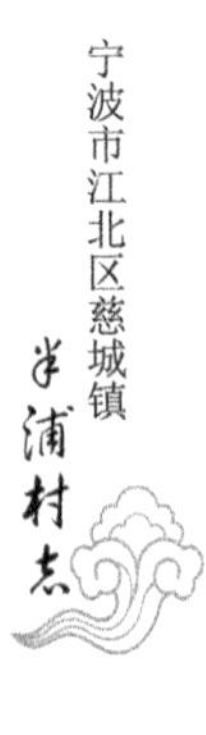

奁镜冷，离鸾杳。妆阁掩，钗分早。算几番撑挡，邻逋才了。

识代陔兰谋色养，教传灰荻邀旌表。抱冰心、常共月争光，千秋皎。

送董雨村[①]至乍浦

[清]王棻[②]

春水桥头涨绿波，九峰[③]兵后近如何。异乡客送同乡客，一样青袍[④]涕泪多。

注：①董雨村：未详。②王棻，字建堂，号小舟，又号同生，清慈溪人。监生，以军功授知府。著有《晚清楼诗稿》。③九峰：乍浦西北云山（今余姚东部），亦称九峰山。④青袍：学子之袍。代指读书人。

渡西江入山即事

[清]郑梁

漠漠朝云压树低，相随樵子渡江西。千峦雨过花争发，三月春波鸟乱啼。

地僻柴门因白石，天晴酒榼到清溪。年来踪迹留城市，一见春山酿似泥。

西江送秋用少陵《白沙渡》韵同横山达庵

[清]郑性

昔闻桃花源，粉红迷两岸。其中卜居人，避秦不知汉。

今者我所居，荒江号曰半。深秋霜叶红，客作桃源唤。

秋风日以凄，秋潮日以漫。霜叶难久留，渐逐行人散。

顷此不知乐，徒然计理乱。津迷莫可问，空发千秋叹。

隐川书屋

[清]郑渭

东开小户先庐侧，北启幽斋祖墓前。一带山横如列嶂，三条水汇恰成川。

疏栽篱竹观田垅，高放黄花映简编。天许太平民隐处，朝荠暮粥自年年。

注：清代光绪《慈溪县志》卷四十四载：“隐川书屋，郑渭筑，正德六年秋八月自作《隐川书屋记》。”

赭山寺坪

[清]杨庆槐[①]

西岭灵鹫[②]盘，东江鹳鸟[③]飞。杖策平冈上，夕阳明翠微[④]。

注：①杨庆槐，字晋堂，号树人，清慈溪人。诸生。著有《一阳轩诗文稿》。②灵鹫：印度有灵鹫山，据传佛尝居此。因借喻为佛寺。③鹳鸟：赭山的东边是半浦，亦称鹳浦，山上多鹳鸟，故云“鹳鸟飞”。④翠微：青山。

游赭山僧院

[清]董葆琛

停舟待潮信，因上翠微间。独客来何暮，荒庵早掩关。

风声秋在树，江气夕沈山。多事东流水，朝朝去复还。

注：董葆琛，字献臣，号啸兰，清慈溪人。贡生。著有《学易堂诗稿》四卷。

村居

应修人

阶下野花红簇，窗外秀筠翠覆。锄草罢，灌园回，闲与邻儿共读。何处香馥——莫是泥垆茶熟？

1920 年春，于慈溪

山里人家

应修人

缫些蚕丝来，自家织件自家的衣裳；汲取山泉来，自家煎一怀嫩茶自家尝。溪外面是李树拥梅树，溪里面是桑树领茶树。溪水琮琤地流过伊家底门前，伊家是住在那边的竹园边。

1921 年 3 月

记邻翁语

应修人

莫道仲春农事少，勤日何日肯无功。壅灰苜蓿宜防雨，摘蕻芸薹最爱风。

泥筑田径忙唯我，树栽菜园益归公。即令日暮回家早，新辟菜园灌韭葱。

1920 年 3 月 24 日，慈溪

过慈溪、赭山

应修人

低高的千枝万枝竹；我呀，我走近了山麓。莲花石板我都无心数，走过鱼池，也没问我乐呢鱼乐。弥勒佛你也请坐吧，风紧，冬深，——我要上山去咧！

山风儿满山径，我快要登上山顶。满山是黄叶和嫩芽；只这里一朵鲜红的花；那边有曝背的和尚叫我，叫我去坐坐喝一杯茶。

“这是柴果。这是芳草——这是三四月里的映山红？”他说莫非已是春到。映山红，你已在我手里咧！哦，我原不是冬的人儿呀。

前江里两三白帆，我要慢步儿下山。弯弯的江水绕住山脚；刬平的岩石睡在山弯。拾起石子我画上个棋盘：谁知谁着，谁高兴管！

听滔滔地，松涛天半鸣，早过了寻诗径。攀着些恋住在松树的萝，到手里都变做女人的柔情。眼送我归去的樵女呀，樵女呀，疏林小河边，是不是你们的家呀？

1924 年

海参崴的海

应修人

海水是碧蓝又皎清，浪花开出了万朵缤纷，昨天还是一波不兴，海哟，怎么今天这样的跳跃欢欣？

远山隔着有红霞一痕，我要来摇船，直上波心，让这小船儿随着你，海哟，照看你把我上下浮沉！

1927 年 11 月，海参崴

在莫斯科

应修人

风已紧，雪已深，门外路难行；呵，咱们携着手儿呀，携着手儿前进！

风已紧，雪已深，暮色又低沉；呵，咱们偎着身儿呀，偎着身儿前进！

1928 年 3 月，莫斯科

三、文选

郑禹梅刻稿序

[清]黄宗羲

东坡以黄茅白苇比王氏之文，余以为不独王氏也。濂、洛崛起之后，诸儒寄身储胥虎落凹之内者，余读其文集，不出道德性命，然所言皆土梗耳，高张凡近，争匹游、夏，如此者十之八九，可不谓之黄茅白苇乎？其时永嘉之经制，永康之事功，龙泉之文章，落落峥嵘于天壤之间，宁为雷同者所排，必不肯自处于浅末。盖自有宇宙以来，凡事无不可假，唯文为学力才禀所成，笔才点牍，则底里上露，不能以口舌贵贱，不可以时代束缚。故六朝脂粉之世而有徐、庾，西昆驱染之世而有杨、刘，即在黄茅白苇之中，未尝掩其本色也。近时文章家，共推归震川为第一，已非定论，不过以其当王、李之波决澜倒，为中流之一壶耳。然震川之所以见重于世者，以其得史迁之神也。其神之所寓，一往情深，而纡回曲折次之。顾今之学震川者，不得其神，而求之于枯淡。夫春光之被于草木也，在其风烟缥缈之中，翠艳欲流，无迹可寻。而乃执陈根枯干，以觅春光，不亦悖乎？宋景濂言文有九病，其一种臭腐阘茸，厌厌不振者，非此之谓欤？

吾友郑禹梅，深于经术，而取材于诸子百家，仁义之言，质而不枯，博而不杂，如水之舒为沦涟，折为波涛，皆有自然之妙。其于震川，有不期合而合者矣。嗟乎！文章之在古今，亦有一治一乱。当王、李充塞之日，非荆川、道思与震川起而治之，则古文之道几绝。逮启、祯之际，艾千子雅慕震川，于是取其文而规之而矩之，以昔之摹仿于王、李者摹仿于震川。盖千子于经术甚疏，其所谓经术，蒙存浅达，乃举子之经术，非学者之经术也。今日时文之士，主于先入，改头换面而为古文，兢为摹仿之学，而震川一派，遂为黄茅白苇矣。古文之道，不又绝哉？使禹梅之文大行于世，吾知又为一治，故余叙禹梅之文，不仅为禹梅言也。

宪副郑平子先生七十寿序

[清]黄宗羲

辛亥，郑平子先生六十，余为文寿之，羡其萧然自得隐居之乐。今又十年，令子禹梅书来，复欲余言。念此十年间，先生既闷其声光，轻灭喧俗；禹梅三入长安，公车流冗。灌浦书带，静然四屋，当世得气之家。方且文号儒宗，武称将表，风腾波涌，更相骀藉。以先生之才，亦何难请托郡邑，借宠时贤，陈同父所云有才之人，则索手之徒，踏一片闲田地，便可以饱食暖衣，而长雄于一方一所。先生不其然者，盖必有所甚痛于心。宁怀琬琰以就煨尘，不欲猖狂无妄之福，以取矍相扬觯之辱。

余见今之亡国大夫，大略三等：或齷龊治生，或丐贷诸侯，或法乳济洞。要皆胸中扰扰，不胜富贵利达之想，分床同梦。此曹岂复有性情？先生视之如粪土也。昔文山人燕，王炎午作《生祭文丞相》文，驿途水步，山墙店壁，所在粘之，恐丞相之不死也。宋室遗民，此为最著。然观其《吾汶稿》《再上参政姚牧庵书》，唯恐其不相容接。是时牧庵分政江省，而炎午累行干请，则是当路之交际，炎午未尝绝也，岂其严于论人而恕于论己哉？士之报国，各有分限，炎午未便为失，而先生绝匿名迹，当路投分无所，可不谓过乎？

马碧梧七十，汪复为赋《十月之交》。碧梧曰："某偷生而不愿生、祈死而未得死者也。今之为寿，夫岂先生所欲。"君子以为不然。先生之年，与常人不同。渊明元嘉，晋亡已九年，朱子犹书晋处遗土，是典午一星之火，寄之渊明之一身也。年来汐社诸君子，汪魏美、余若水、万履安、沈眉生、巢端明、徐昭法、阎古古，皆确然免于疑论者，相次绝算。江湖憔悴，星火之寄，殆将无人，非先生而谁乎？

灌浦故四明山之翠竭也，梅子真尝避地焉，相传至今犹在。子真亦西汉遗民耳，先生采药弄水之暇，得无遇之而伤古吊今欤？则先生之年正未可知也。虽然，先生终不得与皋羽、韶父诸人比，文章未坠，必有英绝领袖之者。禹梅传其家学，以气节发为文章，吐言天拔，出于自然，照烂卷轴，砥艺苑之横流。余且苦其轩车不容巷，门庭无子真之迹矣。

五岳游人穿中柱文

[清]全祖望

南雷黄氏之讲学也，其高弟皆在吾甬上。再传以来，绪言消歇，证人书院中子弟不复能振其旧德，求其如北山之有光于朱，蒙斋融堂和仲之有光于陆者，吾未之见也。慈水郑先生南溪，其庶几乎。先生于黄氏之学，表章不遗余力。南雷一水一火之后，卷籍散乱佚失，乃理而出之；故城贾氏颠倒明儒学案之次第，正其误而重刊之。先是，尊府君高州欲立祠于家以祀南雷而不果，先生成其志，筑二老阁于所居东，以祀南雷及王父秦川观察，春秋仲丁祭以少牢，黄氏诸孙及同社子弟皆邀之与祭，使知香火之未坠也。又言于提学休宁汪公，谋其墓田。初南雷之卒也，托志文于高州而未就，至是先生以属之予，四方学者或访求南雷之学，不之黄氏而之鹳浦，即黄氏诸孙访求簿录，亦反以先生为大宗，盖其报本之勤而笃也。顾或疑先生之学不尽合于南雷，以为南雷当日虽与二氏多还往，而于其学则攻之甚严；今先生之喜禅，几于决波倒澜无复堤限。南雷最斥潘氏用微之学，尝有书为万征君季野驳之，凡数千言；而先生于用微求仁宗旨，许为别具只眼。南雷汰存录之作，言明史者皆宗之；而先生言其门户之见尚未尽化。予则以为先生宿根，实与葱岭相近，故虽儒言儒行，而圆顶箬笠，居然竺先生气象。亦尝与之反复其异同，而墨守卒不可化，此乃明人近溪复所海岸一辈。用微之学，予亦尝举其疵颣以相商榷，先生不以予为非，而谓近世士不悦学，苦心如此人者，正自不可泯没。是固平情之论也。至疑南雷门户之见未化，则最足中明季诸公之病者。要之，先生讲学，其泛滥诸家，不无轶出于黄氏范围之外，而其孤标笃行，持力之严，则依旧师门之世嫡也。先生以友朋为性命，然诗酒过从，以至书简往复，无一不归于学。万编修九沙七秩，同人共祝之，先生扬觯而前曰：吾祝公耄而益勤，不知老之将至，上以绍鹿园先生之学统，近以绍充宗先生之学统而已矣，他非所及也。其祝陈南皋，亦以怡庭先生之薪火勉之。尝劝李东门讲学，东门谩讥之曰：今世之讲学者，特欺世以盗名耳，吾不屑为也。东门卒，先生哭之恸，曰：听君之放浪山水而终无所得，是予之罪也。夫万磁州西郭被征，先生谓曰：按以古人出处之义当辞之。西郭不能从，中途而寄声曰：吾悔不用良友之言。予在京师，先生岁必传语曰：长安声利之场，陷溺人心不少，当时时提醒之。西行访求李二曲高弟，则友王丰川；北行求颜习斋高弟，则友李恕谷；浙中求明招丽泽之传，则友王鹤潭。而尤服膺二曲反身之教，每与予相见，未尝不谆谆三致意焉。呜呼，先生之学如此，夫岂葱岭之徒所能收拾者乎！家居祭祀，皆依古礼，不参以世俗之俎豆，视牲告濯无不躬亲，未尝见其稍倦；巫觋不得入其门，家人有为非鬼之享者，举而覆之于厕西。成所八，惠及三党，竭欢尽忠，不以为厌，盖数十家待以举火。有佃人负租询之，知为慈湖先生之后也，尽捐之。守令有愿见者，谢不往。以明经贡太学，应受籍于选部，亦不赴。先生固用世才，其综理庶务，干力精悍，乃其于势位则泊如也。自署曰五岳游人，其于五岳已历其四，独衡山未至，曰：留此有余不足之精神以还芒屩可也。今春语余曰：明年为予八十，终当南行以毕此志。未几而先生逝矣。先生讳性，字义门，别号南溪，浙之慈溪县鹳浦人也。以故按察副使溱为祖，世所称秦川先生者也；以故知高州府梁为父，世所称寒村先生者也。生于康熙乙巳十一月二十六日，卒于乾隆癸亥七月十日，其年七十有九。娶仇氏，子二，大节、中节，俱国子生。先生为其尊人治丧，未尝用世俗七七之期，至是二子守其家法。夫是说也，发之韩李二文公，以辟佛也，而先生遵之。然则诚非葱岭之所能收拾矣。所著有南溪偶存。葬于高州墓旁。今而后南雷黄氏之绪言，恐益衰矣。其铭曰：孔耶释耶双探珠，鸿沟混合为一区。学成五岳恣所如，要其醇行老不渝。归根复命在吾儒，我铭其幽非贡谀。

注：清代郑辰在《五磊山记》中云："环标秀出，罩落群山。下视千峰，云升霞举。夜半日出，吞吐虹涛。"（古望海亭位于慈溪五磊山牛角峰巅）

半浦考

[清]郑梁

半浦俗称"灌浦"，谓取灌溉之义。陈敬宗《江郊渔牧记》中亦称"灌浦"，其散见于诗家者皆然。然何水不可灌溉，独是浦以是名耶？考张时彻《宁波郡志》，则云"鹳浦"，然田有鹳邱，而是浦不知所在，亦属无据。泰和曾彦《送郑本弘序》曰："维郑之先，蜀人也。徙居慈溪之官浦。一时流俗，有官浦、宦江之称。"李东阳《送郑廷器序》曰："君为慈溪贯浦之望族。"则又江南、江北两浦相贯之说矣。今江南有浦，而江北则无。如谓江北为后人所塞，则塞不知其始于何人何时。惟隐川先生《地里考据》云："半浦，慈溪南十三里十二都四图五图，西屿乡安仁里安仁村之境，临大江，东八十里到海。自宁波府城西来至此始有山，汇为幻江。而北西北夹江皆山，北坐赭山，南望石塘山。浦在江南，经九里接石塘溪，亦名九里浦。曰灌浦，当取灌溉之义。或曰半浦者，以东为鄞，西为慈溪，两县相半之界也。浦在江南，名地以浦，岂以此浦系此地之形胜耶。浦口有桥，太学如江公之孺人杨氏所筑。杨氏，鄞邑杨布政守隅孙女也。居此地者，郑姓凡七族。今按此地有郑熙没官田，郑通没官田，凡千余亩，王册仍旧，竟不审没在何时，今为谁家祖云。"又南凡先生《十二都江山记》云："慈之西屿乡安仁里曰半浦，又曰半江。曰半浦者，江以南有浦，纡迂九里而抵石塘碶。引桃源、白鹤诸山水而注于江。其浦东隶鄞，西隶慈，分有其半，故曰半浦。由浦而东四十里抵郡北郭。江以南隶鄞，北隶慈，以江心为界，故亦曰半江。"按此两记，则浦在江南也决矣，而乃以名江北之地者，地因渡而名，渡因浦而名也。半浦之称，当属无疑。

半生亭记

黄百家

庚辰冬仲，黄竹农家至半浦，省问禹梅郑先生之疾。时先生新搆半生亭成，自以左手书颜，属家为记。

家请名亭之旨，先生曰："余死幸得生，而右体不仁，所生者仅半耳。"家曰："然，然先生之疾非痼也。家每见先生日即于瘳，诚虑他日全体充和，左右宜有不其名亭之无当乎？"先生曰："嘻，子何见之未达也？天下事孰是得全者哉！广而论之，天体浑全也，掩于地者半焉；四时环行也，晦于夜者半焉。君邪仆邪，醒与梦分其半；得马失马，忧与喜分其半。天下事孰是得全者哉！且即所谓半者，亦无可得执为半也。自古来动称唐虞三代，若竟其底蕴，唐虞以天下与人是已，止居其半也。汤武不能得禅懔于夏商，是又为舜禹先夺其半也。总之，而今安在哉！大者如此，细又何谈？昔吾与子赭山月黑萧寺灯青读文之暇，子气方豪，我怀亦壮，何期子以布衣终老？虽能学古承先岸然自立，究视曩昔之豪气，半减于饥寒，而我则北阙南荒周谙情伪，当日之壮怀全销于宦迹。回看三十年前，才昨日耳。人生能得几许三十年？即使再得几许三十年，自达人视之，俄而顷沤珠不得把玩。一任化予之左臂以为鸡，化予之右臂以为弹。固无造化，小儿之怨，亦无时夜鸮炙之求也。何乐于全生？何苦于半生？而乃营营焉役役焉犹生盱豫之心耶？况此地本名半浦，余固半浦之老生也，即如子言'桑榆暮景'，使余得复此身。兹亭既在半浦，相羊吟咏一老生其中，则半生之名亦可不废，子其为我记之。"家曰："唯。"

遂依先生之言记之。

四、碑记

郑满墓志

[明]李堂　张琦

郑满字守谦，号勉斋。弘治五年举人，与孙燧、王守仁、胡世南为同年友。历仕临清州学正，道州知州，濮州知州，正德初致仕。

注：清代光绪《慈溪县志》卷四十五载："郑满墓在李家岙。"《寒村年谱》曰："墓上有飨亭，日久亭圮而土人竟名此地为飨亭。"鄞人李堂、张琦撰墓志，万言撰墓表。

郑满墓表（节选）

[明]万言

弘治壬子，公以儒士赴省，布政刘公大夏首拔入闱，与孙忠烈燧、王文成守仁、胡端敏世宁为同年友，浙河有四杰之目。时刘公不敢以文士目公，而端敏亦语人曰："如郑君者，真今世伟人，吾辈不能及也。"

明封中顺大夫按察副使荣期郑公墓志铭

[清]黄宗羲

斯文弦绝，依斋所谓天下三十年无好文章者，又一时也。顾黄茅白苇之中，而郑子禹梅茁焉秀出。近时一时名公谓余曰："王、李之剽窃未已，欧、曾之笑貌且至，古文之病，何日能瘳？”余应之曰：“无庸忧也，文章之盛行，且见之将在浙河以东。”盖为禹梅数子言也。未几，禹梅以父命求述其祖，且引子固之请铭致尧为例。余谓郑公之贤不减致尧，而禹梅之文笔，不难几及子固。时无欧阳，欲使余为虎贲，其可乎？

按状：公讳启，字伯蕃，别号荣期，世为慈溪人。五世祖满，举弘治壬子乡试，历知道、濮二州。濮州生太学淙，太学生栻，栻生禹州判尚福，禹州生之璧，字完白，公之父也。母顾氏。完白十八岁痘殇，逾月公生。稍长，即能自立。诸名士校文家埝，公辄窃纸笔成篇，排比几上，诸名士莫不奇之。年二十三，补博士弟子，声誉远出。逆奄之乱，浙之主考发题阑人奄姓以媚之，而公之对策直以曹节、仇士良为言，有司掩卷不敢视。石斋黄先生来主浙闱，人士争先洗濯，少得当者。先生得公文，谓其充实闲整，定是名士，卷上上。副考度置他所，填榜而忘之，因入副榜。已而先生叩公所学，为之叹息，曰：“吾试浙而失此士，真如宝山空手归矣。”公亦以久不遇，念场屋争名之事，有子可寄，筑书带草堂，种花弄木，江风山月，融结胸次，不为憔悴可怜之色。

东江既建，公以其子之贵，封中顺大夫，按察司副使。星移物换，其子欲投缳殉国，公泣曰：“汝祖母以十七岁孀妇抚我至今，我仅生汝一人，汝纵义不得顾我，忍令祖母暮年见此乎？”其子矍然而止。厥后兵尘匝地，狱事牵门，公以一身架漏支残，课僮力耕，而俾其子闭关授徒，一门之内，忠全孝尽，有非寻常故家所易及也。公美须髯，仪观伟然，音吐如洪钟。邻家子病祟，公宿其家，祟为避去。有遗金于道者，公拾得，物色其人还之。族有主仆之讼，乡大夫入仆贿，挽令使直仆，令将从之。公突入，与令争可否，声撼县朝，旁观眙愕，令卒改容以谢。其磊落难犯类如此。

卒于康熙甲辰七月二十一日，年七十有二矣。先是年之冬十二月，寒江霜夜，送母人圹，跋涉哀号，犹如孺慕。娶施氏，封太恭人，都督滇沅总兵官翰之女。有至性，事其姑与王舅、王姑两世，皆不失欢。公之伯叔父母及群从之丧，俱脱簪珥殡殓之。岁时起居，其父母园甘海蠡相望于道。外家零落，奉其烝尝。疾革，犹以此命子。先公六年二月二十六日卒，年六十有六。子溱，副己卯乡荐，特恩廷试，后以保举授监军副使。孙男二人：梁，字禹梅，诸生。次渠。女三人，曾孙、孙女各一人。墓在邑南赭山之麓，公所自卜也。

慨自数百年来，以科目优劣人物，其为诸生以老者，概谓之无成，不知此俗人之论。亦观近日坏人家国者，有一非科目之士乎？就使不然，其皋如宰如，亦无异士偶之复于土也。公虽不遇，其成就卓卓若此，已可无藉于后人。而一通一塞，天运自然在公，塞之久者其通，于禹梅将以文章鸣一世之盛，又可以关俗人之口矣。

铭曰：椎轮为辂，积水生冰，古文日缩，时文日盛，然舍时文之士，古文亦莫之能

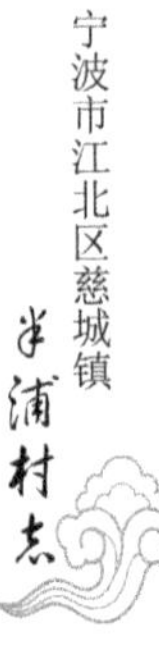

兴。郑氏自濮州公以下，世以科举之学鸣，至中顺而其精力竭，犹患夫有司之明。酝酿之久，实大声弘，其亦八世之后，莫之与京者耶？

郑梁墓

[清]朱彝尊《赠寒村》

高凉太守鬓成丝，病后偏工绝妙词。莱肚老人全硬语，龙门荣木半枯枝。

后来领袖归才子，左手云烟胜画师。别久重逢转倾倒，七言三复晓行诗。

孙君义行碑

[民国]冯开

孙君遵法，字衡甫。其先鄞籍，二十世祖味莼公徙居慈溪南乡鹳浦村，遂为慈溪人。经商著远略，中岁蹭踔，累致兼瀛。既起其家，歆不自有，每念著籍新食其土之宜而匪本之报，是为吾惭德。尝语其徒："吾冯依兹土已二世矣，徼天之幸从容作业，得比于素封，缮治居室，亦既有年。而川渠之阻塞，与夫杠梁征途之妨于步武者，顾阙焉不为之所，夫非与吾同乡井者乎？人皆集于枯，我独集于菀，父者纵不我责，我其奚所诿而不戚戚焉？"询谋于众，众议悉协首治路。鹳之村纵横五里许，北抵县域十里，东讫小西坝五里，敷土甓石皆坦坦成大道。次设港浦，支流凡六都，一千三百七十丈，居户饮若溉，取给焉。岁久填阏，至是一一宣渫之，余力所暨，靡废不举。固圮岸，抉颓梁，修津步，益造屋步次，为行人候渡之所。凡以资利济者毕完毕复。于是，行者、居者、耕作者幸其往返之便，而饮汲灌输之备以饶也。无小无大，莫不归其馈孙君，舆诵洋洋载道矣。军兴以来，供亿烦费，吾乡人民咸疾首蹙额于救死之不赡。衢途倾陊，葑茭充沟洫，几无有过而问者。君以济民居多，初非有疆土之责，赵义旧勇，独能举其乡之路政、水利以一身，负之而趋，非为名高也。殖利于一家，而环吾家者举萧然不获蒙其利，此宜仁人长者之所不忍，而亟图有以自靖者矣。乡之耆老感君风义，谋立石道周，属予为文刊之，以永乡人无穷之思。式是石焉可也。

十八年己巳二月，县人冯开记，衡阳曾熙书。半浦同志公益合同人立。

仙人洞题碑

孙衡甫

匡庐毓奇胜，擅名始晋宋。若无人登仙，只留山上洞。仙在洞不名，洞留仙已去。我欲追仙踪，碧海苍梧处。

慈溪孙衡甫属题　镇海张甫芳并书

另有后跋：

"壬申夏，与李皋宇及子友芝、刘安卿、胡次桥、林玉声、冯嘉康、邱青山、范润生、张甫芳诸君，暨吾儿祥盖、次孙可钦、立春属人等，同游庐山牯岭祀吕祖祠题。藉留纪念，衡甫。”

仙人洞碑图

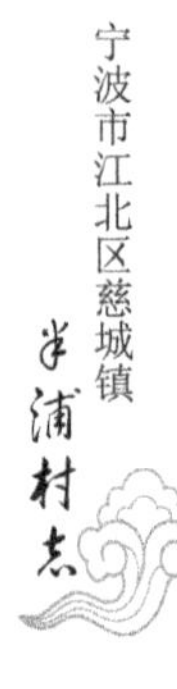

第二节　异闻传说

一、记事

书带草堂记

[清]郑溱

吾庐建于赭山之阳，盖自先大父勉斋公缔造，迄今三阅甲子矣。堂构巍峨，奕叶如新，而阙其东南隅之左轩。崇祯己巳四，家严卜筑鸠材，为楼居三间以足之。工竣，外王父施二华题其额曰“书带草堂”，殆期之以康成回所处云。

是堂也，南望鹳江，环流如抱，每于林木参差中，见夕阳古渡晨烟，征帆来往于其间。西自戍溪以至石岩，万嶂千峰拱立相向，凡岚雾之溟蒙，云霞之叆叇，变化不胜述。而冬时积雪照人几案，尤为之爽然。其东平原旷野，舟舻入海之所经也。赴郡则有大坝，赴邑则有小坝，静夜闻拽舟声，许许然若可计数。而北则赭山近峙其后，绕县诸山遥应之，似屏似艮，佳况与西山争胜。盖兹堂虽小，景致汇焉。

余向肄业于此，以求制举，而奔骛京都，屡蹶不遇，则未获恒揽其概矣。自丙戌以来，世代鼎革，始决计幽处其中。课种二十亩以为养，不足则设塾代耕，因以课读，亦一乐事也。堂之右有玉楼春数本，花开烂漫，是先高、曾之所莳，遗泽存焉者也。丛桂一章，家严手植，今且郁然，乔首江南北望者，莫不闻其馥焉。左树皇橘三，结实离离而有文彩，萧槭时观之，殊足散怀。春则兰为逸友，夏则莲为洁友，秋则菊为贞友，冬则梅为高友。登楼而睇，向所为四时之景、四方之致者，而今乃悉揽诸衣袂间。遇有所感慨，则吟诗数韵，写其性情，如鸟语，如蛙鸣，如樵归，如牧放，无怡怿而会心者，几不知寰宇之有沧桑吾身之在蓬莱矣。嗟乎！康成避世不仕，而庭生书带之祥。吾父子亦不仕，而躬享草堂之乐，视世之碌碌风尘、不得全其真者，劳逸不大相悬殊乎！由是言之，穷愁隐约，未必非天意之所以玉成我也。甲申后越一周丙申岁之暮春日谨记。

二老阁藏书记

[清]全祖望

太冲先生最喜收书，其搜罗大江以南诸家殆遍，所得最多者前则澹生堂祁氏，后则传是楼徐氏，然未及编次为目也。垂老遭大水，卷轴尽坏，身后一火，失去大半。吾友郑丈南溪理而出之，其散乱者复整，其破损者复完，尚可得三万卷。而如薛居正《五代史》乃天壤间罕遇者，已失去，可惜也。

郑氏自平子先生以来家藏亦及其半，南溪乃于所居之旁，筑二老阁以贮之。二老阁者，尊府君高州之命也。高州以平子先生为父，以太冲先生为师，因念当年二老交契之厚也，遗言欲为阁以并祀之。南溪自游五岳还，阁始成，因贮书于其下。

予过之，再拜叹曰："太冲先生之书，非仅以夸博物，示多藏也。有明以来，学术大坏，谈性命者迂疏无当，穷数学者诡诞不经，言淹雅者贻讥杂丑，攻文词者不谙古今。自先生合理义、象数、名物而一之，又合理学、气节、文章而一之，使学者晓然于九流百家之可以返于一贯。故先生之藏书，先生之学术所寄也。"试历观先生之学案、经说、史录、文海，睢阳汤文正公以为"如大禹导山导水，脉络分明"，良自不诬。末学不知，漫思疵瑕，所谓蚍蜉撼大树者也。古人记藏书者，不过以蓄书不读为戒，而先生之语学者，谓"当以书明心，不可玩物丧志"，是则藏书之至教也。先生讲学遍于大江之南，而瓣香所注，莫如吾乡。尝历数高弟，以为陈夔献、万充宗、陈同亮之经术，王文三、万公择之名理，张旦复、董吴仲之躬行，万季野之史学，与高州之文章，惓惓不置。

南溪登斯阁也，先生之薪火临焉，平子先生以来之手泽在焉。是虽残编断简，其尚在所珍惜也，况未见之书累累乎？昔者浦江郑氏，世奉潜溪之祀，君子以为美谈。今后郑犹先郑也，而更能收拾其遗书，师传家学，倍有光矣。书目既成，爰为之记。

蛟川书院崇祀记

郑勋

慈溪郑书常，主教镇海之蛟川书院，议以其乡先贤沈端宪、黄文洁，祀于院中，以劝士之志于学者。事既举，寓书京师，请为之记。余惟道学之传，莫盛于宋。余家无锡，自杨文靖倡道东南，无锡因以有东林书院。而顾高诸君子，即搆道南祠于其旁，以祀文靖、沈黄两先生，产于蛟川，皆能讲明正学，则蛟川之有书院，两先生其乌可无祀？夫文靖学宗伊川、程子，南宋以后，朱子出，而伊川之学，益昌明于时。居躬敬理，存心致知，其立说万世无弊，同时惟象山陆子，其学与朱子稍异，由是后儒有朱陆异同之论要之。陆氏讲学鹅湖，其所以为教，切实近里，并非专尚空虚。而朱子、陆子皆学游于浙东，浙东之学者，各有师承。端宪、文洁其较著者，两公得力所自，不必苟同，而皆能自砥与学，以见诸立朝制行。学者称之无异辞，譬诸水然，其源同出于正，百川之流，支分派别，而无不同归于沧溟而止，又何病于先儒宗派之殊与？余老而废学，系官于朝，碌碌无为所比似，年垂七十方将告归田庐，与吾邑后进讲明文靖之学，而力有未逮。书常课士蛟川，为位以祀两公，春秋释菜，与诸弟子讲道论德，盖学之兴也有日矣。是为记。

二老阁始末记

骆兆平

浙东藏书之家，除范氏天一阁外，当推郑氏二老阁。二老阁经历了二百二十多年，其历史之久，在浙东藏书史上是仅次于天一阁的第二家，在中国古代藏书楼史上也十分少见。

（一）

二老阁是清初慈溪（今慈城）人郑性承其父郑梁遗志建立的。郑梁字禹梅，初号香眉，因慕白乐天和苏东坡的为人，自呼香眉山主。继号踽庵，后号寒村。拜黄宗羲为师。康熙二十七年（1688 年）登进士第，选庶吉士，后任文武会试同考官，出守高州。闻父逝，悲痛成病，半身瘫痪，便改名风，字半人。郑性字义门，号南溪，康熙四年（1665 年）十一月二十六日生，一生未曾做官，师南雷黄氏之学，表彰不遗余力。康熙五十九年（1720 年）选为岁贡生，他不去受官，而漫游四方，自署五岳游人。五岳中只有衡山未至，晚年时将南行以毕其志，未几而卒，时为乾隆八年（1743 年）七月十日。著有《仅真集》《南溪不文》《南溪梦》《南溪寐歌》等。

郑性毕其父郑梁欲立家祠以祀南雷、祖父郑溱之志，于所居之东筑二老阁。渡曹娥江，抵四明，离鹳浦四五里之遥，即可望见崇檐杰阁，岿然峙立天际，乃二老阁是也。楼上奉南雷、郑溱二友之木主，旁立郑梁木主。楼下度藏书籍。

二老阁郑氏乃是文献世家，肇始于郑溱。郑溱是明末遗老，字子平，号兰皋，别号秦川。崇祯十三年（1640 年）考中副榜，入太学一年。为祭酒所推荐，将拜吏部主事，却被当道要人所阻，改授县令。郑溱不赴，拜疏归里，并对他的朋友说："豺狼当道，举目将有河山之异矣！"清顺治三年（1646 年）开科举，友人约他赴试，他大笑说："吾一生难进易退，事已至此，父母之身肯轻许人乎？"便隐居半浦，读书著述，五十年不入城市。友人中有做地方官的去见他，终被谢绝。年八十六而卒。

二老之一的黄宗羲是明末清初著名的学者，我国古代晚期一位杰出的思想家和史学家。黄宗羲字太冲，号梨洲，学者称他南雷先生，余姚通德乡黄竹浦人。青年时期即发奋好学，经史百家无所不窥。清兵南下，结寨四明山抗清，后在南明鲁王政权里任兵部职方司主事、监察御史、左副都制史等职。抗清失败后专心著述。康熙六年（1667 年）复举证人书院，在绍兴、鄞县、海宁等地讲学。朝廷请他参加修《明史》，他固辞不去，却同意他的儿子黄百家和门人万斯同、万言任纂修。他在送别万斯同的诗中写道："四方声价归明水，一代贤奸托布衣。"并将自己著作中有关明史的资料贡献出来。黄宗羲一生著述繁富，著名的有《明夷待访录》《明儒家案》等。康熙三十四年（1695 年），年八十六而卒。

据徐嵩《二老阁记》和《郑氏家谱》卷十四载，二老阁始建于康熙六十年（1721

年),雍正元年(1723年)竣工。阁中藏书主要是两家之书。一是郑氏先代遗书两万余卷。郑勋之《二砚窝书目记》云:“余家自先濮州公以文章显,代有传集,至宪副公积藏书二万卷。”一是黄宗羲续钞堂三万卷。据全祖望云,郑性收黄氏书理而出之,尚可得三万卷。两项相加应为五万余卷,规模甚可观。但据徐嵩之《二老阁记》云:“既而梨洲先生之家火,其藏书半失,南溪于是焉相度基址,建阁于宅之左方,取黄氏遗书之存者,庋于其旁。”“梨洲先生书数万卷,今所存五千本,按其目多缺不全。”[①]则庋书二老阁之黄氏书大约仅万余卷,实则二老阁藏书当为三万余卷。

关于二老阁藏书,郑性之友全祖望言之甚详。其所撰《二老阁藏书记》云:“太冲先生最喜收书,其搜罗大江以南诸家殆遍。所得最多者,前则淡生堂祁氏,后则传是楼徐氏,然未及编次为目也,垂老遭大水,卷轴尽坏。身后一火,失去大半。吾友郑丈南溪理而出之,其散乱者复整,其破损者复完,尚可得三万卷。而如薛居正之《五代史》,乃天壤间罕遇者,已失去,可惜也。郑氏自平子先生(指郑溱)以来,家藏亦及其半。南溪乃于所居之旁,筑二老阁以贮之。”

其所撰《五岳游人穿中柱文》云:“先生于黄氏之学,表章不遗余力。南雷一水一火之后,卷籍散乱佚失,乃理而出之。故城贾氏颠倒《明儒学案》之次第,正其误而重刊之。先是,尊府君高州(指郑梁)欲立祠于家,以祀南雷而不果。先生成其志,筑二老阁于所居东,以祀南雷及王父秦川观察(指郑溱)。春秋仲丁,祭以少牢,黄氏诸孙及同社子弟皆邀之与祭,使知香火之未坠也。”“四方学者或访求南雷之学,不之黄氏而之鹳浦,即黄氏诸孙访求簿录,亦反以先生为大宗。”[②]

(二)

二老阁建造在郑梁翰林第东首,坐北朝南,为二层楼歇山式建筑。面阔三间,阁前有明堂,阁后有池塘,围墙北面即半生亭,栽竹木花卉,是郑梁游泳之所。二老阁楼上中间一间供奉黄宗羲、郑溱、郑梁神位,左右两间贮黄氏遗书,楼下收藏郑氏遗书。

郑性去世后,藏书由他的长子郑大节管理。大节怕善本遗失,就把宋元珍椠及稀见的抄本抽出来藏于私室。后来这许多珍本再也没有回阁,此为二老阁藏书的第一次散失。

乾隆三十八年(1773年),清政府纂修《四库全书》,命各省进呈图书作为底本。当时二老阁就进呈了一批书。二老阁进呈书的目录见于嘉庆十三年(1808年)编印的《天一阁书目》卷首,计四十四种。光绪十年(1884年)重编(天一阁见存书目)时,编者据《四库全书总目提要》及《浙江书录》增补为六十五种,其中《四库全书》收录的有十二种,存目者二十六种。然而,据涵秋阁抄本《各省进呈书目》中《浙江省第五次郑大节呈送书目》载,当时二老阁进呈书有八十二种,《四库全书总目提要》

称“郑大节家藏本”。后来这批“进呈书皆未领回”[③]，此为二老阁藏书的第二次散失。

乾隆五十一年（1786年）夏天，郑氏翰林第东厢房因烧饭不慎而失火，东面廊屋居室烧尽，惟二老阁未危及。然而当地恶少却趁火打劫，登二老阁，见有巨库以为货物，发现皆古书。盗者私语：“吾闻郑氏藏书十余世矣，其中必有重值者。”遂争取而去，所存仅十之一二，且多残编断简，不堪收拾。此为二老阁藏书的第三次散失。

后来，郑性的曾孙郑勋留意于市肆，物色旧藏散出之书。或虽非故物，倘遇以前曾经藏过相同的书籍时，均设法买回，或向收藏者借抄。这样经过十多年，积书两千余卷。可是，这些书籍没有藏入二老阁，郑勋在宅旁别储一室，称二砚窝。二砚窝藏书在嘉庆、道光年间亦毁于火。

二老阁自雍正元年（1723年）建成至咸丰十一年（1861年），经历了一百三十八个春秋。此时，书楼年久失修，适逢暴雨，栋宇倾坍，残破不堪。郑性的五世孙郑观海发起重修，使楼阁渐复旧观，但所藏书籍只有一万卷，且多虫蛀破烂，幸刻书的版子尚存。郑观海之《辛酉重修二老阁感赋》云：“巍巍杰阁临江浒，数百年来蔽风雨。藏书万卷半虫蚀，遗集锓板尚不窳。上有先世木主存，祖孙三代相步武。岁岁春秋释奠诚，一瓣书香阅今古。祟朝盲风怪雨来，栋折木褱崩难修补。此事原非独木支，创业当思绳厥祖。鸠工庀材几周章，子弟奔走力宜努。藉藉人言嗟废兴，家乏藏镪被人侮。幸也祖泽尚未泯，竭蹶张罗撑门户。虽无翠飞鸟革观，依旧规模拭目睹。岿然咸仰鲁灵光，万丈文芒中夜吐。”不料于同年十一月，当地恶棍乘太平军攻占慈溪县城的混乱之机，进入二老阁，窃取藏书一批。数年后，这批书籍由慈溪冯氏醉经阁收得。此为二老阁藏书的第四次散出。

自同治初年至清朝末年这八十年间，二老阁藏书没有受到大的变动，但是管理制度渐渐松弛，书楼又陈旧破漏。民国初年，由郑性七世孙公议，将所存藏书和书板卖给上海书贾，其他剩余的残破书籍陆续论斤估值卖给镇海人倪椿如。倪氏住在宁波江北岸扬善路，解放初书籍尽毁于火。至此，二老阁的藏书便散失殆尽。

1943年，郑氏后人郑志远、郑怀玉、郑荣祖把摇摇欲坠的二老阁藏书楼拆掉变卖。于是，这座著名的藏书楼便默默地消失了。1983年8月，笔者专程去半浦访问，在乱石荒草之中查看二老阁遗址，发现当年留下来的围墙尚存两米左右，墙基整块条石完好，阁后的古井和小池还依然如故，生满青苔的几块假山石倾倒在池边。

（三）

二老阁不仅藏书，而且刻书。郑性在乾隆四年（1739年）就刻黄宗羲的《明儒学案》。该书共有六十二卷，是一部完备的明代学术思想史著作。“故城贾氏颠倒《明儒学案》之次第，（郑性）正其误而重刊之。”[④]次年又刻《南溪梦》一卷、《南溪寤歌》一卷、《南溪不文》一卷、《仅真集》一卷，这四种书总称《南溪偶刊》。他在本书自题中说："去年为梨洲黄子刊《明儒学案》毕，梓人请曰：'我辈在此无事，愿刻所著以糊口。'因从之，检拾其十之五六而刊之。"可知当时刻书的一般情况。嘉庆年间，郑性的曾孙郑勋再次兴起刻书，所刻有黄宗羲的著作和郑氏家著等，对于保存和传播浙东学术文化起了重要作用。

二老阁刻书，前后历时七十年，书上均有牌记。但是究竟刻印过多少种，却未见确切记载。现代宁波著名藏书家冯贞群先生曾收集了二十种，计一百五卷，合称《二老阁丛书》，著录在他的《伏跗室书目》里，其子目有：

[宋]杨简撰《石鱼偶记》一卷

[明]郑满撰《勉斋遗稿》三卷

[明]郑满撰《守高赠言》一卷

[明]冯元仲撰《天益山堂遗集》十卷续刻二卷

[清]黄宗羲撰《明夷待访录》一卷

[清]黄宗羲撰《思旧录》一卷

[清]黄宗羲等撰《秦川八十祝辞》一卷

[清]黄宗羲等撰《郑平子寿序》一卷

[清]黄宗羲撰《南雷诗历》十卷

[清]潘平格《潘子求仁录辑要》十卷

[清]郑梁撰《寒村诗文选》三十六卷

[清]郑梁撰《举业偶存》二卷

[清]郑梁选《四明四友诗》六卷

[清]姜宸英撰《湛园未定稿》六卷

[清]郑性撰《南溪偶刊》四卷

[清]郑竺撰《野云居诗文稿》三卷

[清]黄百家等撰《寒村七十祝辞》一卷

[清]郑梁、李暾等撰《雪窦倡和诗》五卷

[清]郑梁等撰《初夏倡和诗》一卷

[清]李暾等撰《江亭倡和诗》一卷

上述子目不包括《明儒学案》。显然，二老阁刻书当在二十种以上。1997 年 2 月，笔者去浙江图书馆访书，见该馆藏《二老阁丛书》四十八册，钤有嘉业堂藏书印，但较上述子目缺《湛园未定稿》和《野云居诗文稿》两种。

注：①徐嵩《二老阁记》。②④全祖望《清五岳游人郑丈南汉穿中柱文》。③姚椿《樗寮日记》。

半浦寻古

谢善实

半浦，姚江边的村落，古时称鹳浦，亦称灌浦、官浦，取灌溉农田之意，清代定名为半浦。不知为何改掉了富有文化内涵的名字？好在这儿有闻名天下的藏书楼二老阁，依然使它富有文化内涵。四十年前，我曾在半浦匆匆而过，没有寻访藏书楼的遗迹。现在，它虽然已经消失，但曾在那儿插队的同学仍邀我去半浦走走，我希望能找到二老阁的一鳞半爪。

二老阁由村人郑性所建，郑性之父郑梁仰慕师祖黄宗羲，一生勤耕于学术，并在死前叮嘱儿子郑性，一定要他修建一座阁楼来纪念黄宗羲和祖辈郑溱两位老人。这就是二老阁的由来。半浦郑氏从郑溱的父亲郑启开始就藏书，郑勋《二砚窝书目记》记载："余家自先濮州公以文章显，代有传集，至宪副公积藏书二万卷。"全祖望的《二老阁藏书记》称："太冲先生最喜收书，其搜罗大江以南诸家殆遍，所得最多者，前者澹生堂祁氏，后则传是楼徐氏，然未及编次为目也。垂老遭大水，卷轴尽坏，身后一火，失去大半。吾友郑丈南溪理而出之，其散乱者复整，其破损者复完，尚可得三万卷。"太冲是黄宗羲的字，也就是说黄宗羲的三万卷藏书在家乡黄竹浦，这是甬上文脉所系，郑性慨然亲赴黄竹浦，他要将南雷图书用船载运至半浦。

黄竹浦在什么地方？它在离余姚县城江南二十余里处。半浦也在姚江边上，是一水相通的。郑性将黄宗羲的书运回半浦，途中备尝艰辛，为此，他写了一首诗："劫后残编四五千，辞黄归郑上江船。可怜手泽消逾半，敢道心香绍得全。往似今朝从我载，未知异日请谁传。中间做个邮亭卒，一站程挑一站肩。"三万卷书呀，足足能装一船，到了半浦是从什么地方上岸的？肯定是灌浦古渡。

渡口当然在江边，沿路走去，穿过一条小街，当地人称作渡头街。附近有三星阁，不过现已拆毁。清代当地人郑彦邦写有《登三星阁》诗："杰阁登临晚，寒村古渡头。暗潮生极涌，落日送孤舟。水市鱼虾贱，江皋桔柚秋。暂归人如客，望远不胜愁。"从诗中可读出当年这一带的繁华。如今，除了古灯柱，再也见不到当年的热闹景象了。好在渡头保存完好，两米多长的条石横向排列，砌成斜坡伸入江中。俯瞰姚江，看不出水在流动，一想这是建造了姚江大闸的缘故。以前这儿潮涨潮落，因此渡头伸入江中，不论潮水高低都能靠船。黄竹浦遗藏搬到了半浦，从此学者若想访求南雷之学，便由黄竹浦转至半浦。

还得去寻二老阁遗址。二老阁两次火灾，还剩下什么？同学的舅舅是当地的业余文保员，由他俩陪同前去寻访。穿过民居，这位业余文保员指着屋间的一处空地说，就是这个地方。实在看不出藏书楼的痕迹了。再往前，总算看到了空地西侧还有一方水池，这是二老阁唯一的遗存了。与天一阁一样，藏书楼边也有水池，但二老阁终难免于火灾。郑性曾为二老阁藏书编目并整理黄宗羲遗稿。注视着满是水草的小池，我更愿意将它看作郑性蘸笔撰写二老阁书目的砚池，池水不涸，二老阁藏书传统还在半浦延续。

从二老阁出来，穿街走巷，业余文保员陪着来到了一个叫九房的地方，穿过墙门进了屋内。院落不大，中间是厅堂，两边是房间，业余文保员指着东面的一间房间说，林则徐在这间房间喝过茶。我听了大吃一惊：这位民族英雄到这儿来过？可是当地村民言之凿凿，都说林则徐的夫人是半浦郑氏之后。查证了一下，林则徐夫人叫郑淑卿，确实姓郑呀。村民还说林夫人的祖上牌位就在梅汝湖旁郑氏的廉本祠堂中。半浦的郑氏祠堂多达五座，廉本祠堂只是其中之一。这无疑增加了这一传说的可信性。此外，《灌浦郑氏家谱》中，康熙晚期到乾隆初期郑氏十六世祖排行为“大”字辈，郑淑卿之父的排行也是大字。这难道是巧合？1841 年 6 月 10 日，林则徐抵镇海，同年 7 月 14 日离开。到了镇海，林则徐在官员陪同下，四上招宝山，数出镇海口，察看形势，很难想象他在戎马倥偬之间能到半浦探望夫人的祖基。但道光二年林则徐曾在浙江任职，因此这种可能性也是存在的。

穿过小巷，抬头仰视高耸的马头墙，翘角相迎，踏进房舍，砖雕的门楣、花样各异的木格窗、颀长的界沿石令人目不暇接。半浦村中有众多的古宅，如陆善堂、益丰门头、进士第、中书第，一听这些宅所的名字，耳中就充盈文化意味。一个村落，区级文物保护点竟有 24 个，实在令人刮目相看。

宁波古村落游记之：半浦村

百度网“百家号”

半浦村是宁波市十大历史文化古村落之一，位于慈城古镇之南、姚江之北。该村古时候称鹳浦，清朝时才定名为半浦。该村历史文化底蕴十分深厚，有 24 个区级文保单位，其中最有名的是“二老阁”和“半浦小学”。

半浦古渡口。渡口约在清咸丰年间（1851—1861 年）由村中郑氏家族捐田建造通航，雇佣船工，打造渡船，新建渡口码头，昼夜不停地来往两岸，设立夜航引渡的天灯，且不收渡资，距今有 150 多年的历史。古时称其为“鹳浦古渡”，地理位置独特，位于姚江上游，可运送对岸高桥镇等地货物，将行人转接慈城古镇等地。自从黄宗羲书籍运到渡口上岸，藏于半浦后，渡口更是沾上缕缕书香。

现在渡口空闲。听船工讲，主要是早上、傍晚接送去高桥镇工作的村民，平时几乎没人乘渡船。我望着高 3 米多的天灯石柱，顶部翘檐的石龛，庄重肃穆。它静静站立了 150 多年，默默记载着半浦村发生的点点滴滴。在旧时，没有电灯的年代，漆黑夜晚，广袤原野，宽阔的姚江边上，石龛内的菜油灯火成为船工心中的航向；在外回家的村民，看到那灯火，急促不安的心顿时安定下来；那随风跳动的灯火定也是在外闯荡半浦游子的浓浓乡愁。

半浦村建筑结构图

循着一条不宽的村道，一路走进这个不知不觉中易名更姓的半浦古村里去。扎眼满是片片不同层次、深浅的灰：晦涩的白灰，让人眩晕的浅灰，低调、阴郁、凝重、压抑的麻灰、深灰、黑灰。我们似乎一下就从夏日灿烂的阳光下陷入一座灰的城池里，不能自拔。很多时候，这里是以一种灰色面目呈现的。灰为玄色。有调色经验的人知道，黑、灰、褐、茶等诸玄色，需三种以上的原色才能调配出来。我走在夏日的阳光下，面对半浦，就想，需要多少的“古”、多少岁月时光的积淀，才能调出这样一抹灰啊。

一路可见很多规模宏大的老房子，大多是齐胸高的块石墙基上加砌灰砖勾缝的马头墙、乌瓦黑栋的屋顶、典型浙东民居风格的重檐回廊。“半浦村至今已有800多年的历史，曾在宋末出过副宰相，更有一个祠堂曾出过四五个进士，林则徐是半浦村女婿，我国京剧表演艺术家周信芳也是半浦人。”古村名人辈出，老宅古迹毗连。村里一位老者指着不远处一座大门紧闭的古建筑对我们说：“这里有四个马头墙，是村里马头墙最多的房子。马头墙越多说明官阶越大，可惜这些房子的主人目前还没考证出来。”

走过很多人家，看到门前的地上、老房的院落里，开着各式的花朵，盛开的油菜花散发着春天的气息。老房子的旧貌显示着半浦村民固守家园的朴实信念，老房前生动的小花折射着古村人对美好生活的追求。

村内是典型的江南民居，黑瓦白墙，一幢幢民房或散居，或紧挨，错落有致，别有风致。

芝轩门头

据村里人说，二老阁的旧址还有一块碑。一个曾可比肩天一阁的著名藏书楼，只剩下一块碑，那是一种多么巨大的遗憾。时光的刀刃，切开了一个惨淡的伤口，留下风干的疤痕。二老阁的盛况记载于书页上：曾经藏书五万余册的二老阁，是一所二层楼歇山式建筑，面阔三间，阁前有明堂，阁后有清池，围墙北面建有一亭，栽竹木花卉。二老阁楼上中间一间依嘱供奉着黄宗羲、郑溱和郑梁的神位，左右两间储藏着黄宗羲的著作，楼下储藏有郑溱的著述。

沿着村中小路，穿过门前开满花卉的古朴民居，我们来到了半浦小学。这是一个四方形的院落，正对着门的主建筑是一座典型的西方建筑，两旁的房子据说是后来增建的，这是该村村民——民国时期著名银行家孙衡甫捐建的。

半浦村建筑图

二、逸闻

林则徐三访半浦

郑家永

林则徐的原配夫人叫郑淑卿，出身于福建一个官宦之家，知书达礼，目光长远。其父郑大谟（郑氏十六世祖排行为“大”字辈）是乾隆年间（1736—1795 年）进士，其先祖郑性之，曾住在福州侯官县吉庇巷，与林则徐同处一乡。嘉庆二十五年（1820 年）七月，林则徐外任浙江杭嘉湖道。得知郑性之一支后裔在半浦，一天，林则徐办完公事，仅带一个随从，便衣到访半浦，径直造访“佑启堂”，向郑氏先祖遗像祭拜。

道光二年（1822 年）四月林则徐复出，到浙江受任江南淮海道，同年再次到访半浦，了解慈溪盐政、盐务执行情况，同时参观二老阁、二老堂，向嘉庆二十年（1815 年）郑珪创办的“郑氏义庄”取经。当时，郑勋诏举孝廉方正，掌教镇海蛟川书院，弦歌化雨，陶育有方，一时出其门者，多所成就。郑勋示笔墨，林则徐挥毫书写“大智若愚，大勇若怯”，给这位兄长留作纪念，郑勋也以蛟川唱和在扇面题字回赠。

道光二十一年（1841 年）三月廿五日赏林则徐四品卿衔，命赴浙江候旨。林则徐在接到钦命后两天，即自广州出发，从水路昼夜兼程，向镇海进发，四月二十一日晚到达镇海，住北城蛟川书院。受命浙江协办海防期间，积极筹议战守，提供炮书，帮助研制新式炮车和车轮战船。在官员陪同下，还曾到半浦探望夫人的祖基。五月，道光帝以广东战败，归咎前任，林则徐被革去四品卿衔，从重惩处，充军伊犁。

据林则徐日记记载：

（一八四一年）四月二十一，晴，辰刻过西霸，巳刻至宁波府城。余舟未泊，欲趁退潮直赴镇海，而潮已渐长矣，舟行尚不甚滞。刘玉坡抚军、余紫松提军（步云）、前臬司周石生（开麟）俱开舟来，即于舟中见。申刻到镇登岸，与抚、提诸君在邮亭小坐，即往拜之。晚至北城内蛟川书院住。

二十二，阴。刘抚军、余提军先后来。午后登招宝山，观山海形势，察看新旧炮位，在山上观音、天后两殿前行香，复至余提军寓中谈，晚回。

（五月）初三，上半日大雨。余提军昨日面订在招宝山上试炮，今晨赴其约，因雨未能演放，复往拜刘抚军，即回寓。午后雨歇，仍阴。炮厂是日铸八千斤重大铁炮，几为大雨所阻，幸雨止尚可无碍。是夜子初夏至，而天气俨似春寒，竟不能不着羊裘矣。

初四，晴。早晨往刘抚军处，留饭。饭罢余与提军同赴招宝山观演炮。有一兵火绳落在药桶内，火药轰起，烧伤数兵，幸皆未至致命。

二十六，晴。早晨裕、刘以下络绎来寓，至午对客始罢。即移行李出南城外马头登舟（北关船五只，每只船价五百六十文，水脚三百六十文），大小文武皆送于郊。未刻开行；申刻潮长，舟行尚不滞，三十里过梅市，又三十里宁波府城，未泊舟，黄、邓两守，周竹庵（缙）、颜小芳（其庶）、叶大令（坤）、汪少海（仲洋）俱放船至此，晤谈而别。日尚未沉，又行。夜过越溪，有阵雨。三更后将至文亭，距宁郡七十里泊。

五月二十六日傍晚，阵雨中，五只北关船徐徐驶向半浦码头，这是林则徐船队离开镇海后第一次临时停泊：取淡水做饭，在此避雨。林大人要和半浦郑氏道别。当这位满是白发的五十七岁老人，时隔二十年，再一次登上此岸时，半浦仿佛显得陌生起来。舒展肋骨时，只见离埠头不远处，茂盛修竹掩映着一片高低错落的房舍，煞是好看。于是踱步过去看个究竟。

穿街走巷来到中书第，正坐天井纳凉的主人（1841年是闰三月）见来客气宇轩昂，飘飘有出尘之表，于是急忙迎了出来，作揖道："先生从何而来，要往何家而去？"林则徐还礼说："那人船泊贵方宝地渡头，拜访郑氏。"主人邀林则徐进屋小坐，林则徐没有推辞。坐定后家人捧上慈溪名茶，林则徐品着"口中自有暗香来"茶时，连夸好茶！当得知是"十二雷"时，这位主人说："二老阁中黄宗羲、郑溱、郑梁、郑性都写有慈溪茶。此茶在明万历二十三年前还是朝廷贡茶呢！"正转入主题，忽然门外奔进一个家人打扮的年轻人，对林则徐作揖说："林大人，找您找好苦，船上正等着您开饭呐！"主人一听来客是林大人，莫非是林则徐？忙起身抱拳说："久闻大名，有失礼仪，请多多包涵！""哪里，哪里，有罪之人，承蒙热情接待。"说着，林则徐从袖中抽出自画像，请主人转交，收藏于二老阁（据当地老人回忆，渡头街"三星阁"挂过林则徐像）。

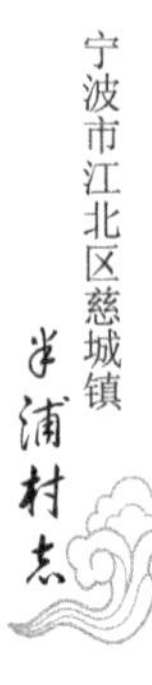

注：林则徐操守观——观操守在利害时，观精力在饥疲时，观度量在喜怒时，观存养在纷华时，观镇定在震惊时。防欲如挽逆水之舟，才歇力，便下流；从善如缘无枝之木，才住脚，便下坠。

五十年不入城市

郑家永

郑溱，明宁波慈溪慈城（今江北区慈城）人，与黄宗羲、万泰同学于刘宗周之门。生而颖慧，弱冠游庠，穷研六经，手披口诵，著作等身。中崇祯十三年(1640 年)副榜，后贡入监。入太学一年，被祭酒列为十八名上荐者之一，思宗朱由检拟以优异破格录用，因权贵反对未果。遂约通列拜疏归乡。据光绪《慈溪县志》载："监国之难（明朝灭亡），闻报就缢，迫于父命而至。自此终身不言复仕，埋身江上，五十年不入城市，读书授徒以奉其亲。兵荒时，虽无隔宿之粮，而仍处之怡然。"对仕清而显达的故旧，郑溱不愿往来，求见亦不接纳。他在《书带草堂记》中说："春则兰为逸友；夏则莲为洁友；秋则菊为真友；冬则梅为高友。"他五十年不入城市（族人有"头不顶清的天，脚不履清的地"戏说）。友人中有做地方官的去见他，终被谢绝。光绪《慈溪县志》卷三十郑溱本传云，郑溱"生而颖慧，弱冠游庠，研究六籍，于诸史百家之书，无不手披口诵，抄纂等身"。晚年其以著作自娱，终年八十六岁。

遗闻辑录二则：

其一，郑溱，"甲申①后欲投缳②殉国，启曰（郑溱父郑启）：'汝祖母以十七岁孀妇，抚我至今，我仅生汝一人，汝纵义不得顾我，忍令祖母暮年见此乎？'溱瞿然而止。"（《溪上遗闻集录》卷五）"自此终身不复言仕，埋身江上，读书授徒，以奉其亲。"（光绪《慈溪县志》）（①甲申：明朝灭亡那年。②投缳：自缢：上吊。）

其二，鹳浦郑副使平子溱，鄞施都督翰之婿也。都督有子邦玠，初以管江拒命，力竭，拔先世所遗宝刀自刎，曰："吾不负此刀也！"邦玠死而无子，平子密取其尸葬之都督大墓旁，命子孙世祀之，至今弗替。其宝刀尚藏郑氏平子，高州之父所谓秦川先生也。郡县志皆有传，盖当在遗民之列。（《溪上遗闻集录卷六》）

上文最后一段可译为：

半浦郑溱，是鄞县施翰都督的女婿。施翰的儿子施邦玠，曾在管江抵御清兵，最后关头，他拔出祖传宝刀说："我没有辜负这把宝刀！"说完自刎。施邦玠死后没有子女，郑溱偷偷收其尸体葬在施翰墓旁，命子孙世代祭祀，至今不替。那把宝刀如今也在郑溱家里，郑溱就是高州知府郑梁的父亲，学者称秦川先生，郡县志皆有传，属明朝遗民。（郑家永整理）

送万氏叔侄北上修史

赵维扬

送万氏叔侄北上修史

康熙十八年(1679年)秋，万斯同、万言叔侄受《明史》监修徐元文所邀，治装北上去预修《明史》，甬上证人讲证会学友郑梁、陈自舜、王文三、黄正谊等共饯别于西郊张氏黄过草堂，一时惜别之情弥漫席间。贞一(万言)作而呼曰："禹梅！方吾与子读书是堂也，凡我同人皆在，旬日之间，非同人过我，则我过同人。晓风落日，来往扁舟，依稀目前也……然顾瞻在席者，自同亮、文三、正谊，家允诚叔父而外，大半皆昔日从游之子弟矣。往迹易陈，来踪难必，千秋万世，亦谁知吾辈相聚于此之乐哉！"万斯同提出："兰亭禊事，西园雅集，披图宛然，胡不仿而行诸？"于是，王文三建议郑梁绘《秋郊饯别图》并作文以记之。郑梁有《秋郊饯别图记》一文，记述《秋郊饯别图》的绘画经过："己未之秋，万子贞一将与其叔父季野往京师，同学之人怅然惜别，乃相与具肴核，载壶觞陈之黄过草堂而饯焉……季野曰：'兰亭禊事，西园雅集，披图宛然，胡不仿而行诸？'于是，王子文三以余能画，嘱余为《秋郊饯别图》，作文记之，而先命工人来图面貌，画未及半，酒阑夜深，明晨梦回，各以事散，记未作也。次年三月，贞一书来京师，责余记急，余时在杭，复书以图未成为解。秋八月三日，因坐衙斋，萧然无侣，念去年此日，饯别草堂之乐而不可得，因叹日月一周耳……人生变化一至斯，俟图之成，事不可料，良友之命，践诺之安，伸纸摇毫，预书缘起，当觅便邮，先供喷饭。若夫所图之人与所执之事，须俟归时，按图而记，未敢悬揣也。"但却未见图留存，也未见有其他人介绍此图的文字，目前所看到的是《鄞江送别图》和图后的题跋及题诗。(摘自《万斯同与〈鄞江送别图〉考述》)

挑疔疮婆婆

郑家永

半浦有个挑疔疮婆婆。姓蒋，名翠琴，当地人管叫她阿士婆。她医术精湛，医德高尚，百里方圆都晓得她。

阿士婆生于光绪年间(1875—1908年)，从小聪慧、勤劳、手巧。嫁给半浦郑氏阿士为妻后，开始学挑疔疮。这是一项又脏又累又有风险的活计，但她认真好学，细心操作，业务上进步得较快。某日，一位慈溪县城里的大姑娘，踏进阿士婆家的门，随后跟着其父母。两位做大人的，脚未进门，就说："呦婆，帮帮我囡，她结婚日子也定出了。"阿士婆看着面前这位漂亮大姑娘，又看看她口角上的疔疮说："幸亏送得早，不然，会有危险。"疔疮初起为毛囊口脓疮隆起后呈圆锥形的炎性硬结，状如粟粒，色或黄或紫，红、肿、热、痛，数日内硬结增大，疼痛加剧。阿士婆根据疔疮外治要诀：疔疮先刺血，内毒宜汗泻，禁灸不禁针，惶棉不怕铁，挑出疔根，贴上药膏，嘱她吞下药。做完了所有动作后，大姑娘嘴上的感觉好像轻松了起来，疼痛减轻。付完费，姑娘父母好像还不放心，想再坐一会回家，只听婆婆坚决地说："可以回家了，明天就没事了，只是让她吃得清淡点就行了，不误结婚大事。"神奇的是，不到"三板桥"，大姑娘居然不痛了。

"半浦古渡"曾叫作"慈溪码头"，居交通要冲，"半浦街"与码头混为一体，逢双(农历)市热。每天渡船上，凉亭内的新闻、传说、笑话不断。"阿士婆手艺"也被人们传颂着。有一天，船未靠岸，街上的人就听到了船上病人的呻吟声。一上岸，只见两人抬着"元宝篮"径直走往阿士婆家。见病人寒战、高热、头痛、呕吐且全身化脓性感染，阿士婆断定病征为"疔疮走黄"，做了常规处理，关照说："疔疮最忌诸肉荤腥，食者难保生命。为减少费用，七天后家属来配药就行。"阿士婆是一个乐善好施的人，收费是根据病人衣裳穿着定的，这次只收药费一角。起初，病人家属不相信自己的耳朵，以为听错了，证实后，病人家属连声道谢！

市热还未散，这只"元宝篮"重现渡口。人们过去询问，才知是翁岩聊舍抬过来的，病人62岁，生的是对口疔，看过好多地方，同时，病人家属还不断地讲阿士婆好！

随着时光流逝及我国医疗事业发展，宁波一带挑疔疮的民间郎中也逐渐减少，但当地人们没有忘记阿士婆的技艺与为人。(半浦老年协会提供信息)

梅调鼎与半浦郑氏

郑家永

梅调鼎(1839—1906年)，字友竹，晚号赧翁，慈溪(今慈城镇)人。他因答卷书写不合科举考试规定，被取消了考试的资格，从而无意仕途。他又因不媚权贵而自甘贫寒，然而他却因高洁的人品、高逸的书品而成为浙东书坛的第一座高峰，享誉海内外，是宁波近代书画家，被日本书坛称为"清代王羲之"。

梅调鼎先生是极有个性的人，而且还是一个十分有志气的人。在"万般皆下品，唯有读书高”的封建世俗中，面对科举的失利，他不沉沦，不附俗，而是发愤作书挑战“馆阁体”。其书法在博采众长的基础上，不断创新，独树一帜。近现代书法家邓散木评说梅调鼎“写得既漂亮又朴素，像年轻的农村姑娘，不施脂粉，自然美好”。当代书法泰斗沙孟海赞其为：“不但当时没有人与他抗衡，怕清代二百六十年中也没有这样高逸的作品。”清朝光绪皇帝的老师翁同龢赞他为“三百年来所无”的书法家。

慈城狮子门头的梅家门口贴了一副“谈笑无鸿儒，往来皆白丁”对联。时值梅调鼎壮年，他的书名已声扬浙东，他的作品被文人墨客激赏，被同邑的文人雅士所收藏。当他的作品誉满日本、声传美洲，赞誉声由海外传到国内时，梅调鼎的声望更是与日俱增，不少官吏、富商纷纷慕名到慈城，登门求字。据记载，当时的浙东曾出现“为求友竹字，愿出万两银”的盛况。如果一直是这样，慈城狮子门头的梅家不是被踏破门槛，就是门庭若市；如果一直是这样，梅调鼎一生将有花不完的白花花的银子。而他却不愿让自己的黑白分明的作品沾染上一丁点的铜臭，他更不愿将自己的笔墨成为别人交易的“筹码”。于是，梅调鼎一律拒绝向他求字的大小官员。梅调鼎觉得光是这样拒绝似乎难以表达他的想法，就用“贫贱依富贵，羞色上于面”这副对联挡住前来求访者。因而一些达官显贵更以拥有梅调鼎的墨宝为傲。（之后，有位一品大员千方百计想叫梅调鼎为其写一幅；还有一个是梅调鼎的同乡，又同是书法家。）有一天，这位同乡准备好纸墨，邀请他来家品酒作书。几杯酒水下肚，梅调鼎借着几分醉意，挥毫泼墨写了几幅。突然写到这位一品大臣的“号”时，当即说：“我今天写的字有酒气，不好。”说完，随手将这幅字撕毁了，弄得这位同乡颇为尴尬。如今这两位同乡书法家都已掷笔离去了，但这段交往一直被乡人传说着。

当年被称“慈溪四才子”的冯君木夸梅调鼎说：“读书精审绝伦，凡六经中之奇词奥句，诘屈不可通者，经先生曼声讽诵，复怡然理顺。”据老人说，他为半浦“前安仁庙”题“聪明正直”横匾。甚至他的弟子、书法家钱罕先生也为半浦“前安仁庙”送匾，民国六年（1917 年）为“慈溪周氏半浦支谱”题字，再传弟子书画家凌近仁先生作“二老阁”图。有人会问，这些书法名家与半浦有何特殊关系：是投缘，是姻亲，还是二老阁是清代浙东学术中心？可能这几种因素都有。但有一点可以肯定，半浦郑氏的“清高性格”与梅氏那自甘贫寒的骨气近似，特殊关系是相互尊重的结果。

注：馆阁体，是清代朝廷公文的标准楷书书体，强调书写字形、大小、粗细的统一，字体乌黑、方正、光洁。清代科举也要求以馆阁体书写，不以标准馆阁体书写者无法进入翰林院。

三、传说

神秘的河底井

中华人民共和国成立初期的一个夏天，天大旱，江河水都燥了（姚江中是咸水），连水源较好的中书殿门前的井及半浦学校的井中都取不出水。当时有人去问年纪最大的居住在梅汝湖的涵芝，他拄着拐杖走到晚桥头埠头，指着埠头南侧说："小时曾记得有口河底井。"当时几个年轻农民就在他所指着的地方挖掘，挖出浮土后，发现了一块红石板。接着搬开了红石板，现出一个四方形的井口。再沿井口向下挖，大约挖至一扁担深多一点（约 1.6 米），就见有水涌出。第二天有很多乡的群众前来挑水，附近的人有从村西边过来，也有从村东边过来的，他们沿着小路排起长队。

在那干旱的年代，河水都枯竭了，可这口井却总是潺潺不断地涌出水来。井水呈乳白色，用过明矾也不变澄清，但口味与天落水不相上下，有点甜。

后来旱灾过了，河水淹没了井口，此事也就渐渐地被人遗忘了。

村民"求雨"

姚江自余姚东流汇合甬江，经镇海注入东海。遇少雨季节，上游四明山水流减小，海水逐步入侵，沿姚江北面的水稻田累遭大量减产，直至颗粒无收，这是常会遇到的事。中华人民共和国成立后，政府修筑了姚江大闸，彻底解决了海水入侵姚江的问题。母亲河开始造福于宁波、余姚等地的人民。

半浦村南滨姚江，"求雨"的故事发生在 20 世纪初叶。清朝时，郑氏家族在姚江畔建了一座肃穆庄严的前安仁庙，庙内有尊佛像，民俗称"稻花菩萨"。村民认为只要把它请出去往姚江边一巡视，天就能下雨。因此，组织了一支近百人的求雨队伍。村里若遇旱灾，就慎重地抬着"稻花菩萨"开路，并在轿边放置一只瓦钵，轿子不加任何遮盖，名曰"日西龙王"。求雨人群不戴凉帽，每人手执或肩扛着大小纸旗，旗上写着"风调雨顺""五谷丰登""国泰民安"等佳词，顶烈日，抹汗水。由本村启程辗转到后洋村的赵隘、江口并沿村落，然后返回原地。其中，最重要的是在回归途中大家必须注意收搜草丛中、路边、稻田间的蛇、泥鳅、青蛙等小动物，一发现马上捉住放到白钵内，证明请来了"雨神"。在烈日的大热天，确实难找这些小动物。一般幸运的话，找到一只小青蛙居多。

活动结束后，村民们在家仰天等雨。由于长期干旱，过几天倘若真的下了大雷雨或小雨，便以为真的都归功于"稻花菩萨"神灵。据传说，"稻花菩萨"的名字为姚崇。唐朝姚崇曾灭蝗灾，对人民有功，所以后人立佛像以纪念。

翠山寺与凌云桥

郑家永

清康熙己丑年(1709年)春,翠山寺住持慈竺上人,带着由延福桑门德介于石公所撰的《翠山寺志略》来到半浦,请当时已告老还乡的郑梁作序。

翠山,指翠岩山。据南宋宝庆《四明志》记载:“翠岩山移忠资福寺。”其在鄞县西南二十五千米处,旧号翠岩境明院,唐乾宁元年(894年)建,宋大中祥符元年(1008年)赐名宝积禅院,嘉泰四年(1204年)张参政赛请院为功德寺赐给金额。常住田一千一百二十九亩,山二千二百九十六亩。

明洪武十五年(1382年)定名“翠山禅寺”,后来又扩建山门及各殿堂,成为鄞西千僧大寺。内建水碓,碓房上层磨面和磨茶,而下层用于舂米、舂香粉(做棒香原料),充分利用当地水资源,既减少劳力,又提高僧人食品质量。

翠山寺位于鄞县桃源乡(今鄞州横街镇大雷)石马里,到宋嘉泰四年(1204年)得到参知政事张孝伯的重视,被提升为功德寺。为方便溪东信徒朝山进香,张孝伯在武陵溪上建造了横跨大溪的石拱桥。桥为单孔月洞式,桥名同寺名,修志时定为“凌云桥”,又称“翠山寺桥”。历经几个世纪,翠山寺已毁,凌云桥依然,但逐渐倾危。明代诗人杨承叹曰:“谁开翠山寺,空有翠山桥。”明杨守随在《翠山寺》诗中说:“百尺危桥听堕叶,行层洞壑看流花。”《四明谈助》记载:“石级烂蚀过半,举步荦确,行则惴惴。”

郑梁在序中说:翠山寺在宁波为一百七十寺中之一寺,创于唐之咸通,名定于明之洪武,历千有余年,兴废亦不一矣。

在兵荒马乱的年月里,佛教中微,宗风衰息,翠山寺与天童、雪窦、五磊一样,历经兴废。序文除常规介绍当时佛教背景与翠山禅寺,侧重记述了慈竺上人的功德:“自慈竺上人壬申受请以来,戊寅乙酉七八年间,岁有兴遣,无不一一重新焕然改观;当此官贫民困之时,通过事化之迹,使一寺中兴,恍若异代。”

作为一个儒者接受吴业佛氏求序志略,郑梁公也道出了自身感悟:“特念上人之功不可磨灭,且又悔余少壮志高,穷思独善,二十年以来方知兼善之为难,而一病无能为矣,故迟之数年,终不吝为上人观缕述此,盖实有感而云,非敢卑论以侪俗也。”

奇怪古墓碑

郑家永

在19世纪70年代之前,半浦村内仍有大量古墓庄。村民陆松鹤发现了奇怪的现象:同一年代,同姓、同名郑氏墓有好几座,有姓无名郑氏墓也有好几座。经村里几位老人回忆，讲到了“金头传说”“衣冠冢”“书童、牧童故事”，不过一致认为这些古碑与战争有关。

“有姓无名”的几座郑氏墓，在江边上香田及上新屋旁，与宋、元战争有关。佑启堂始祖郑性之（1172—1255 年），为宋理宗朝宰辅。因战事，他考虑到家事，安排他与赵夫人生的一支后裔，隐居半浦隘宅，南宋咸淳年间（1265—1274 年）已分东西两房。元朝实行民族等级制，长江以南的汉人社会地位最低。在这个年代，为保全族人性命，这支郑氏一直不敢暴露真实身份。

明嘉靖年间（1522—1566 年），浙江沿海倭患不断。郎仁宝的《七修类稿》云：“嘉靖甲寅三月宁波慈溪县灌浦郑家，忽地裂，流血，举家惊惶，至暮町畦皆是，当道举奏，明年四月，倭贼陷其县，缙绅军民，死者无算。”

太平军攻打慈溪县城时，杀人较多，其中有半浦郑氏。因战争，大家逃难。收尸下葬时，家人为记住此事件，在传说的几处枪杀地葬有死者的衣冠等物品，设“同姓同名”衣冠冢以示纪念。

直至元代泰定年间（1324—1328 年），佑启堂八世嗣普阁公中举，任知江西吉水县尹，这时才敢公开百年前真相。

第三节　歌谣熟语

一、歌谣

半浦村谣　半浦大地方，三庙六祠堂。一阁一庵一义庄，五大屋，十大房，一校一坝一洋房。四大加一大银行，二浦六斗围村庄。四扇洋门大道地，雷鼓洋门语不起。塘路墩东茶栈西，林则徐原是半浦婿，梅汝湖旗来竖起。全村四面八方全看见，石人石马石碑楼，大小货轮停码头，孙家老板孙衡甫，横铺石板慈城到半浦，九间头太和堂，五只碾子日夜忙，半浦老板佼佼矣，十六门头瞭望台。

半浦大地方，三庙六祠堂，一阁一庵一义庄，村中学堂，古渡畔姚江，桥像砚台村似岛，深宅大院真不少。四加一大银行，二浦六斗围村庄。四扇洋门大道地，雷鼓洋门话不起。塘路墩东茶栈西，林则徐原是半浦婿。梅汝湖旗杆来竖起，全村百姓都看见。石人石马石牌楼，大小货轮停码头。孙家老板孙衡甫，横浦石板到半浦。九间头太和堂，五只碾子日夜忙。半浦老板交二关，十六门头瞭望台。

祠堂行第歌　（复训堂）明省善淳廉，振纲宝（宜）尚谦（让），雍和存礼节，肃慎启观瞻，孝敬敦伦懋，修齐立本严，绍闻光祖德，学行世恒兼。

（复训堂续）道义守平康，家应保泰长，俭勤民所宝，信顺业斯昌，作法垂忠厚，居躬在直方，泽绵源自远，继述望忠良。

（复训堂马登调）性慈存忠孝，昭明福寿贤。恭敬谦让美，蛟腾玉殿前。惠泽普乾坤，善观云义云。孝敬敦伦懋，修齐立本严。道义守平康，家庸保泰长。伦勤民所宾，信顺业斯昌。作传垂忠厚，居躬在直方。泽绵源自远，继述望贤兴。绍闻光祖德，学行世恒兼。

（佑启堂）性慈存忠孝，惠泽普坤乾，善观昙义元，昭明福寿贤，荣和恩贵显，世德保家全，恭敬兼让美，祥开立本先，凤起金阶上，蛟腾玉殿前，文章锦绣艳，礼乐永长年。

（周氏显宗祠）端昌举恭顺，明聪睿智元，永安贞定庆，静敬诚信亨，崇亮中和正，宏钦仁介宁，嘉锡敏良裕，清惠宣睦康，丰毅庄咸利，徽思烈溥文。

挖花唱词

挖花：一六对一六，手枪对木壳。眼睛大碌碌，做条命不着。

天牌：十二月十二，雪花嘟嘟飞，难民真可怜，身上无寒衣。

地牌：地牌二点红，阿妹相老公，老公忠厚相，一看就成功。

人牌：唇红齿白唐云庆，南楼一见起情心，二手弹琴刮刮瑟，四马路上谈爱情。

鹅牌：阿娥头挤挤，不是前三年，前三年容貌好，后生要盯梢。

梅花：妹妹烂麻痹，哥哥勿欢喜。越看越难看，返回娘家去。

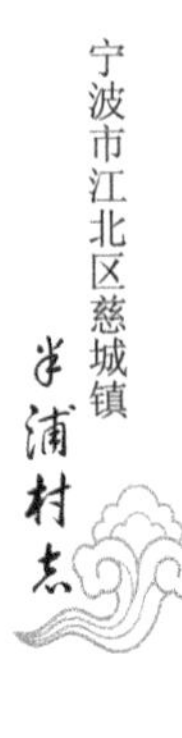

梅花：妹得侬话语，麻将勿可搓，空时挖小花，有空陪陪我。

长三(衫)：清明三月三，杨柳倒头甩，杨柳碧波青，桃花红粉粉。

牛头：五点六点是牛头，酱板油子缸鸭狗。吃掉铜钱还勿够，脱掉衣衫当压头。

四六：四四六直起，妹得侬超度起，口眼紧紧闭，送侬到西方去。

童谣 摇啊摇，摇到外婆桥，外婆自介活，介坏狗妣要齐所，斩斩喂大蛇，大蛇非吃喂小蛇，小蛇囫囵吞，鲤鱼跳龙门。

踢踢板板，板过南山，南山北东，苏州买牛，牛蹄万蹄，前脚后脚未缩起。

数字类 二浦(张家浦、潺头浦)，三个头(半浦渡头、杨家渡头、义庄道头)，四及第(中书第、翰林第、进士第、解元第)，五大屋(昌屋、大屋、前新屋、下新屋、上新屋)，六个斗(挨坝河斗、跨家河斗、张家河斗、杨家河斗、义庄河斗、三元河斗)，十大房(二房、前老房、后老房、九房、希贤房、曹房、谷相房、十六房、前八房、后八房)。

礼俗类 三里三，湾里湾，吉人开花结牡丹，牡丹娘子来做媒，一箩金一箩银，吹吹打打来抬人，大哥哥抱上轿，二哥哥送上轿，抬到乌竹坝塘好人家，毛笋有的吃，乌笋烤肉吃，祁祁饭，派糕糖，祁祁帐子抱白床，地板对云田明堂。

感恩类 北风呼呼雪花飞，好冷的天气，是从开学到现在，又是一学期，承蒙先生教训我，我们谢谢您！

头七头九头子车，老板上海开银行，二首轮船开姚江，投资长兴开煤矿，财源滚滚达三江，孙家老板更知忙，修桥铺路造学堂，培育下代有希望。

节令类 一九二九，滴水不流；三九四九，冻开石臼；五九四十五，穷人街头把口糊；六九五十四，把头出嫩枝；七九六十三，破衣两头甩；八九七十二，黄狗困阴地；九九八十一，飞爬一齐出。

一九二九不分手，三九四九冰上走，五九六九河边看杨柳，七九河东开，八九燕子来，九九加一九，耕牛遍地走。

节会类 正月初一跑马灯，大头和尚扇子摇。二月廿八是庙会，前安仁庙开光做戏最热闹。远近十里传，携老又带幼，过河渡江来。轧龙阵，最壮观，台上刘关张，交翅三米长。黄龙旗，迎风扬，炮(铳)声震天响。热闹声，数不完。

历史类 出状元，有宰相，朝笏满堂，进士数不清。马头墙，旗杆夹，仿宋建筑中书第。二老阁，藏书楼，浙东远名扬。春秋两季名儒会聚，读书论文谈笑风生。

二、俗语

班子人：演员。班子，戏班子。例：“这潮班子人貌相交关好。”

闹头场：静场锣鼓。旧时农村演戏，开场前先敲打一套锣鼓点子，招徕观众并静场。例：“戏文已经闹头场了，快走。”

路头戏：按一定套路随编随演的戏剧。路，剧情套路；头，唱词韵头。因这种随意编创、艺术粗糙的戏剧形式比较原始，多在乡间露台演出，也常常被理解成“路边头演出的戏”。例：“介难看戏文，像路头戏一样。”

白帽头：白布制成的孝帽。丧礼中全体送灵人员统一所戴。

三两冠：以草麻制成的孝子帽。形如古代官冠，无两翼，只限死者子女所戴，以区别亲属的白帽头。

孝杖棒：哭丧棒。孝，音“好”。也比喻多余的棍棒。例：“你手里这根孝杖棒派啥用场？”

义冢地：慈善性公共墓地。冢，墓。这种免费的墓地常为野外孤独的破房，仅给买不起墓地的人厝放棺材，并堆弃野尸。故而，又以此比喻一生没有好结果的人。例：“你这人迟早要进义冢地。”

夜羹饭：夜间的野祭。祭祀怨亡野死及五伤（金木水火土）之魂。又传说七月半为鬼节，孤魂野鬼从此日后都要关入地狱，到来年清明才获释，故而在最后的夜晚设香案野祭，以防怨鬼在最后一夜意外捣乱。夜羹饭要（与鬼）抢着吃，以催促鬼魂抓紧时间。也以此比喻慌忙吃喝的人为“抢夜羹饭”。

做七头：新死后每逢第七日所做的祭奠。此祭共七次，分别称头七、二七、断七（七七），逢单为大，需隆重。五七由已出嫁的女儿主持。

做百日：死后第一百天的祭奠。

做周年：死后一、二、三周年纪念日的祭奠。

做忌日：从死后第四年起，每逢死者的生日、死日均要祭奠，此两日称忌日，祭奠称“忌日羹饭”。忌禁忌，回避。

念毛经：有口无心、糊里糊涂地诵佛经。毛，含有杂质或其他成分的。也比喻含糊不清地说话或不用心地读书。例：“这人讲话搭（与）念毛经一样，听也听不清爽。”“你来的（在）读书啊，赛可念毛经。”

赶长河：旱天大规模的聚众抢鱼方式。遇大旱，河水几干，邻近村落不约而同地聚众捕鱼，不分公私，扫荡而过，最后可集方圆数十千米的百姓，数万人在几十千米长河中疯狂抢捕，对渔业资源破坏极大。例：“旧年赶长河，鱼子鱼孙也除根了。”

唱大戏：早年间春天农民农闲，半浦村会在前安仁庙唱大戏，时间一般是在农历二月二十六、二十七、二十八这三天。

祭灶果：祭灶王的专用供品。传说农历十二月廿三为灶群菩萨（灶王）升天汇报的日子，各家都要在灶头设香案祭拜，供品是以糯米粉制成的膨化干点心，由油果、麻枣、红球、白球、黑脚骨、白脚骨等组成，统称祭灶果。

廿九夜：大年夜。腊月最后一天如果是三十日，称“三十年夜”。若为廿九日，则称廿九夜，也泛指所有的大年夜。例：“你廿九夜阿里（哪里）过？”

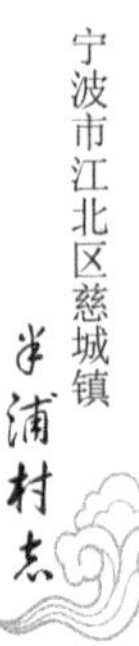

压岁钿：旧时大年夜由长辈发给孩子一些钱，让他压在枕头下，希冀有一个兆示来年好运的好梦。例：“今年你收了多少压岁钿？”

上灯夜：元宵夜。元宵又称上元，是新年第一个月圆夜，也是春节的最后一夜，民间有洗扫和点上灯笼到各处“照爬虫”的习俗。照完“爬虫”后将灯挂于醒目处，逐步形成元宵灯会，故有上灯夜之称。例：“明天是上灯夜。”

相量盏：孩子上学时分发的点心。旧时孩子第一次上学，家长备相量盏，以小盏盛饭和糖果，分送给其他新同学，作为见面礼，以示“结缘”。相量，意为商商量量。例：“相量盏吃过，以后不要造孽(吵架)。”

好日酒：喜酒。好日，结婚的日子。例：“下个月初六来吃好日酒，莫忘记。”

拜生酒：寿宴。民间成人年龄逢十要祝寿，称“做生”，晚辈贺寿称“拜生”，平辈及长辈则称吃“生日酒”。又有“做九不做十”的规矩，即提前一年祝寿，以示来年增寿；但六十岁则做正日，庆祝生命完成一个甲子的历程；另有“三十不可做，四十不可错”之说。错，错过。例：“明朝到外婆家去吃拜生酒。”

满月酒：庆祝孩子出生一月的宴席。例：“这房人家满月酒倒办得闹热嗬。”(闹热：宁波方言，意为热闹)

上梁酒：盖新房上主梁时祈福、求太平的宴席。上梁酒同时为感谢亲朋、犒劳工匠，对四邻八居则在上主梁时抛发“上梁馒头”。例：“吃上梁酒莫忘记叫我。”

搡年糕：做年糕的米粉要用捣臼搡过，此活最吃力，也最有特色，故名。宁波人每到年底必做年糕，将水磨米粉蒸熟后搡成米泥，用专用的年糕板印成。年糕谐音“年高”，以讨口采。谚语：“出力勿讨好，阿旺搡年糕。”

送娘子：喜娘，也比喻过分热情乖巧而虚情假意的女人。例：“这女人样范来装真难看，活脱像送娘子样。”

出河头：新娘嫁后三日进知的一种程式。民间新娘在婚后第三日要到河边象征性洗涮一次，以示正式开始理家，同时也以此正式在村子里出面亮相。例：“你陪阿嫂去出河头。”

做生姆：坐月子。民间称新产妇为“生姆娘”。宁波风俗做生姆要一月卧床不受风，禁与闲人接触(以防感染)，吃易消化的长面，并有专人护理和服侍。

出窠娘：服侍产妇的女佣。窠，本意为鸟窠，引申为被窠。例：“你老婆下月就要生，出窠娘要早点请好。”

双满月：出生满两个月。以前讲究的大户人家也要为此办酒庆祝。例：“这孩子双满月了。”

小热昏：卖梨膏糖的艺人所表演的曲艺形式。卖梨膏糖的艺人为招徕顾客，以民间小调信口编唱即兴的内容，多以诙谐语言调侃人事，给人以胡说八道又妙趣横生的印象。热昏，神志糊涂。例："上街头有个小热昏在卖梨膏糖。"

大雨伞：游方牙医。旧时有民间牙医，推独轮车游方各处，行医时撑一顶太阳伞，既做广告又遮阳，成为特色。例："你这粒蛀牙，下次叫大雨伞拔掉算了。"

伴手果：访客时随便捎带以作馈赠的果品。伴手，随手带上。例："没啥好东西，一些伴手果给小孩吃吃。"

脚头钿：佣金。意为跑腿的辛苦钱。例："卖你介个(这些)钞票，做做脚头钿还不够。"

打暗码：招标。民间有数人都想买同一物品时，让欲购者每人私下写一价钱，到时共同开标，让出高价者购买。暗，秘密；码，数码。例："介多人都想买这间屋，咋办办？还是打暗码算了。"

拔长短：一种抽签的办法。按人数选定长短不一的小草棍，使一头齐，露于外面，不齐一头由中人捏在手中，每人任意在齐的这头选取一根，以草棍最长者为胜。例："队里为分把多头稻草，来勒(在)拔长短。"

土地堂：小土地庙。多置于桥边或山脚边，不到一人高。土地，净土之神，俗称"土地菩萨"。谚语："桥头桥面土地堂。"例："这里老早有一座土地堂。"庙堂人庙祝，值庙的神职。例："其爷爷从前是庙堂人。"

做道场：为超度先人亡灵而做的一种大型佛事，又称"水陆道场"或"做水陆"。因其规模大而程序复杂，故常比喻排场大的事情。例："你家里做道场介，咋介闹热啦？"

红脸公：红脸的神像。一般指关羽。关羽以义成为民间崇拜的道德神，称红脸公菩萨。也比喻被激怒而脸色发红的人。例："急啥事体啦？面孔像介红脸公一样。"

请龙王：祈水的仪式。民间以为各条水流的源头都分别有一龙王司水，上游源头处必有一深水潭被尊为"龙潭"。久旱无雨，便有地方官或民间好事者出首，前往祈雨，先以鼓乐旌旗招摇信徒，至潭边由僧人、神汉念佛祈祷，直至潭水中浮游出某种水生物，使以为是龙的化身，捞上后入轿而归，再供至庙堂祈求，直至下雨。雨后再以同样仪式送还"龙神"，称"还龙"。

太平杠：抬棺材的长杠，又比喻多余的长杆。例："这根棒头太平杠介当路摆咚，驮其掉。"

材头祭：路祭的一种方式。民间出丧时在棺材上覆一红毡，上安祭盘，立灵牌或遗像，设香烛与果肴于祭盘内，称材头祭。又以至死不肯放弃吃来比喻嘴馋的人。例："你这个材头祭，嘴巴会介馋痨。"

烂孝子：身穿孝服的送灵儿孙。孝，音"好"。为表示衣食不思哀悼，故孝服披麻带草，衣衫褴褛，遂称"烂"。例："死的人眼睛一闭，可怜潮烂孝子，哭得死去还魂。"

三、谚语

头口奶要吃好：婴儿吃头口奶，亦称"开口奶"。在喂头口奶前，一般喂一口黄

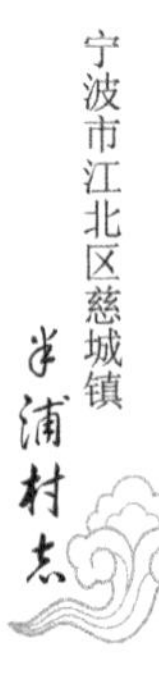

连汤，谓先苦后甜。讲究者将肉、鱼、酒、糖、状元糕分别制成汤，各置小盅内，用指蘸涂婴儿小嘴，口念："吃了肉长得胖，吃了糕长得高，吃了酒福禄寿，吃了糖和鱼，往后生活甜蜜又富裕。"婴儿第一次洗澡用糖水，甚至用晒干的七个乌鳢鱼头烧汤浇身，谓可解毒气。

疔疮破头，力气像头牛：指挑疔疮时一定要小心。

年纪六十六，阎罗大王请吃肉：在六十六岁时，女儿或儿子等小辈要烧六十六块猪肉（若父母吃素则用烤麸代），一碗糯米饭，饭上放一根带根葱或带根菜，另加两根龙头烤，送给父母吃。送肉时不进屋，从窗口递进。盛饭盛肉的碗盏拣"缺牙"碗，说吃过"缺牙"碗，日后无缺陷，吃了六十六块肉会平安渡过六十六，得以长寿。部分地方至今仍有此风，但革新后以干牛肉片代之，以表孝心。

落水委性命，上岸要钞票：比喻遇到紧急、危险情况时只顾性命，情况有所缓和，好转时又贪吝钱财。

天亮露水长，能需书勿乘凉，书过熟些些，能需夜勿些。

远看青山青石，近看吊倭结棘。

怕痛怕痒，做不来外科医生。

绣花剪纸有巧手，民间医生挑疔疮。四月水中桃花会，六月无雨求龙王。过年挂灯笼，家家做年糕。

乌鲤鱼打河椿。

四、谜语

"猜谜语"，在慈溪民间的一贯说法是叫"猜苗子"。其谜面是指猜谜时供人做猜测线索的话，民间把它叫作"苗子壳"。其谜底是指谜语的答案，民间把它叫作"苗子肉"。

南墙诸葛衣，独坐军中帐，搬开八阵图，要捉飞来将。 谜底：蜘蛛。

西州称威，二地用场在当中，子龙小将把守边关，诸葛孔明借东风。 谜底：飘。

灶间地里一只乌鸡娘，人客来了哼哼响。 谜底：铜壶。

灶头间里一空葱，日日夜夜拔不穷。 谜底：筷子。

日里劳劳碌碌，夜里扑盖困熟。 谜底：碗。

荡荡跑起，刮得坐起，要做四场大戏：第一场大刀劈头，第二场水漫金山，第三场黄毛进洞，第四场刘秀放出潼关。 谜底：剃头，洗头，挖耳朵，回家。

小来青，老来黄，绕绕接接配成双，我送郎君十里路，郎君弃我在路上。

谜底：草鞋。

远看像座坟，近拢就关门。 谜底：田螺，蛳螺。

大事记

春秋战国

周元王三年(公元前 473 年)

越王勾践在姚江边修建句章城,今慈城一带均在句章县境内。

唐

武德四年(621 年)

十一月废句章县,置姚州和鄞州,原句章、鄞、鄮 3 县地析置鄞州。武德八年(625 年)废鄞州,更置鄮县,今半浦所在的江北境均属鄮县。

开元二十六年(738 年)

朝廷于鄮县别立明州,并析鄮县为慈溪、奉化、翁山(今舟山)、鄮 4 县。从此经唐、宋、元、明、清、民国至中华人民共和国成立之初,半浦一直归属于慈溪。

会昌四年(844 年)

六月,相传花屿湖白龙与赭山龙战于山下,挟风携雨电驰雷击,沿江田地倏为洪波,遂名幻江。

宋

嘉定年间(1208—1224 年)

相传先祖为南宋参知政事郑性之,初名自诚,字信之,其后裔从福建迁居至半浦。

元

元初

郑氏始祖郑毓隐居慈溪县西屿乡安仁里灌浦之滨,字秀甫,自号安仁居士,是为半浦复训堂郑氏之始祖。

明

景泰五年(1454 年)

慈溪县治西南为郑岑立进士坊。

弘治年间(公元 1500 年前后)

郑满建半浦大屋,位于灌江之西段,为郑溱、郑梁、郑性这一家族的主要居宅。相传祝枝山 1507 年来半浦大屋做过客。

嘉靖三十四年(1555 年)

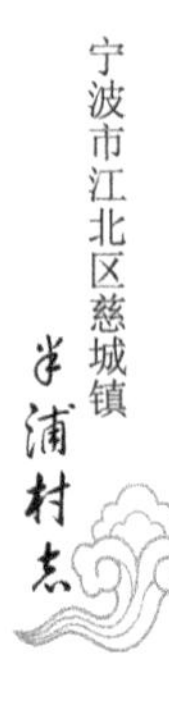

为乡试第一名郑卿建解元坊。

清

康熙七年(1668 年)

夏六月十七日夜,地震。地上生白毛,长者尺许,形如马鬃。

康熙十九年(1680 年)

半浦郑氏始修宗祠谱,郑梁作灌浦郑氏源流考、灌浦山川记、郑氏军灶述,在浙东郑氏中影响较大。其学弟万斯大作谱序。

康熙三十六年(1697 年)

郑梁任广东高州府知府,妻王氏封为恭人。

雍正元年(1723 年)

郑性建成二老阁藏书楼,王崇炳为记,其匾为邑人冯帝赉所书。藏书五万卷,系清朝时期浙东著名藏书楼之一,此后一度成为浙东学术中心。(《宁波大事记》记为 1721 年)

雍正年间(1723—1735 年)

郑时陛、郑性等捐置田 18 亩设立义渡,后遭庵僧盗卖。

乾隆三年(1738 年)

周氏先世自慈城迁来,定居在灌江东的塘路墩。

嘉庆十六年(1811 年)

郑氏家族在衙东首原造"三星阁"楼宇一座,称望江楼,面临姚江,位于县南十五里半浦渡北,建筑面积约 1 200 平方米。

嘉庆二十年(1815 年)

郑珪创始,置义庄一所于慈溪城南十里之半浦镇。其子耕堂、玉堂、礼堂,孙尔毅、尔枘,捐银 57 549 两零,置田 1 017 亩,落成于道光三年(1823 年),建置苟完,规条既备。

道光元年(1821 年)

半浦古渡正式通航。

道光三年(1823 年)

三年三月初七日辛亥,地震。八月初九辛巳、初十壬午,连震。十五日丁亥,又震。

道光五年(1825 年)

五年正月二十七辛卯,地震。二十八日壬辰,又震。二月初八辛丑,复震。十月十七辛丑夜,又震。

道光七年(1827 年)

郑芬、郑一夔等捐置田 31 亩重建渡口，行人可免费渡船过江。

道光十五年(1835 年)

半浦举人郑一夔及其父亲郑廷荣捐银 3 万两，建造起占地面积近 8 000 平方米、房 117 间的校士馆。

咸丰元年(1851 年)

郑显煜、郑显泰继承父辈遗愿，再次发起为义渡捐资、捐地，修渡亭，添渡船，建渡屋，并置夜航引渡的天灯。

同治六年(1867 年)

郑氏建家庙，前安仁庙(东安仁庙)，别称寒村公庙，位于姚江畔鹳浦(今半浦)渡北、渡头街东端。

光绪三十一年(1905 年)

清政府南洋大臣、两江总督周馥，派江苏道员、宁波慈溪人郑世璜，赴印度、锡兰考察茶业。

光绪三十三年(1907 年)

郑世璜管辖的江南商务局，在江苏南京紫金山麓的霹雷涧，设立江南植茶公所。这是中国第一个专门的茶研究机构，被视为茶科技的发端。

宣统三年(1911 年)

4 月，孙衡甫被聘任为四明银行总经理。

民国

十年(1921 年)

孙衡甫、金子明等捐资在半浦村西南面创办了半浦学堂(半浦小学)。民国十六年(1927 年)7 月，宁波市政府正式成立。民国二十年(1931 年)孙衡甫再度担任四明银行董事长兼总经理，兼四明保险公司董事长，四明储蓄会会长，全国公债委员会委员，中国企业银行发起人、董事长。

三十年(1941 年)

4 月 23 日，日军游弋到半浦渡口登陆，在半浦渡头街屯兵扎寨。

12 月，日军劫夺半浦粮仓 90 万斤稻谷、慈溪县政府库款 57 474.04 元。

三十二年(1943 年)

“二老阁”摇摇欲坠，作为危楼被郑性的后裔拆除。

三十四年(1945 年)

8 月 15 日，日军无条件投降后从半浦村陆续撤退。

三十五年(1946 年)

11 月 5 日，鄞西大堰头朱将军庙社戏，慈溪鹳浦村民渡江观光看戏，旧船超

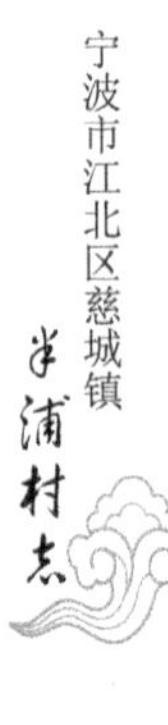

载，加上风浪大，临时渡工经验不足，船沉，26 人罹难，仅 4 人幸救获生。

中华人民共和国

1949 年

5 月 24 日慈城解放，半浦村隶属慈溪城关区。

1954 年

8 月，原慈溪县治改称为慈城镇，自唐开元二十一年(733 年)，慈溪县治历时 1 200余年，至此降为县属镇，划归余姚县。半浦村隶属余姚陆蚌区。

1956 年

半浦村隶属余姚县赭山乡。

1958 年

中共中央下达《关于在农村建立人民公社问题的决议》，10 月余姚县姚东区组建东风人民公社，下辖 20 个生产大队，半浦村为第十四生产大队，旋改称慈城公社所辖。

1960 年

半浦村隶属于宁波地区，为余姚乍山乡半浦人民公社。5 月，半浦村称为半浦大队。10 月，余姚县慈城人民公社全域(含半浦)划归宁波市。11 月，慈城人民公社辖有半浦等 9 个管理区。

1980 年

12 月，半浦公社驻地从半浦村迁出。

1983 年

9 月，半浦公社复为半浦乡建置，辖半浦、新华、后洋、前洋、虹星等 5 个村委会和 1 个半浦居民区。

1992 年

5 月，经浙江省民政厅批准，乍山、半浦两乡合并为乍浦乡，下辖半浦村等 19 个行政村和半浦居民区等 2 个居民区。

2002 年

慈城镇辖半浦等 15 个居委会，半浦等 41 个村委会。

2005 年

8 月 23 日，市政府公布江北区半浦村等首批 10 个市级历史文化名村。

2011 年

半浦村被评为浙江省卫生村。

2015 年

10 月 21 日，市老龄委和市民政局评出“最美老人”和“长寿村”，江北区慈城镇半浦村等 10 个村，被认定为宁波市首批“长寿村”。

12 月 6 日，被称为“传统村落保护第一人”的中国民间文艺家协会主席冯骥才走访半浦村，察看了中书第、半浦小学等古建筑，并在村文化礼堂接受了记者专访。

2016 年

3 月 1 日，宁波市委组织部部长杨立平赴毛岙村蹲点驻夜，次日上午走访该村部分党员群众家庭，下午又到半浦村调研。

7 月 18 日，半浦村被评为浙江省第五批历史文化名村。

9 月 28 日，慈城镇半浦村、南联村入选宁波市十大“魅力乡村”。

10 月 10 日，江北区首届“最美村庄”评选结果出炉。毛岙村、半浦村荣获“最美村庄”荣誉称号；南联村、三勤村、五星村入选“洁美村庄”。

12 月 21 日，相关部门公布 50 个“宁波最美老地名”评选结果，慈城镇和半浦村榜上有名。

2017 年

5 月 26 日，半浦村、毛岙村、虹星村、金沙村、南联村被住房和城乡建设部评为全国第一批绿色村庄。2018 年 2 月，半浦渡口成为浙江省 50 个达标渡口中，宁波市唯一一个荣获 2017 年“浙江美丽渡口”称号的渡口。

2019 年

4 月，半浦村文化礼堂被评为省级五星文化礼堂。

8 月 29 日，区委书记丁晓芳来慈城镇半浦村夜谈，深入基层一线访民情、解民忧。区委常委、慈城镇党委书记尤武卫参加。

12 月 12 日，半浦村被评选为宁波市级美丽乡村示范村。

2020 年

11 月 16 日，江北区慈城镇半浦村等 213 个村庄被评选为 2021 年度浙江省省级美丽宜居示范村。

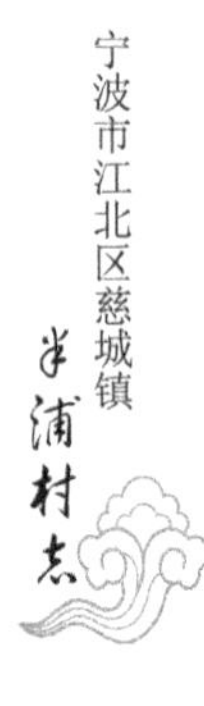

参考文献

一、古诗文

[1]黄宗羲.明儒学案[M].北京：中华书局，2008.

[2]黄宗羲.黄宗羲全集[M].杭州：浙江古籍出版社，2005.

[3]全祖望.鲒埼亭集[M].台北：文海出版社，1984.

[4]朱彝尊.曝书亭集[M].北京：中华书局，1936.

[5]尹元炜，王清毅.溪上遗闻集录[M].宁波：西泠印社出版社，2005.

二、史料、方志、工具书

[6]罗濬.宝庆四明志[M].北京：中华书局，1990.

[7]李逢申，姚宗文.慈溪县志(天启四年刻本)[M].台北：成文出版社有限公司，1983.

[8]嵇曾筠，等.浙江通志[M].上海：上海古籍出版社，1988.

[9]阳正笄，冯鸿模.慈溪县志(雍正八年刊本)[M].台北：成文出版社，1983.

[10]嵇曾筠，李卫，沈翼机，傅王露，等.浙江通志(全四册)[M].上海：上海古籍出版社，1991.

[11]冯可镛，杨泰亨.光绪·慈溪县志[M].台北：成文出版社，1975.

[12]阳正笄，冯鸿模.慈溪县志[M].台北：成文出版社，1975.

[13]曹秉仁.宁波府志[M].台北：成文出版社，1975.

[14]慈溪市地方志编纂委员会.慈溪县志[M].杭州：浙江人民出版社，1992.

[15]慈溪市地方志编纂委员会.慈溪市图志[M].西安：地图出版社，1993.

[16]上海书店出版社.中国地方志集成·浙江府县志辑(三十五、三十 六)[M].上海：上海书店出版社，2000.

[17]慈溪地方文献整理委员会.慈溪文献集成(第一辑)[M].杭州：杭州出版社，2004.

[18]傅漩琮.宁波通史[M].宁波：宁波出版社，2009.

[19]慈溪市地方志办公室.慈溪史脉[M].杭州：浙江古籍出版社，2010.

[20]宁波市江北区志地方志编纂委员会.宁波市江北区志(上下册)[M].杭州：浙江人民出版社，2015.

三、现代文献

[21]陈宝良.明代社会生活史[M].北京：中国社会科学出版社，2004.

[22]陈来.宋明理学[M.]北京：生活·读书·新知，三联书店，2011.

[23]冯骥才.文化诘问[M].北京：文化艺术出版社，2013.

[24]方东.追寻慈溪地域历史文化的痕迹[M].北京:大众文艺出版社,2008.

[25]冯晓霞.黄宗羲的藏书活动[J].中共宁波市委党校学报,2010(6):121-124.

[26]罗兆平,洪可尧.二老阁始末记[J].宁波师院学报(社会科学版),1985(2):81-83.

[27]钱文华,钱之骁.天赐慈城[M].宁波:宁波出版社,2017.

[28]钱之骁.明清时期浙东半浦郑氏家族研究[D].宁波:宁波大学,2017.

[29]邱枫.宁波古村落史研究[M].杭州 :浙江大学出版社 ,2011.

[30]沈善洪.黄宗羲全集[M].杭州:浙江古籍出版社,2005.

[31]吴光著.黄宗羲与清代浙东学派[M].北京:中国人民大学出版社,2009.

[32]杨亭亭.梨洲弟子郑梁及其文学研究[D].杭州:浙江师范大学,2014.

[33]虞浩旭.清代浙东学派与藏书文化[C]//徐良雄.中国藏书文化研究.宁波:宁波出版社,2003:52-60.

[34]袁慧.天一阁藏清郑勋稿本《镜录》述略[J].天一阁文丛,2012(10):124-129.

[35]张山梁.王阳明的方志观[J].福建史志,2018(2):50-53.

[36]张仲谋.清代文化与浙派诗[M].北京:东方出版社,1997.

[37]郑伟章.郑氏二老阁刻书[J].出版工作,1990(10):113-118.

[38]周律之.宁波地方诗[M].宁波:宁波出版社,1999.

【参考古籍及其他文本】

[1]郑溱撰.《勉斋先生遗稿》三卷.清康熙刻本.天一阁藏.

[2]郑辰.《句章摭逸》,浙江鄞县张寿镛民国抄版.天一阁藏.

[3]郑乔迁撰,吴德旋编.《藏密庐文稿》四卷,清刻本.天一阁藏.

[4]郑勋撰.《二砚窝文》一卷,清稿本.天一阁藏.

[5]郑勋撰.《二砚窝诗稿偶存》五卷,清稿本.天一阁藏.

[6]干人俊编纂.《民国慈溪县新志稿》,浙江省慈溪县地方志编纂委员会办公室,1987.

[7]周苇渔编.《灌浦郑氏宗谱》.天一阁藏.1923.

[8]郑彭龄编,周毓邠署检.《慈溪灌浦郑氏宗谱》(复训堂本),1923.

[9]干人俊编纂.《民国慈溪县新志稿》.浙江省慈溪县地方志编纂委员会办公室,1987.

[10]郑性撰.《南溪偶刊五卷》.郑州:学识斋,乾隆七年(1742)刻本.

后 记

《宁波市江北区慈城镇半浦村志》是在宁波市江北区慈城镇党委、镇政府领导的高度重视、直接关心和指导下编撰出版的。

半浦村在中华人民共和国成立前一直隶属慈溪县管辖,中华人民共和国成立以后历经多次变更,自1960年至今,划归宁波市江北区慈城镇管辖。该村已有800多年历史,文化底蕴深厚,村落大族历世聚居,兴文重教,目前公布的区级文保点有24个。村中有浙东学派著名人物郑氏家族的二老阁藏书楼、民国时期兴建的西洋建筑半浦小学等多处代表性的优秀建筑,并遗留有大量的明清古建筑,如中书第、周氏祠堂、塘路墩、半浦大屋等,共计有楼群15处之多,规制较高,质量较好。

本志编撰工作于2020年1月启动。编撰小组受江北区慈城镇人民政府以及半浦村委会的委托,深知任务艰巨,成立了由宁波工程学院沈友华、祁从舵、王爱华、陈淑娇、陈邦、刘晏祯等及沈蕾娜(上海市工商外国语学校)、吴启凤(海南外国语职业学院)组成的村志编撰小组,同时还邀请了相关人员参与拍照、访谈、实地调研工作。

整个编纂工作经历资料搜集和整理阶段、编纂阶段、进一步加工阶段。资料搜集和整理工作历时8个月,除了《慈溪县志》《宁波市江北区志》以及《灌浦郑氏宗谱》等有限的档案资料,基本上没有其他完整的文献资料。小组成员分别到天一阁、宁波市图书馆、江北区档案馆、宁波工程学院图书馆、上海市图书馆等查找相关资料,且利用信息技术收集了相关网络资料,经过甄别、辨误、查证、核实后筛选借鉴。编纂阶段历经半年有余,其间数易其稿,形成约20万字的初稿。初稿完成后陆续征求多方意见,进行多次修改、补充和加工后定稿。在资料收集和编撰过程中,得到了半浦村郑家永、陈卡男、郑丰、徐国平等同志的帮助,慈城镇政府吴红波、王亚青等同志,以及宁波大学、浙江万里学院、宁波财经学院的同仁也给予了帮助和支持,在此一并表示感谢。

由于水平有限,经验不足,当代数据资料散失匮乏,其中缺漏舛误在所难免,我们真诚地期待各界朋友、有识之士和广大村民批评指正。

半浦村志编撰小组

2021年9月